88 Christian Hymns

with Ping-Yam/Pinyin

88首 基督教 歌曲 的 英文, 中文 和 拼音

88 sáu Gèi-dùk-gaau gò-kùk dìk Yìng-màn, Jung-màn wò Ping-yàm

88 shǒu Jīdūjiào gēqǔ de Yīngwén, Zhōngwén hé Pīnyīn

C-H88PY

**An English/Chinese Hymnal containing 88 Hymns
with Cantonese and Mandarin Romanizations**

Cover Inspiration

"As water gives growth to a tree, so must joy in singing give growth to those
"由於　水　會　使　樹木　　　生長　　，所以　唱歌　時　的　快樂　也
Yàu-yù séui wùi si syu-muk sàang-chèung，só-yí cheung-gò sì dìk faai-lok yá
"Yóuyú shuǐ huì shǐ shùmù　shēngzhǎng，suǒyǐ chànggē shí de　kuàilè yě

who would follow God."
會　讓　那些　跟隨　　上帝　的　人　得到　　　成長　。"
wùi yeung ná-sè gàn-chèui Seung-Dai dìk yàn dàk-dou sìng-chèung．"
huì ràng nàxiē　gēnsuí　ShàngDì de rén dédào　chéngzhǎng."

Psalm　100:1-4a　A Psalm of thanksgiving.　(WEB)
詩篇　100:1-4a　稱謝　詩。　(CUV)
Sì-pìn　100:1-4a　Ching-je Sì。　(Pingyam)
Shīpiān 100:1-4a　Chēngxiè Shī.　(Pinyin)

[1] Shout for joy to Yahweh, all you lands!　　　[2] Serve Yahweh with gladness. Come
普　天下　當　向　耶和華　歡呼！　你們　當　樂意 事奉　耶和華，
Póu tìn-ha dòng heung <u>Yè-wò-wà</u> fùn-fù！Néi-mùn dòng lok-yi si fung <u>Yè-wò-wà</u>，
Pǔ tiānxià dāng xiàng Yē hé huá huānhū! Nǐmen　dāng lèyì shì fèng Yē hé huá,

before his presence with singing.　[3] Know that Yahweh, he is God. It is he who
當　來向　他　歌唱！　你們　當　曉得　耶和華　是 神！　我們
dòng lòi-heung Tà gò-cheung！Néi-mùn dòng híu-dàk <u>Yè-wò-wà</u> si Sàn！Ngó-mùn
dāng láixiàng Tā gēchàng! Nǐmen dāng xiǎodé Yē hé huá shì shén! Wǒmen

has made us,　　and we are his.　　We are his people,　　and the sheep of his pasture.
是 他 造 的，　也是　屬 他 的；　我們　是 他的　民，也是 他　草場
si Tà jou dìk，yá-si suk Tà dìk；ngó-mùn si Tà dìk màn，yá-si Tà chóu-chèung
shì Tā zào de, yěshì shǔ Tā de; wǒmen shì Tā de mín, yěshì Tā　cǎochǎng

[4a] Enter into his gates with thanksgiving,　　into his courts with praise.
的　羊　。當　稱謝　進入　他的　門；當　讚美　進入　他的
dìk yèung。Dòng ching-je jeun-yap Tà dìk mùn；dòng jaan-méi jeun-yap Tà dìk
de yáng. Dāng chēngxiè　jìnrù　Tā de mén; dāng zànměi　jìnrù　Tā de

88 Christian Hymns
in English and Chinese

88 　基督教 　　讚美詩
88 Gèi-dùk-Gaau Jaan-méi Sì
88 　Jīdūjiào 　　Zànmĕishī

用 　英文, 繁體 　中文, 粵語 和 　普通話
yung Yìng-màn, fàan-tái Jung-màn, Yut-yú wò Póu-tùng-wa
yòng Yīngwén, 　fántǐ 　Zhōngwén, Yuèyǔ hé 　Pǔtōnghuà

C-H88PY

A Chinese Hymnal in English,
Chinese, and Ping-yam/Pinyin

DEDICATED TO

Quyen Thi Loan Jang, my dear wife,
who in her simple life of devotion to our Lord and Savior, Jesus Christ,
have brought much joy and inspiration to me in my own Christian walk.

Julian Timothy Wu, my dear "granny son",
for whom it is hoped that this work may someday inspire him to learn and
appreciate and "connect" with "granny-pa" in the learning of Chinese.

The memory of my parents, Kau Ngook Chiang Jang and Bock Chong Jang,
whom I loved and miss very much. May your souls rest in safe-keeping with Him.

APPRECIATION TO

Daniel Tai and Chen Tiow of the San Gabriel Valley House Church of Christ; Daniel
for assistance in translations and Chen Tiow for computer assistance as needed.

My children and relatives in the faith for their support and encouragement.

2019 © by Educational Paradigms, Inc., San Gabriel, CA 91775.
ISBN-13: 978-1076009319

The English Scripture is taken from the *American Standard Version* (ASV), published
in 1901 by Thomas Nelson, Inc. Public Domain (copyright expired), with archaisms
removed and the name "Jehovah" (which is an inaccurate translation of the divine
tetragrammation YHWH) as "Yahweh". The ASV has earned the reputation of being
the "Rock of Biblical Honesty" for its literal accuracy.

The Chinese Scripture is taken from the *Chinese Union Version,* published 1919 by the
Hong Kong Bible Society, Public Domain (copyright expired). It was based upon the
British *English Revised Version* (ERV, 1881, 1885), which was succeeded by the
American Standard Version (1901).

PURPOSE This first Chinese Hymnal in English and Ping-yam/Pinyin (C-H88PY) was compiled to serve workers and worshippers in a multi-lingual Chinese community. It may also be used as a language study aid between Mandarin and Cantonese speakers by comparing what the corresponding word is in the other dialect. One may be surprised to find that there are many corresponding words that sound nearly alike in both dialects.

WHY ARE THERE NO MUSICAL NOTES? In China there is more than one form of popular musical notation. For western hymns, although the lyrics may be public domain, the tune to the popular rendition of the song may be copyrighted. Not having notes forces the reader/singer to sing or practice more outside of the worship assembly (see "APPENDIX A: A Brief History of Music in Worship, Hymnody…" under **The Oldest Songbook in the World**).

WHY TRADITIONAL HYMNS People can easily "lose track," or interest, when attempting to sing songs in a different language, especially an unfamiliar song, or amidst mixed languages sung simultaneously. And there are well-meaning Christians who feel that all the verses in a hymnal need to be sung in order to be faithful to the original author, failing to realize that most, of these hymns have been altered and expanded over the years. Early missionaries to China recognized that it was more effective to use songs that were short and familiar.

WHY CANTONESE? Cantonese is the largest dialect with adherents who cannot speak Mandarin, the National Language of China. With the editor's earlier works, the C-YAB (Cantonese-Yale Abbreviated Bible) and C-YAOT (Cantonese-Yale Old Testament), and now the C-H88PY, those who are marginally conversant with spoken Cantonese but who are unable to read Chinese can more effectively share and reach out to most Chinese.

WHY A SIMPLIFIED YALE SYSTEM OF ROMANIZATION? The system of Cantonese Romanization developed by Parker Huang and Gerald Kok at Yale University is used in the C-YAB, C-YAOT, and C-H88PY, with one exception. The Yale system of placing an "h" at the end of a word to indicate a low pitch was omitted since an "h" can be misunderstood to be a part of the word itself. Only the rising (´) and descending tone (`) marks were retained.

SPELLING & STRUCTURE In Ping-yam some words can be spelled in different ways. For example, the word for "hear/listen" (聽) can be rendered as "tèng" or "tìng"; "life" (命) as "meng" or "ming"; "name" (名) as "mèng" or "mìng"; and "one" (一) as "yàt" or "yat". The Cantonese equivalent to the apostrophe ("dik" 的) and completed action "-ed" ("liu" 了) are placed closer to the words they modify to indicate that they are bound forms.

REFERENCES The following works were consulted in the compilation of songs and historical sketches: *Hymnody* (Moses Lee Kung Yu, 1972), *Forty Stories of Famous Gospel Songs* (Ernest K. Emurian, 1959), *Hymn Stories for Programs* (E. K. Emurian, 1963), *Songs of Faith and Praise* (Alton Howard, 2009), *Hymnal: A Worship Book* (Rebecca Slough, 1992), hymnstudiesblog.wordpress.com (Wayne S. Walker), library.timelesstruths.org/music/ , and ivy1heart.blogspot.com/ .

CONTENTS

LIST OF HYMNS AND PRAISES

HYMNS & PRAISES (in alphabetical order by popular title or, in some cases, first line)

APPENDIX A. A Brief History of Musical Worship, Hymnody, and Chinese Outreach

APPENDIX B. Topical Index of Hymns (suggested worship usage)

APPENDIX C. Scripture Index (with entire verses written in English, Traditional Chinese characters, and Ping-yam and Pinyin) in the order that they appear in the Holy Bible.

HYMNS & PRAISES

(Psalm 146:1-5)

Suggested Usage: It is recommended that first the Scripture reference be read, then the song selected be sung once in English to get the rhythm, then sing it again in Chinese. Hymns with authors **bolded** include a brief biographical sketch or history of the song. (The number in parenthesis following the title is the number of the song as it appears in "Songs of Faith and Praise".)

	Gloria Patri		Matt. 28:19	(anonymous, 200)
	Doxology	(66)	Ps. 119:164	**Thomas Ken** (1709)
1	Abide With Me	(808)	Luke 24:29	**Henry F. Lyte** (1847)
2	All Creatures of our God and King	(6)	Ps. 148:1-6	**St. Francis of Assisi** (1225)
3	All The Way My Savior Leads Me		Psalm 31:3	**Fanny J. Crosby** (1875)
4	Amazing Grace	(129)	Zech. 12:10	**John Newton** (1779)
5	An Evening Prayer		Daniel 9:21	C. Maud Battersby (1911)
6	Angels We Have Heard on High	(1002)	Judg. 6:11-22	(trad. French carol; 1862)
7	At the Cross	(324)	1 Tim. 2:5-6	**Isaac Watts** (1707)
8	Away in a Manger	(1017)	Luke 2:4-7	(anonymous, 1882?)
9	Blessed Assurance	(480)	Ex. 3:11-12	Fanny J. Crosby (1873)
10	Blest Be The Tie	(711)	Hosea 6:1	John Fawcett (1782)
11	Break Thou the Bread of Life	(431)	Is. 55:1-11	Mary A. Lathbury (1877)
12	By Christ Redeemed, In Christ Res	(366)	Rom. 3:22-24	**George Rawson** (1857)
13	Christ the Lord is Risen Today	(345)	Matt. 28:1-7	**Charles Wesley** (1739)
14	Close to Thee	(584)	Jer. 30:21	Fanny J. Crosby (1874)
15	Come Thou Almighty King	(19)	Gen. 17:1	(Italian hymn/anonymous, 1757)
16	Come Thou Fount of Every Blessi	(226)	1 Sam. 7:12	Robert Robinson (1757)
17	Count Your Blessings	(742)	Jonah 2:1-3	**Johnson Oatman** (1897)
18	Dear Lord, and Father of Mankind	(770)	1 Ki. 19:11-13	**John G. Whittier** (1872)
19	Fairest Lord Jesus	(288)	Col. 1:15-17	Old German Hymn (1677)
20	Faith is the Victory	(469)	Heb. 11:1	**John H. Yates** (1891)
21	For the Beauty of the Earth	(67)	Eph. 5:20	**Folliott S. Pierpoint** (1864)

GLORIA PATRI

榮耀　頌
Wìng-yiu Jung

(anonymous, 2nd-4th century A.D.)　*　Matthew 28:19
(tune for this ancient hymn may be found on the web)

Glory be to the Father　　　　　　　　　and to the Son
　但願　　榮耀　願　榮耀　　　　　　歸與　父 , 子 ,
Daan-yun wìng-yiu yun wìng-yiu　　　**gwài-yú Fu , Jí ,**
Dàn yuàn　róngyào　yuàn róngyào　　　guī yǔ　Fù,　Zi,

　　　　and to the Holy Ghost.
　　　聖靈　, 父 , 子 , 　聖靈　　.
Sing-Lìng , Fu , Jí , Sing-Lìng .
ShèngLíng, Fù, Zi , ShèngLíng.

As it was in the beginning,　　　　　is now,　and ever shall be,
　起初　這　樣　現在　這　樣　以後　　永　遠 也 這　樣
Héi-chò jé yeung yin-joi jé yeung　yí-hau　wíng yún yá jé yeung
Qǐchū zhè　yang　xiànzài zhè yàng　　yǐhòu　　yǒng yuǎn yě zhè　yàng

　　　world without end.　　　Amen,　　Amen.
　　永　無　窮　盡 .　　阿們 , 　阿們 .
Wíng mòu kùng jeun .　A-mùn , A-mùn .
Yǒng　wú　qióng　jǐn.　　　Āmen,　Āmen.

The Gloria Patri is also known as the "Lesser Doxology."

DOXOLOGY

讚美　詩

Jaan-méi Sì

Thomas Ken (1709)　*　Psalm 119:164

Praise God, from whom all blessings flow ;
讚美　真　神　萬　福　之　根 ;
Jaan-méi jàn Sàn maan fùk ji gan ;
Zànměi zhēn Shén wàn fú zhī gēn;

Praise Him, All creatures here be-low ;
世　上　萬　民　讚美　主　恩 ;
Sai seung maan man jaan-méi Jyú yàn ;
Shì shàng wàn mín zànměi Zhǔ ēn;

Praise Him above, Ye Heavenly Host ;
天使 ,　天軍　讚美　主　名 ;
Tìn-si , Tìn-gwan jaan-méi Jyú mèng ;
Tiānshǐ, tiān jūn zànměi Zhǔ míng;

Praise Father, Son, and Holy Ghost.　　　Amen .
讚美　聖父 ,　聖子 ,　聖靈　.　阿們 .
Jaan-méi Sing-Fu , Sing-Ji , Sing-Lìng .　A-mùn .
Zànměi Shèng Fù, ShèngZǐ, ShèngLíng.　Āmen.

Thomas Ken (1637-1711) was a hymn writer, and the most eminent of the seven Anglican bishops who opposed Catholic monarch James II's efforts to promote Roman Catholicism through the second *Declaration of Indulgence* (1688). The Seven Bishops argued that if a king had supreme authority and can supercede a law of Parliament, what was to prevent a king from issuing a contrary edict to limit religious freedom?　The bishops were found not guilty.　Their actions preserved the right to petition as stated in the *Magna Carta* (1215), the *Bill of Rights* (1689), and later preserved in the *First Amendment to the United States Constitution* as the right to petition for redress of grievances and of religion and conscience.

1. ABIDE WITH ME

與 我 同 住
Yú Ngó Tùng Jyu

Henry F. Lyte (1847) * Luke 24:29

1 Abide with me;   fast   falls the eventide;
夕陽 西 沉 ， 求 主 與 我 同 住；
Jik-yèung sài chàm ， kàu Jyú yú ngó tùng jyu；
Xīyáng xī chén, qiú Zhǔ yǔ wǒ tong zhù;

The darkness deepens;   Lord,   with me abide;
黑暗 漸 深 ， 求 主 與 我 同 住；
hàak-am jim sàm ， kàu Jyú yú ngó tùng jyu；
Hēi'àn jiàn shēn, qiú Zhǔ yǔ wǒ tong zhù;

When other helpers   fail   and comforts flee,
求助 無 門 ， 安 慰 也 無 求 處 ，
kàu-jo mòu mùn ， òn - wai yá mòu kàu chyu ，
Qiúzhù wú mén, ānwèi yě wú qiú chù,

Help of the helpless,   oh,   abide with me.
懇求 助人 之 神 ， 與 我 同 住。
Hán-kàu jo-yàn jì Sàn ， yú ngó tùng jyu。
Kěnqiú zhùrén zhī Shén, yǔ wǒ tong zhù.

3 I need Thy presence   ev - ery passing hour;
我 深 需 主 ， 時 刻 需 主 眷顧 ；
Ngó sàm sèui Jyú ， sì - hàak sèui Jyú gyun-gu ；
Wǒ shēn xū Zhǔ, shíkè xū Zhǔ juàngù;

What but Thy grace can   foil   the tempter's pow'r?
若非 主 恩 ， 怎 將 試探 抗拒 ？
yeuk-fèi Jyú yàn ， jám jeung si-taam kong-kéui？
Ruòfēi Zhǔ ēn, zěn jiāng shìtàn kàngjù?

Who, like Thyself, my guide and stay can be?
誰 能 如 主 , 時 常 導 引 扶持 ,
Sèui nàng yù Jyú , sì - sèung dou yán fù-chì ,
Shuí néng rú Zhǔ, shícháng dǎo yǐn fúchí,

Through cloud and sunshine, Lord, abide with me.
無論 風雨 晦明 , 與 我 同 住 !
mòu-leun fùng-yú fui-mìng , yú ngó tùng jyu !
Wúlùn fēngyǔ huìmíng, yǔ wǒ tong zhù!

4 Hold Thou Thy cross before my closing eyes;
示 我 十字 , 雙 眸 垂 閉 之 時 ,
Si ngó sap-ji , sèung màu séui bai jì sì ,
Shì wǒ shízì, shuāng móu chuí bì zhī shí,

Shine through the gloom and point me to the skies;
照 徹 昏 幽 , 指 我 直 上天 衢 ;
jiu chit fàn yàu , jí ngó jik seung-tìn kèui ;
zhào chè hūn yōu, zhǐ wǒ zhí shàngtiān qú;

Heav'n's morning breaks, and earth's vain shadows flee;
陰翳 飛逝 , 欣 看 天光 破 曙 ,
Yà-mai fèi-sai , yàn hon tìn-gwòng po syú ,
Yīnyì fēishì, xīn kàn tiānguāng pò shǔ,

In life, in death, O Lord, abide with me.
無論 天上 人間 , 與 我 同 住 。
Mòu-leun tìn-seung yàn-gàan , yú ngó tùng jyu 。
Wúlùn tiānshàng rénjiān, yǔ wǒ tong zhù.

Henry Francis Lyte (1793-1847) was born in Scotland, he studied at Trinity College, Dublin and took Anglican Holy Orders in 1815. He attracted large crowds wherever he preached. Lyte had suffered from poor health for much of his life and died from tuberculosis 3 weeks after completing his best known hymn, "Abide With Me."

2. ALL CREATURES OF OUR GOD AND KING

萬物　頌　主
Maan-mat　Jung　Jyú

St. Francis of Assisi (1225)　*　Psalm 148:1-6

1　All creatures of our God and King
世間　　萬物　　頌　主　　君王　　，
Sai-gàan　maan-mat　jung　Jyú　gwàn-wòng ,
Shìjiān　　wànwù　　song　Zhǔ　jūnwáng,

Lift up your voice and with us　Sing,　　　　O praise Him!　Alleluia!
大家　齊　來　同　聲　高　唱　，　哈利路亞！　哈利路亞！
daai-gà　chài　lòi　tùng　sèng　gòu　cheung , Há-lei-lou-a !　Há-lei-lou-a !
dàjiā　　qí　lái　tóng shēng gāo　chàng,　　Hā lì lù yà!　　Hā lì lù yà!

Thou, burning sun with golden beam;
祢　　金光　　燦爛　的　　太陽　　；
Néi　gàm-gwòng　chan-laan dìk　taai-yèung ;
Mí　　jīnguāng　　cànlàn　de　　tàiyáng;

Thou, silver moon with softer gleam,
祢　　銀色　　溶溶　的　　月亮　　，
Néi　ngàn-sìk　yùng-yùng dìk　yut-leung ,
Mí　　yínsè　　róngróng　de　　yuèliàng,

O praise Him!　O praise Him!　Alleluia!　　Alleluia!　　Alleluia!
哈利路亞　！　哈利路亞　！　哈利路亞　！　讚美　祂！　哈利路亞　！
Há-lei-lou-a !　Há-lei-lou-a !　Há-lei-lou-a !　Jaan-méi　Tà !　Há-lei-lou-a !
Hā lì lù yà!　　Hā lì lù yà!　　Hā lì lù yà!　　Zànměi　Tā!　Hā lì lù yà!

2　Let all things their Creator bless
祢　　長空　　怒號　的　　強風　　，
Néi　chèung-hùng　nou-hou dìk　kèung-fùng ,
Mí　　chángkōng　　nùháo　de　　qiángfēng,

And worship Him in humbleness.   O praise Him!   Alleluia!

祢   天邊   縹緲 的   白雲   ,   哈利路亞 ！   哈利路亞 ！

Néi tìn-bìn píu-míu dìk baak-wàn ,   Há-lei-lou-a !   Há-lei-lou-a !

mí tiānbiān piāomiǎo de   báiyún,   Hā lì lù yà!   Hā lì lù yà!

Praise, praise the Father, praise the Son

祢   朝氣   蓬勃 的   早晨   ；

Néi jìu-hei pùng-but dìk jóu-sàn ;

Mí zhāoqì   péngbó de   zǎochén;

And praise the Spirit, Three-in-One

祢   暮色   蒼   芒的   黃昏   ,

Néi mou-sìk chòng mòng dìk wòng-fàn ,

Mí   muse   cāng   máng de   huáng-hūn,

O praise Him!   O praise Him!   Alleluia!   Alleluia!   Alleluia!

哈利路亞 ！   哈利路亞 ！   哈利路亞 ！   讚美   祂！   哈利路亞 ！

Há-lei-lou-a !   Há-lei-lou-a !   Há-lei-lou-a !   Jaan-méi Tà!   Há-lei-lou-a !

Hā lì lù yà!   Hā lì lù yà!   Hā lì lù yà!   Zànměi   Tā!   Hā lì lù yà!

Saint Francis of Assisi (1181-1226) is remembered as one who valued creation as a mirror of the Creator. He once wrote, "If you have men who will exclude any of God's creatures from the shelter of compassion and pity, you will have men who will deal likewise with their fellow men." Near the end of his life, Francis wrote the words to this hymn in 1225 in his "Canticle of the Sun" poem which was based upon Psalm 148. While sick and suffering from vision loss, he composed these joyous words to inspire all of creation to praise the Creator. The words to this familiar Christian song was translated into English by William Draper and set to music sometimes between 1899 and 1919.

3. ALL THE WAY MY SAVIOR LEADS ME

救世 主 凡 事 引 導 我

Gau-sai Jyú fàan si yán dou ngó

Fanny J. Crosby (1875) * Psalm 31:3

1 All the way my saviour leads me,
救世 主 凡事 引 導 我，
Gau-sai Jyú fàan si yán dou ngó ,
Jiùshì Zhǔ fán shì yǐn dǎo wǒ,

What have I to ask beside?
我 何 需 別 有 所 求 ，
Ngó hò sèui bit yau só kàu ,
wǒ hé xū bié yǒu suǒ qiú,

Can I doubt His tender mercy,
主 愛 憐 我 何 用 多 疑，
Jyú oi lìn ngó hò yung dò yì ,
Zhǔ ài lián wǒ hé yòng duō yí,

Who through life has been my guide?
我 一生 蒙 主 眷 祐，
Ngó yat-sàang mùng Jyú gyun yau ,
wǒ yīshēng méng Zhǔ juàn yòu,

Heavenly peace, divinest comfort,
今 因 信 享 天上 平安 ，
Gàm yàn seun héung tìn-seung pìng-òn,
Jīn yīn xìn xiǎng tiānshàng píng'ān ,

Here by faith in Him to dwell,
蒙 安慰 何等 喜樂 ，
Mùng òn-wai hò-dáng héi-lok ,
méng ānwèi héděng xǐlè,

For I know whate'er befall me,
我 深 知 無論 遇 何事，
Ngó sàm ji mòu-leun yu hò si ,
Wǒ shēn zhī wúlùn yù hé shì,

Jesus doeth all things well.
主 必 為 我 安排 妥
Jyú bìt wai ngó òn-pàai tó
Zhǔ bì wèi wǒ ānpái tuǒ

For I know whate'er befall me,
我 深 知 無論 遇 何事，
Ngó sàm ji mòu-leun yu hò si ,
Wǒ shēn zhī wúlùn yù hé shì,

Jesus doeth all things well.
主 必 為 我 安排 妥.
Jyú bìt wai ngó òn-pàai tó .
Zhǔ bì wèi wǒ ānpái tuǒ.

2 All the way my Saviour leads me,
救世 主 凡事 引導 我 ，
Gau-sai Jyú fàan-si yán-dou ngó ,
Jiùshì Zhǔ fánshì yǐndǎo wǒ,

Cheers each winding path I tread,
崎嶇 路 安然 走過 ，
kèi-kèui lou òn-yìn jáu-gwo ,
qíqū lù ānrán zǒuguò,

Gives me grace for every trial,

遇 試 煉 主 賜 恩 相 助

Yu si lin Jyú chi yàn sèung jo

Yù shì liàn Zhǔ cì ēn xiāng zhù

Feeds me with the living bread.

生 命 糧 日 日 賜 我 ,

sàang ming lèung yat-yat chi ngó ,

shēng mìng liáng rì rì cì wǒ,

Though my weary steps may falter,

我 **步** 屢 雖 困 倦 無 力,

Ngó bou léui sèui kwan gyun mòu lik,

Wǒ bù lǚ suī kùn juàn wú lì,

And my soul a-thirst may be,

我 心靈 雖 **渴** 難 名 ,

ngó sàm-lìng sèui hot naan mìng ,

wǒ xīnlíng suī kě nán míng,

Gushing from the Rock before me,

但 我 見 靈 磐 現 我 前 ,

Daan ngó gin Lìng Pùn yin ngó chìn ,

Dàn wǒ jiàn Líng Pán xiàn wǒ qián,

Lo! A spring of joy I see;

快樂 泉 源 湧 不停 .

faai-lok chyùn yùn yúng bàt tìng .

kuàilè quán yuán yǒng bù ting.

Gushing from the Rock before me,

但 我 見 靈 磐 現 我 前 ,

Daan ngó gin Lìng Pùn yin ngó chìn ,

Dàn wǒ jiàn Líng Pán xiàn wǒ qián,

Lo! A spring of joy I see;

快樂 泉 源 湧 不停 .

faai-lok chyùn yùn yúng bàt tìng .

kuàilè quán yuán yǒng bù ting.

Fanny Crosby (1820-1915) was a prolific hymn writer and poet who wrote over 8,000 hymns and gospel songs. Born in New York, Fanny lost her eyesight at the age of 6 weeks. A devoted Christian, she always began her hymn writing with a word of prayer that her songs may lead someone to the Lord. Perhaps her best known hymns are "Blessed Assurance" and "To God Be the Glory."

4. AMAZING GRACE !

奇異　恩典
Kèi-yi Yàn-dín

John Newton (1779) * Zechariah 12:10

1 Amazing grace ,　　　how sweet the sound ,　　　that saved a wretch like me !
奇異　恩典，　　　何等　甘　甜，　　　我　罪　已　得　赦免！
Kèi-yi yàn-dín ,　　ho-dáng gam tim ,　　ngó jeui yí dàk se-min !
Qíyì　ēndiǎn,　　héděng　gān tián,　　wǒ zuì yǐ dé shèmiǎn!

I once was lost ,　　　but now am found ,　　　was blind, but now I see .
前　我　先　喪，　今　披　尋回，　　　瞎眼　　今　得　　看見．
Chìn ngó sìn song ,　gàm pei cham-wùi ,　hat-ngaan gàm dàk hon-gin .
Qián　wǒ xiān sàng,　jīn pī　xún huí,　　xiāyǎn　jīn dé　kànjiàn.

2 "Twas grace that taught my heart to fear,　　And grace my fears relieved;
如此　恩典，使我　　敬畏　，　　　使我　　心得　　安慰　；
Yù-chí yàn-dín , si ngó ging-wai ,　　si ngó sàm-dàk òn-wai ;
Rúcǐ　ēndiǎn,　shǐ wǒ　jìngwèi,　　shǐ wǒ　xīndé　ānwèi;

How precious did that grace appear　　The hour I first believed!
初　信之　時,即　蒙　　恩惠　，　　真　是　何等　　寶貴　！
Chò seun-jì sì , jìk mùng yàn-wai ,　　jàn si hòdáng bóu-gwai !
Chū　xìnzhī shí,　jí méng　ēnhuì,　　zhēn shi héděng　bǎoguì!

3 Through many dangers, toils and snares,　　I have already come;
歷經　　艱險，勞苦　奔走，　　　我　今　來　到　主　前；
Lik-gìng gàn-hím , lòu-fú bàn-jáu ,　　ngó gàm lòi dou Jyú chìn ;
Lìjīng　jiānxiǎn,　láokǔ bēnzǒu,　　wǒ jīn lái dào Zhǔ qián;

This grace have brought me safe thus far,	And grace will lead me home.
都 是 主 恩， 扶持 保佑，	恩典 帶 進 永久 ．
Dòu si Jyú yàn， fù-chì bóu-yau，	**yàn-dín daai jeun wíng-gáu ．**
Dōu shì Zhǔ ēn， fúchí bǎoyòu，	ēndiǎn dài jìn yǒngjiǔ．

John Henry Newton (1725-1807) was born in London and from the age of eleven went to sea, first with his father, then 'pressed' into the Royal Navy and later on a slave ship. He was captured and made a slave before being rescued and returned to the U.K. He was ordained into the Church of England in 1764. He championed the effort to outlaw slavery in the U.K. and was inspired to write about the "Amazing Grace" that truly sets us free from the slavery of sin and self-centeredness.

5. AN EVENING PRAYER

晚 禱

Máan Tóu

C. Maud Battersby (1911) * Daniel 9:21

1 If I have wounded any soul today ,
若　我　今日　傷　損　他人　心靈　，
Yeuk ngó gàm-yat seung syun tà-yàn sàm-lìng ,
Ruò　wǒ　jīnrì　shāng　sǔn　tārén　xīnlíng,

If I have caused one foot to go astray ,
若　我　今日　腳　**步** 走　錯　路徑　，
yeuk ngó gàm-yat geuk bou-jáu cho lou-ging ,
ruò　wǒ　jīnrì　jiǎo　bù zǒu　cuò　lùjìng,

If I have walked in my own willful way,
若　我　今日　照　己　旨意　遍　行　，
Yeuk ngó gàm-yat jiu gei ji-yi pin hang ,
Ruò　wǒ　jīnrì　zhào jǐ　zhǐyì biàn　xíng,

dear Lord, forgive .
求　主　，　饒恕　.
kàu Jyú , yiu-syu .
qiú Zhǔ,　ráoshù.

2 If I have uttered idle words or vain,
若　我　今日　言語　不合　體統　，
Yeuk ngó gàm-yat yìn-yú bàt-hap tái-túng ,
Ruò　wǒ　jīnrì　yányǔ　bùhé　tǐtǒng,

If I have turned aside from want or pain,
若　我　今日　行動　顛倒　是非　，
Yeuk ngó gàm-yat hang-dung dìn-dóu si-fèi ,
Ruò　wǒ　jīnrì　xíngdòng diāndǎo shìfēi,

Lest I offend some others thru the strain,
因 此 促 使 他 人 遭 受 虧 損 ，
yàn chí chùk si tà yàn jòu sau kwài syún ，
yīn cǐ cù shǐ tā rén zāo shòu kuī sǔn,

dear Lord, forgive.
求 主 ， 饒 恕 ．
kàu Jyú ， yiu-syu ．
qiú Zhǔ, ráoshù.

4 Forgive the sins I have confessed to Thee;
求 你 赦 免 我 所 承 認 諸 罪 ，
Kàu Néi se-min ngó só sìng ying jyù jeui ，
Qiú Nǐ shèmiǎn wǒ suǒ chéng rèn zhū zuì,

Forgive the secret sins I do do not see;
求 你 赦 免 隱 而 未 顯 諸 罪 ，
Kàu Néi se-min yán yì mei hín jyù jeui ，
qiú Nǐ shèmiǎn yǐn ér wèi xiǎn zhū zuì,

O guide me, love me, and my keeper be.
求 你 引 導 愛 護 保 守 看 顧 ．
Kàu Néi yán dou oi wu bóu sáu hon gu ．
qiú Nǐ yǐn dǎo ài hù bǎo shǒu kàn gù.

Dear Lord, forgive.
求 主 ， 饒 恕 ．
Kàu Jyú ， yiu-syu ．
Qiú Zhǔ, ráoshù.

6. ANGELS WE HAVE HEARD ON HIGH

天使 歌唱 在 高 天
Tìn-si Go-cheung Joi Gou Tìn

James Chadwick (1862; traditional French carol) * Judges 6:11-22

1 Angels we have heard on high,
天使 歌唱 在 高 天 ,
Tìn-si go-cheung joi gou tìn ,
Tiānshǐ gēchàng zài gāo tiān,

sweetly singing over the plains,
美妙 歌聲 遍 草原 ,
mei-miu gò sing pin chou-yun ,
měimiào gē shēng biàn cǎoyuán,

And the mountains in reply
四周 山嶺 發 回聲
Sei-jau saan-ling faat wui-sing
Sìzhōu shānlǐng fā huíshēng

echo back their joyous strains.
響應 天使 歡樂 音 .
heung-ying Tìn-si fùn-lok yàm .
xiǎngyìng tiānshǐ huānlè yīn.

Glor------------ri-a in excelsis Deo,
榮 耀 榮耀 歸與 真 神 .
Wìng---------yiu Wìng-yiu gwai-yú jàn Sàn .
Róng--------yào róngyào guīyǔ zhēn Shén.

Glor------------ri-a in excelsis Deo,
榮 耀 榮耀 歸與 真 神 .
Wìng---------yiu Wìng-yiu gwai-yú jàn Sàn .
Róng--------yào róngyào guīyǔ zhēn Shén.

2 Shepherds, why this jubilee?
牧人 有 何 大 喜悅 ,
Muk-yàn yau hò daai héi-yut ,
Mùrén yǒu hé dà xǐyuè,

Why your joyous strains prolong?
快樂 歌聲 不休 歇 ?
faai-lok gò-sèng bàt-yàu hit ?
kuài yuè gēshēng bùxiū xiē?

What the gladsome tidings be
有 何 喜訊 感心 弦 ,
Yau hò héi-seun gám-sàm yìn ,
Yǒu hé xǐxùn gǎnxīn xián,

Which inspire your heav'nly song?
齊 發 歌聲 美 難 言 ?
chài faat gò-sèng méi naan yìn ?
qí fā gēshēng měi nán yán?

Glor-----------ri-a   in excelsis Deo,
榮　　耀　　榮耀　　歸與　　真　神．
Wìng---------yiu   Wìng-yiu   gwai-yú   jàn   Sàn.
Róng--------yào   róngyào   guīyǔ   zhēn Shén.

Glor-----------ri-a   in excelsis Deo,
榮　　耀　　榮耀　　歸與　　真　神．
Wìng---------yiu   Wìng-yiu   gwai-yú   jàn   Sàn.
Róng--------yào   róngyào   guīyǔ   zhēn Shén.

3 Come to Bethlehem and see   Him whose birth the angels sing;
請　君　同　往　伯利恆　，天使所　唱　聖　嬰　生　，
Chíng   gwàn   tùng   wóng   Baak-lei-hàng,   tìn-si   só cheung   Sing Yìng   sàang,
Qǐng   jūn   tong   wǎng   Bólìhéng,   tiānshǐ suǒ chàng   Shèng Yīng shēng,

Come, adore on bended knee   Christ the Lord, the newborn King.
前　來　跪拜　同　聲　唱　;　基督　救主　新生　王！
Chìn   lòi   gwai-baai   tùng   sèng cheung;   Gèi-dùk   Gau-Jyú   sàn-sàang   wòng!
Qián   lái   guìbài   tong shēng chàng;   Jīdū   Jiùzhǔ   xīnshēng   wáng!

Glor-----------ri-a   in excelsis Deo,
榮　　耀　　榮耀　　歸與　　真　神．
Wìng---------yiu   Wìng-yiu   gwai-yú   jàn   Sàn.
Róng--------yào   róngyào   guīyǔ   zhēn Shén.

Glor-----------ri-a   in excelsis Deo,
榮　　耀　　榮耀　　歸與　　真　神．
Wìng---------yiu   Wìng-yiu   gwai-yú   jàn   Sàn.
Róng--------yào   róngyào   guīyǔ   zhēn Shén.

The author of the words to this traditional French carol is unknown. It was first published in the 1855 *Nouveau recueil de cantiques*. The usual English translation is attributed to James Chadwick (1813-1882), who was born in Ireland. He became a Roman Catholic priest, later serving as a college professor and president, and Bishop of Newcasle. This translation first appeared in *The Holy Family Hymns* (1860), was altered in the *Crown of Jesus Music*, Part II (Henri Frederick Hemy, ed., 1862), and revised again in the *Carols Old and New* (Charles L. Hutchins, 1916).

7. AT THE CROSS

在 十架
Joi Sap-ga

Isaac Watts (1707) * 1 Timothy 2:5-6

1 Alas!   and did my Savior bleed   And did my Sov'reign die?

可 嘆 ， 我 主 流 出 寶 血   甘 願 為 我 捨 身

Hó taan , ngó Jyú làu chèut bou hyut   gàm-yun wai ngó sé-sàn

Kě tàn, wǒ Zhǔ liú chū bǎo xuè   gānyuàn wéi wǒ shěshēn

Would He devote that sacred head   For such a worm as I?

忍受 痛苦 **歷盡 艱辛**   救 我 卑 微 罪 人

Yàn-sau tung-fú lik-jeun gàn-sàn   gau ngó bèi-mèi jeui yàn

Rěnshòu tòngkǔ lìjìn jiānxīn   jiù wǒ bēiwéi zuìrén

[Refrain]   At the cross,   at the cross   where I first saw the light

[副歌]   在 十 架 ， 在 十 架   我 一 見 主 恩 光

[fugò]   **Joi sap ga ,   joi sap ga   ngó yat-gin Jyú yàn gwòng**

[fù gē]   Zài shí jià, zài shí jià   wǒ yījiàn Zhǔ ēn guāng

And the burden of my heart rolled away

我 心中 罪孽 重擔 皆 脫落

ngó sàm jung jeui-yit chùng-dàam gàai tyut-lok

wǒ xīnzhōng zuìniè zhòngdàn jiē tuōluò

It was there by faith I received my sight

在 我 主 十 架 我 因 信服 明亮

Joi ngó Jyú sap ga ngó yàn seun-fuk mìng-leung

Zài wǒ Zhǔ shí jià wǒ yīn xìnfú míngliàng

And now I am happy all the day

如今 我 心 常 歡喜 快樂

yù-gàm ngó sàm sèung fùn-héi faai-lok

rújīn wǒ xīn cháng huānxǐ kuàilè

3 Well might the sun in darkness hide   And shut his glories in
　　正當　　基督　造物　的　主　　　　為　人　罪過　　身亡
　　Jing-dòng Gèi-dùk jou-mat dìk Jyú　　**wai yàn jeui-gwo sàn-mòng**
　　Zhèngdàng　Jīdū　zàowù　de　Zhǔ　　wéi　rén　zuìguo　shēnwáng

When Christ, the mighty Maker died   For man the creature's sin
　　輝煌　　紅　日　也　被　隱藏　　　天地　　黑暗　無　　光
　　Fài-wòng hùng yat yá bei yán-jong　　**tìn-dei hàak-am mòu gwòng**
　　Huīhuáng hóng　rì　yě　bèi　yǐncáng　　tiāndì　hēi'àn　wú　guāng

[Refrain]

4 But drops of grief can ne'er repay   The debt of love I owe
　　我　雖　流盡　　傷心　　　眼淚　　難　還　主　愛的　債
　　Ngó sèui làu jeun sèung-sàm ngáan-leui　**nàan wàan Jyú oi dìk jaai**
　　Wǒ　suī　liú　jǐn　shāngxīn　　yǎnlèi　　nán　hái　Zhǔ　ài　de　zhài

Here, Lord, I give myself away   'Tis all that I can do
　　只　將　　身心　獻　為　活　祭　　籍　報　救主　大　愛.
　　jí jèung sàn-sàm hin wai wut jai　　**jik bou Gau-Jyú daai oi .**
　　Zhǐ　jiāng　shēnxīn　xiàn　wèi　huó　jì　　jí　bào　Jiùzhǔ　dà　ài.

[Refrain]

Isaac Watts (1674-1748) was born in England in a family from a non-conformist church background. He wrote some 750 hymns and is claimed by some to be "The Father of English Hymnwriting." Perhaps some of his best known hymns are "Joy To the World" and "When I Survey the Wondrous Cross."

8. AWAY IN A MANGER

在 客 店 馬 槽 裡

Joi Haak Dim Má Chòu léui

Anonymous, 1882 (vs. 3 John Thomas McFarland, 1892) * Luke 2:4-7

1 Away in a manger
在 客 店 馬 槽 裏,
Joi haak dim má chòu léui,
Zài kè diàn mǎ cáo lǐ,

No crib for His bed
無 枕 又 無 床,
mòu jam yau mòu chòng,
wú zhěn yòu wú chuáng,

The little Lord Jesus
聖 嬰孩 主 耶穌
Sing yìng-hàai Jyú Yè-sòu
Shèng yīnghái Zhǔ Yè-sòu

Lay down His sweet head
睡 臥 甚 安詳;
seui ngo sam òn-chèung;
shuì wò shén ānxiáng;

The stars in the sky
高 天上 眾 星星
gòu tìn-seung jung sìng-sìng
Gāo tiānshàng zhòng xīngxīng

Look down where He lay
都 遙遠 張望,
dòu yìu-yún jèung-mong,
dōu yáoyuǎn zhāngwàng,

The little Lord Jesus
望 聖嬰 主 耶穌
Mong sin-yìng Jyú Yè-sòu
Wàng shèng-yīng Zhǔ Yè-sòu

Asleep on the hay
所 睡 臥 地方。
só seui ngo dei-fòng。
suǒ shuì wò dìfāng.

2 The cattle are lowing
牛馬 等 嗚嗚嗚,
Ngàu-má dáng wù-wù-wù,
Niúmǎ děng wū wū wū,

The poor Baby wakes
聖 嬰 忽然 醒,
Sing Yìng fàt-yìn síng,
Shèng Yīng hūrán xǐng,

But little Lord Jesus
不　啼哭，極　安靜，
Bàt tài-hùk，　gik òn-jing，
Bù tíkū，　jí ānjìng，

I love Thee, Lord Jesus
我　深　愛主　耶穌，
Ngó sàm oi Jyú Yè-sòu，
Wǒ shēn ài Zhǔ Yēsū，

And stay by my side
求　降　臨我　床　邊，
Kàu gong làm ngó chòng bìn，
Qiú xiáng lín wǒ chuáng biān，

No crying He makes
面　上　現　笑容　；
min seung yin siu-yùng；
miàn shàng xiàn xiàoróng；

Look down from the sky
求　從　天　看顧　；
kàu chùng tìn hon-gu；
qiú cóng tiān kàngù；

'Til morning is nigh
護　守　到　天明　。
wu sáu dou tìn-mìng。
hù shǒu dào tiānmíng。

3　Be near me, Lord Jesus
懇求　主　親近　我，
hán-kàu Jyú chàn-gan ngó，
Kěnqiú Zhǔ qīnjìn wǒ，

Close by me forever
永　向　我　顯　慈愛，
Wíng heung ngó hín chì-oi，
Yǒng xiàng wǒ xiǎn cí'ài，

Bless all the dear children
更　看顧　眾　孩童，
Gang hon-gu jung hàai-tùng，
Gèng kàngù zhòng háitóng，

And take us to Heaven
使　我們　同　蒙　恩，
Si ngó-mùn tùng mùng yàn，
Shǐ wǒmen tong méng ēn，

I ask Thee to stay
伴　我　在　身　旁，
pún ngó joi sàn pòng，
bàn wǒ zài shēn páng，

And love me, I pray
向　我　　施恩光　；
heung ngó sì-yàng-wòng；
xiàng wǒ shī'ēnguāng；

In Thy tender care
保佑　都　安康　；
bóu-yau dòu òn-hòng；
bǎoyòu dū ānkāng；

To live with Thee there
隨　主　到　天堂　。
chèui Jyú dou tìn-tòng。
suí Zhǔ dào tiāntáng。

9. BLESSED ASSURANCE

有 福 的　　 確據
Yau Fùk dìk Kok-geui

Fanny J. Crosby (1873) * Exodus 3:11-12

1 Blessed assurance,　　Jesus is mine:　　　O what a foretaste
　　有 福 的　　 確據 ，　　耶穌 屬 我 ，　　　我 今 得 先 嚐 ，
　　Yau fùk dìk kok-geui ,　　<u>**Yè-sòu**</u> **suk ngó ,**　　**Ngó gàm dàk sìn sèung ,**
　　Yǒu fú de què jù,　　Yè-sòu shǔ wǒ,　　wǒ jīn dé xiān cháng,

of glory divine!　　　　　Heir of salvation,　　purchase of God;
　　主 榮耀　　 喜樂 ，　　　為 神的 後嗣 ，　　救贖 功 成 ，
　　Jyú wìng-yiu héi-lok ,　　**Wai Sàn dìk hau ji ,**　　**gau-suk gùng sìng ,**
　　Zhǔ róngyào　 xǐlè,　　Wèi Shén de　hòusì,　　jiùshú　gōng chéng,

Born of His Spirit,　　　washed in His blood.
　　由 聖靈　 重 生 ，　寶 血 洗 淨 ．
　　Yàu Sing-Lìng chùng sàang , bóu hyut sái jing .
　　Yóu Shingling zhòng shēng, bǎo xuè xǐ jìng.

[Refrain] [副歌] [fugò] [fù gē] :

This is my story,　　this is my song, Praising my Saviour　　all the day long.
這 是 我 信息 ， 我 的 詩歌， 讚美 我 救主 ， 晝 夜 唱 和 ;
Jé si ngó seun-sìk, ngó dìk si gò, Jaan-méi ngó Gau-Jyú, jau ye cheung wò;
Zhè shì wǒ　xìnxī,　wǒ de shīgē,　zànměi wǒ Jiùzhǔ,　zhòu yè chàng　hé;

This is my story,　　this is my song, Praising my Saviour　　all the day long.
這 是 我 信息 ， 我 的 詩歌， 讚美 我 救主 ， 晝 夜 唱 和 ．
Jé si ngó seun-sìk, ngó dìk si gò, Jaan-méi ngó Gau-Jyú, jau ye cheung wò.
Zhè shì wǒ　xìnxī,　wǒ de shīgē,　zànměi wǒ Jiùzhǔ,　zhòu yè chàng　hé;

2   Perfect submission,   perfect delight,   Visions of rapture
    完全 的 順服   快樂 無比 ,   天堂 的 榮耀
    Yùn-chyùn dìk seun-fuk   **fùn-lok mòu-béi ,**   **tìn-tòng dìk wìng-yiu**
    Wánquán de shùnfú   kuàilè wúbǐ,   tiāntáng de róngyào

    now burst on my sight;   Angels descending,   bring from above
    顯 在 我 心裡 ,   天使 帶 信息 由 天 而 來
    hín joi ngó sàm-léui ,   **Tìn-si daai seun-sìk yàu tìn yì lòi**
    xiǎn zài wǒ xīn lǐ,   Tiānshǐ dài xìnxī yóu tiān ér lái

    Echoes of mercy,   whispers of love.
    報 明 主 憐憫 述說 主 愛
    bou mìng Jyú lìn-mán seut-syut Jyú oi
    bào míng Zhǔ liánmǐn shùshuō Zhǔ ài

[Refrain]

3   Perfect submission,   all is at rest,   I in my Savior
    完全 的 順服   完全 安息 ,   何等 的 歡欣
    Yùn-chyùn dìk seun-fuk   **yùn-chyùn òn-sìk ,**   **hò-dáng dìk fùn-yàn**
    Wánquán de shùnfú   wánquán ānxí,   héděng de huānxīn

    am happy and blessed;   Watching and waiting,   looking above,
    我 在 基督 裡   儆 醒 而 禱告 等 主 回來
    ngó joi Gèi-dùk léui   **Gíng síng yì tóu-gou dáng Jyú wùi-lòi**
    wǒ zài Jīdū lǐ   Jǐng xǐng ér dǎogào děng Zhǔ huílái

    Filled with His goodness,   whispers of love.
    滿 有 主 恩賜 ,   暢 我 心懷 .
    mún yau Jyú yàn-chi ,   **cheung ngó sàm-wàai .**
    mǎn yǒu Zhǔ ēncì,   chàng wǒ xīnhuái.

[Refrain]

10. BLEST BE THE TIE

福哉 繫連 妙結
Fùk-jeui Hai Lin Miu git

John Fawcett (1782) * Hosea 6:1

1 Blessed be the tie that binds   our hearts in Christian love ;
　福哉　繫連　妙結　　　　在　主　愛　中　　同　心 ；
Fùk-jeui hai lin miu git   **joi Jyú oi jung tung sàm ;**
Fú zāi　xì lián miào jié   zài Zhǔ　ài zhōng　tóng　xīn;

The fellowship of kindred minds   is like to that above .
　教會　聖徒　心靈　團契　　　在　地　如　在　天　庭 ．
Gaau-wùi sing-tou sàm-lìng tyun-kai   **joi dei yù joi tìn tìng .**
Jiàohuì　shèngtú　xīnlíng　tuán qì   zài de　rú　zài tiān tíng.

2 Before our Father's throne,   We pour our ardent prayers;
　信　中在父座　前，　　　　同心　　虔誠　　祈禱 ．
Seun jung joi Fu jo chìn ,   **tùng-sàm kìn-sing kèi-tóu .**
Xìn　zhōng zài　Fù zuò qián ,   Tóngxīn qiánchéng　qídǎo.

Our fears, our hopes, our aims are one,   Our comforts and our cares.
　同一　　艱難　安樂　　關心　，　同　一　　希望　　目標 ．
Tùng-yat gàn-naan òn-lok gwàan-sàm ,   **tùng yat hèi-mong muk bìu .**
Tóngyī　jiānnán　ānlè　guānxīn,   tóng　yī　xīwàng　mùbiāo.

4 When we asunder part,   It gives us inward pain;
　信眾　　生離死別　，　　　不　像　世人　哀痛 ．
Seun-jung sàang-lèi-séi-bit ,   **bàt jeung sai-yàn òi-tung .**
Xìnzhòng　　shēnglísǐbié,   Bù xiàng　shìrén　āitòng.

But we shall still be joined in heart,   And hope to meet again.
　天上　　人間　織　主　　同心　，　離別　終　必　　重逢　．
Tìn-seung yàn-gàan jìk Jyú tùng-sàm ,   **lèi-bit jùng bìt chúng-fùng .**
Tiānshàng　rénjiān　zhī Zhǔ tóngxīn,   líbié zhōng bì　chóngféng.

11. BREAK THOU THE BREAD OF LIFE

求 主 擘 餅
Kàu Jyú Maak Beng

Mary Artemisia Lathbury (1877) * Isaiah 55:1-11

1 Break thou the Bread of Life ,
　求　主　擘　生命　　餅 ，
Kàu Jyú maak sàang-ming beng ,
　Qiú Zhǔ bāi　shēngmìng bǐng,

dear Lord to me ,
　充　我　飢　腸　，
chùng ngó gei cheung ,
　chōng wǒ jī cháng,

As thou didst break the loaves
　正如　當年　擘　餅
Jing-yù dong-nin maak beng
　Zhèngrú dāngnián bāi bǐng

beside the sea ;
在　加利利　；
joi Ga-lei-lei ;
zài Jiā lì lì ;

beyond the sacred page,
　我　願　看　主　聖經　，
Ngó yun hon Jyú Sing-Ging ,
　Wǒ yuàn kàn Zhǔ Shèngjīng,

I seek Thee, Lord ,
　見　主　榮　面，
gin Jyú wìng min ,
　jiàn Zhǔ róng miàn,

My spirit pants for Thee,
　主　我　心　真　渴慕
Jyú ngó sàm jàn hot-mou
　Zhǔ wǒ xīn zhēn kěmù

O Living Word .
祢　生命　語.
Néi Sàang-Ming Yú .
mí Shēngmìng Yǔ.

2 Break Thou the truth, dear Lord,
　求　主　祝福　真理
Kàu Jyú jùk-fùk jàn-léi
　Qiú Zhǔ zhùfú zhēnlǐ

To me, to me,
　生命　的　餅 ，
sàang-ming dìk bíng ,
　shēngmìng de bǐng,

As Thou didst bless the bread
如　昔　祝福　擘　餅
yù sìk jùk-fùk maak beng
rú xī zhùfú bāi bǐng

By Galilee;
在　加利利
joi Ga-lei-lei
zài Jiā lì lì

Then shall all bondage cease,
我 心 因 祢 得 釋
ngó sàm yàn Néi dàk sìk
wǒ xīn yīn Ní dé shì

All fetters fall;
索 鏈 得 脫 ;
sok lin dàk syut ;
suǒ liàn dé tuō;

And I shall find my peace,
心靈 歡喜 快樂
Sàm-lìng fùn-héi faai-lok
xīnlíng huānxǐ kuàilè

My All in all.
與 主 同行 .
yú Jyú tùng-hang .
yǔ Zhǔ tóngxíng.

3 Thou art the bread of life,
求 主 賜 我 聖 靈 ,
Kàu Jyú chi ngó sing lìng ,
Qiú Zhǔ cì wǒ shèng líng,

O Lord, to me,
在 我 心中 ,
joi ngó sàm-jung ,
zài wǒ xīnzhōng,

Thy holy Word the truth
照 我 心 靈 眼 睛
Jiu ngó sàm lìng ngáan jìng
Zhào wǒ xīn líng yǎn jīng

That saveth me;
使 我 能 看 ,
si ngó nàng hon ,
shǐ wǒ néng kàn,

Give me to eat and live,
啓示 祢 的 真理 ,
Kái-si Néi dìk jàn-léi ,
Qǐ shì Mí de zhēnlǐ,

With Thee above;
使 我 明白 ,
si ngó mìng-baak ,
shǐ wǒ míngbái,

Teach me to love Thy truth,
更 啓示 祢 自己 ,
Gang kái-si Néi ji-géi ,
gèng qǐ shì Mí zìjǐ,

For Thou art love.
使 我 愛 祢 .
si ngó oi Néi .
shǐ wǒ ài Mí.

Mary Artemisia Lathbury (1841-1913) was born in New York, the child of devout Christian parents. Her father was a minister and her two brothers also became ministers. She had a talent for poetry and drawing to illustrate ideas. "Break Thou The Bread of Life" was one of her most famous hymn compositions. She called it a "story song" for it helped illustrate the story of the Lord's Supper.

12. BY CHRIST REDEEMED, IN CHRIST RESTORED

基督　拯　救
Gèi-dùk Chíng Gau

George Rawson (1857) * Romans 3:22-24

1 By Christ redeemed, in Christ restored,　　We keep the memory adored,
　　基督　拯　救，基督　復興 ，　　永遠　牢記　這　樣　大　恩，
　　Gèi-dùk chíng gau, Gèi-dùk fuk-hing,　　**Wíng-yún lòu-gei jé yeung daai yàn,**
　　Jīdū　zhěng jiù,　Jīdū　fùxīng,　　Yǒngyuǎn　láojì zhè yàng　dà ēn,

　　　And show the death of our dear Lord　　Until He come.
　　　時時　回想　我　主替死　　直到　主　來.
　　　Sì-sì wùi-séung ngó Jyú tai séi　　**Jik-dou Jyú lòi .**
　　　Shíshí huíxiǎng　wǒ Zhǔ tì　sǐ　　Zhídào Zhǔ lái.

2 His body broken in our stead,　　Is seen in this memorial bread,
　　我　主　身體　為我　破碎 ，　　記念　之餅　代表　生　命，
　　Ngó Jyú sàn-tái wai ngó po-seui ,　　**gei-nim jì bíng doi-bíu sàang ming ,**
　　Wǒ Zhǔ　shēntǐ　wèi wǒ　pòsuì,　　Jìniàn zhī bǐng dàibiǎo shēng mìng,

　　　And so our feeble love is fed　　Until He come.
　　　領取　之時　充滿　主　愛，　　直到　主　來.
　　　Líng-chéui jì sì chùng-mún Jyú oi ,　　**jik-dou Jyú lòi .**
　　　Lǐngqǔ　zhī shí chōngmǎn Zhǔ ài,　　Zhídào Zhǔ lái.

3 The drops of His dread agony　　His life-blood shed for us, we see;
　　痛苦　臨　身　不斷　湧　來，　　親　見　救主　身流寶血；
　　Tung-fú làm sàn bàt-dyun yúng lòi ,　　**chàn gin Gau-Jyú sàn làu bóu hyut ;**
　　Tòngkǔ　lín shēn bùduàn yǒng lái,　　Qīn jiàn　Jiùzhǔ shēn liú bǎo xuè;

The wine shall tell the mystery   Until He come.

杯　中　之　血　　充滿　　奧秘　，　　直到　　主　來．

bùi jung jì hyut chùng-mún ou-bei ,   jik-dou Jyú lòi .

Bēi zhōng zhī xuè　chōngmǎn　àomì,　　zhídào　Zhǔ lái.

4 And thus that dark betrayal-night   With the last advent we unite,

被　賣　之夜　黑暗　　籠罩　　，　　記念　主　死　能　合　為　一　，

Bei maai jì ye hàak-am lùng-jaau ,   gei-nim Jyú séi nàng hap wai yat ,

Bèi　mài zhī yè　hēi'àn　　lóngzhào,　　Jìniàn　Zhǔ sǐ néng　hé wèi　yī,

By one blest chain of loving rite,   Until He come.   A-men.

如此　　記念　　進入　　主　愛　，　　直到　　主　來．　　阿們　．

Yù-chí gei-nim jeun-yap Jyú oi ,   jik-dou Jyú lòi .   A-mùn .

Rúcǐ　jìniàn　　jìnrù　Zhǔ ài,　　zhídào　Zhǔ lái.　　Āmen.

George Rawson (1807-1889) was born in Leeds, England. He became a solicitor and maintained a long legal practice in Leeds. A hymnwriter and collator of songs, he assisted a group of Congregational ministers in compiling *Psalms, Hymns, and Passages of Scripture for Christian Worship* (1853), commonly called the "Leeds Hymn Book."

13. CHRIST THE LORD IS RISEN TODAY

基督　我　主　今　復生
Gèi-dùk　Ngó　Jyú　Gàm　Fuk-sàang

Charles Wesley (1739)　*　Matthew 28:1-7

1　Christ the Lord is ris'n today,　　　Alleluia!　　　Sons of men and

基督　我　主　今　復生　，　哈利路亞　！　天　人　一致

Gèi-dùk ngó Jyú gàm fuk-sàang，　Há-lei-lou-a！　　Tìn yàn yat-ji

Jīdū　　wǒ　Zhǔ　jīn　fùshēng,　　Hā lì lù yà!　　Tiān rén　yīzhì

angels say,　　　Alleluia!　　　Raise your joys and triumphs high,

齊　　讚頌　，　哈利路亞　！　掀起　喜悅　慶　凱旋　，

chài jaan-jung，　Há-lei-lou-a！　　Hín-héi héi-yut hing hói-syùn，

qí　zàn-sòng,　　Hā lì lù yà!　　Xiānqǐ　xǐyuè　qìng kǎixuán,

　　Alleluia!　　　Sing, ye heav'ns, and earth, reply,　　　Alleluia!

哈利路亞　！　諸　天　高　　唱　地　酬　應　，　哈利路亞　！

Há-lei-lou-a！　Jyù tìn gòu cheung dei chàu ying，　Há-lei-lou-a！

Hā lì lù yà!　　Zhū tiān gāo　chàng　de　chóu yìng,　　Hā lì lù yà!

2　Lives again our glorious King,　　Alleluia!　　　Where, O death, is now thy sting?

愛之　救贖　已　完成　，　哈利路亞　！　戰爭　完畢　凱歌　騰　，

Oi jì gau-suk yí yùn-sìng，　Há-lei-lou-a！　Jin-jàang yùn-bàt hói-gò tàng，

Ài zhī　jiùshú　yǐ wánchéng,　　Hā lì lù yà!　　Zhànzhēng wánbì　kǎigē téng,

　　Alleluia!　　　Once He died our souls to save,　　　Alleluia!

哈利路亞　！　萬般　　苦楚　主　嚐　盡　，　哈利路亞　！

Há-lei-lou-a！　Maan-bùn fú-chó Jyú sèung jeun，　Há-lei-lou-a！

Hā lì lù yà!　　Wànbān　kǔchǔ　Zhǔ cháng　jǐn,　　Hā lì lù yà!

Where thy victory,　　　O grave?　　　Alleluia!

黑暗　化　為　大　　光明　　，　　哈利路亞　！

Hàak-am fa wai daai gwòng-mìng ,　Há-lei-lou-a !

Hēi'àn　huà wéi　dà　guāngmíng,　　Hā lì lù yà!

3　Love's redeeming work is done,　　　Alleluia!

榮耀　　君王　已　　復生　，　　哈利路亞　！

Wìng-yiu gwàn-wòng yí fuk-sàang,　Há-lei-lou-a !

Róngyào　　jūnwáng　yǐ　fùshēng,　Hā lì lù yà!

Fought the fight, the bat-tle won,　　Alleluia!

戰勝　死亡　主　得勝　，　　哈利路亞　！

Jin-sing séi-mòng Jyú dàk-sing ,　Há-lei-lou-a !

Zhànshèng sǐwáng　Zhǔ　dé-shèng,　Hā lì lù yà!

Death in vain forbids His rise,　　　Alleluia!

捨身　救贖　人　靈魂　，　　哈利路亞　！

Sé-sàn gau-suk yàn lìng-wàn ,　Há-lei-lou-a !

Shěshēn jiùshú　rén　línghún,　　Hā lì lù yà!

Christ hath opened paradise,　　　Alleluia!

墳墓　毒　鈎　蕩　無　存　，　　哈利路亞　！

Fàn-mou duk ngàu dong mòu chyùn ,　Há-lei-lou-a !

Fénmù　dú　gōu　dàng　wú　cún,　　Hā lì lù yà!

Charles Wesley (1707-1788), the son of an Anglican Minister and brother of John Wesley (the founder of the Methodist Church) was born in England. He was educated at Westminster School and Christ Church, Oxford. He was a prolific lyric hymn writer with many of his compositions still widely sung today. These include 'Christ the Lord is Risen Today,' 'O For a Thousand Tongues to Sing,' and 'Hark the Herald Angels Sing.'

14. CLOSE TO THEE

靠 近 主
Kaau Gan Jyú

Fanny J. Crosby (1874) * Jeremiah 30:21

1 Thou my everlasting portion
主 是 我　永遠 的 福 份
Jyú si ngó wíng-yún dìk fùk fan
Zhǔ shì wǒ yǒngyuǎn de fú fèn

More than friend or life to me
勝過　朋友　與　生命
sing-gwo pàng-yáu yú sàang-ming
shèngguò péngyǒu yǔ shēngmìng

All along my pilgrim journey
在　人生　孤單　旅程　中
Joi yàn-sàang gù-dàan léui-chìng jung
Zài rénshēng gūdān lǚchéng zhōng

Savior let me walk with Thee
懇求　主 與 我　同行
hán-kàu Jyú yú ngó tùng-hang
kěnqiú Zhǔ yǔ wǒ tóngxíng

Close to Thee, close to Thee
靠近　主 ，　靠近　主
Kaau-gan Jyú , kaau-gan Jyú
Kàojìn Zhǔ, kàojìn Zhǔ

Close to Thee, close to Thee
靠近　主 ，　靠近　主
kaau-gan Jyú , kaau-gan Jyú
kàojìn Zhǔ, kàojìn Zhǔ

All along my pilgrim journey
在　人生　孤單　旅程　中
Joi yàn-sàang gù-dàan léui-chìng jung
Zài rénshēng gūdān lǚchéng zhōng

Savior let me walk with Thee
懇求　主 與 我　同行
hán-kàu Jyú yú ngó tùng-hang
kěnqiú Zhǔ yǔ wǒ tóngxíng

2 Not for easy wordly pleasure
我 不求　世界 的 歡樂
Ngó bàt kàu sai-gaai dìk fùn-lok
Wǒ bù qiú shìjiè de huānlè

Nor for fame my prayer shall be
也 不求　世界 美 名
yá bàt kàu sai-gaai méi mìng
yě bù qiú shìjiè měi míng

Gladly will I toil and suffer
我　願　受　任何　的　勞苦
Ngó yun sau yam-hò dìk lòu-fú
Wǒ yuàn shòu rènhé de láokǔ

Only let me walk with Thee
祇求　主　與我　同行
jí kàu Jyú yú ngó tùng-hang
qí qiú Zhǔ yǔ wǒ tóngxíng

Close to Thee, close to Thee
靠近　主，靠近　主
Kaau-gan Jyú , kaau-gan Jyú
Kàojìn Zhǔ, kàojìn Zhǔ

Close to Thee, close to Thee
靠近　主，　靠近　主
Kaau-gan Jyú , kaau-gan Jyú
kàojìn Zhǔ, kàojìn Zhǔ

Gladly will I toil and suffer
我　願　受　任何　的　勞苦
Ngó yun sau yam-hò dìk lòu-fú
Wǒ yuàn shòu rènhé de láokǔ

Only let me walk with Thee
祇求　主　與我　同行
jí kàu Jyú yú ngó tùng-hang
qí qiú Zhǔ yǔ wǒ tóngxíng

3　Lead me through the veil of shadows
帶領　我　經　黑暗　幽谷
Daai-líng ngó gìng hàak-am yàu-gùk
Dàilǐng wǒ jīng hēi'àn yōugǔ

Bear me o'er life's fitful sea
安然　渡　苦海　危　程
òn-yìn dou fú-hói ngài chìng
ānrán dù kǔhǎi wēi chéng

Then the gate of life eternal
當天　上　永生　門
Dòng-tìn seung wíng-sàang mùn
Dàngtiān shàng yǒngshēng mén

May I enter Lord with Thee
大開　願　與　主　同　進　天庭
daai-hòi yun yú Jyú tùng jeun tìn-tìng
dàkāi yuàn yǔ Zhǔ tóng jìn tiāntíng

Close to Thee, close to Thee
靠近　主，　靠近　主
Kaau-gan Jyú , kaau-gan Jyú
Kàojìn Zhǔ, kàojìn Zhǔ

Close to Thee, close to Thee
靠近　主，　靠近　主
kaau-gan Jyú , kaau-gan Jyú
kàojìn Zhǔ, kàojìn Zhǔ

Then the gate of life eternal
當天　上　永生　門
Dòng-tìn seung wíng-sàang mùn
Dàngtiān shàng yǒngshēng mén

May I enter Lord with Thee...
大開　願　與主　同　進　天庭
daai-hòi yun yú Jyú tùng jeun tìn-tìng
dàkāi yuàn yǔ Zhǔ tóng jìn tiāntíng

15. COME THOU ALMIGHTY KING

懇求　聖父　來臨
Han-kàu Sing-Fu Lòi-lam

Italian hymn, anonymous (1757) * Genesis 17:1

1 Come, Thou Almighty King ,　　　Help us Thy Name to sing ,
　　懇求　　聖父　　來臨 ,　　　　助我　讚美　主　名 ,
　　Han-kàu Sing-Fu lòi-lam ,　　**Jo ngó jaan-méi Jyú mèng ,**
　　Kěnqiú　ShèngFù　láilín,　　　zhù wǒ zànměi Zhǔ míng,

　　Help us to praise :　　　　Father , all glorious ,　　　　　Over
　　敬　獻　心　聲 :　　　　惟　主　有的　　光榮　 ,　　惟　主
　　Ging hin sàm sing :　　**wai Jyú yau dìk gwòng-wìng ,**　**Wai Jyú**
　　Jìng　xiàn xīn shēng:　　Wéi Zhǔ yǒu de　guāngróng,　　Wéi Zhǔ

　　all　victorious ,　　　Come, and reign　over us ,　　Ancient of Days
　　完全　　得　勝 ,　　　救主　統治　我們 ,　　　萬古　之神 .
　　yun-chyun dàk sing ,　**Gau-Jyú tung-ji ngó-mùn ,**　**Maan-gu ji Sàn .**
　　wánquán　dé shèng,　　Jiùzhǔ　tǒngzhì　wǒmen,　　Wàngǔ　zhī Shén.

2 Come, Thou Incarnate Word,　　Gird on Thy mighty sword,
　　懇求　　聖子　　來臨　　　彰顯　　威嚴　大　能
　　Hán-kàu Sing-Jí lòi-làm　　**jèung-hín wài-yìm daai nàng**
　　Kěnqiú　ShèngZǐ　láilín　　zhāngxiǎn　wēiyán　dà　néng

　　Our prayer attend;　Come, and Thy people bless, And give Thy word success:
　　垂　聽　呼聲　施恩與　眾　子民　使主　聖　道　振興
　　séui tèng fù-sèng　sì yàn yú jung jí màn　Si Jyú sing dou jan-hing
　　Chuí tīng hūshēng　shī ēn yǔ zhòng zi mín　Shǐ Zhǔ shèng dào zhènxīng

　　Spirit of holiness,　　　　On us descend.　　　　Amen .
　　求　主　聖潔　之　靈　臨到　　我們　.　　阿們 .
　　kàu Jyú sing-git　jì lìng　làm-dou ngó-mùn .　**A-mùn .**
　　qiú Zhǔ shèngjié zhī líng　líndào　wǒmen.　　Āmen.

16. COME THOU FOUNT OF EVERY BLESSING

萬福　　恩　源

Maan-fùk Yàn Yùn

Robert Robinson (1757)　*　1 Samuel 7:12

1 Come, Thou Fount of every blessing　　　　　Tune my heart to sing Thy grace
全能　真主　萬福　恩源，求使我心常讚美 ;
Chyùn-nàng jàn Jyú maan-fùk yàn yùn, kàu si ngó sàm sèung jaan-méi;
Quánnéng zhēn Zhǔ　wànfú　ēn yuán, qiú shǐ wǒ xīn cháng zànměi;

Streams of mercy, never ceasing　　　　　Call for songs of loudest praise
主賜恩典湧流不斷 ,　　　應當頌揚主恩惠。
Jyú chi yàn-dín yúng-làu bàt-dyun, ying-dòng jung-yèung Jyú yàn-wai。
Zhǔ cì ēndiǎn yǒngliú bùduàn,　yīngdāng sòngyáng Zhǔ ēnhuì.

Teach me some melodious sonnet　　　　　Sung by flaming tongues above
求　主　教　我　歌唱　不　停 ,　如 天使 歌頌 在 天 ,
Kàu Jyú gaau ngó gò-cheung bàt tìng, yù tìn-si gò-jung joi tìn,
Qiú Zhǔ jiào　wǒ　gēchàng　bù tíng,　rú tiānshǐ gēsòng zài tiān,

Praise the mount, I'm fixed upon it　　　　　Mount of Thy redeeming love
主 的　恩典　無窮　無盡 ,　永遠　穩定　永　不變 。
Jyú dìk yàn-dín mòu-kùng mòu-jeun, wíng-yún wán-ding wíng bàt bin。
Zhǔ de　ēndiǎn wúqióng　wújìn,　yǒngyuǎn wěndìng yǒng bù biàn.

2 Here I raise my Ebenezer　　　　　Here there by Thy great help I've come
我 願 紀念 救主 宏 恩，因 祂 賜 福 到 如今 ;
Ngó yun gei-nim gau Jyú wàng yàn, yàn Tà chi fùk dou yù-gàm;
Wǒ yuàn jìniàn　jiù Zhǔ hóng ēn,　yīn Tā cì fú dào rújīn;

And I hope, by Thy good pleasure

更　求　恩　主　引　我　　前程　，

Gang kàu yàn Jyú yán ngó chìn-chìng，

Gèng qiú ēn Zhǔ yǐn wǒ qiánchéng,

Safely to arrive at home

使我　安然　到　天庭。

si ngó òn-yìn dou tìn-tìng。

shǐ wǒ ānrán dào tiāntíng.

Jesus sought me when a stranger

我　曾　漂流　迷失　　正路　，

Ngó jàng piu-làu mài-sàt jing-lou，

Wǒ céng piāoliú míshī zhènglù,

Wandering from the fold of God

主　用　大愛　尋找　　我，

Jyú yung daai oi chàm-jáau ngó，

Zhǔ yòng dà ài xúnzhǎo wǒ,

He, to rescue me from danger

為　救　我　命　寶　血　流　出　，

Wai gau ngó ming bóu hyut làu chèut，

Wèi jiù wǒ mìng bǎo xuè liú chū,

Interposed His precious blood

賜　我　平安　與　快樂　。

chi ngó pìng-òn yú faai-lok。

cì wǒ píng'ān yǔ kuàilè.

3 Oh, to grace how great a debtor

今日　主　賜　恩典　　無限　，

Gàm-yat Jyú chi yàn-dín mòu-haan，

Jīnrì Zhǔ cì ēndiǎn wúxiàn,

Daily I'm constrained to be

負主恩債有　萬　千；

fu Jyú yàn jaai yau maan chìn；

fù Zhǔ ēn zhài yǒu wàn qiān;

Let that goodness like a fetter

顧主　恩典　如　鍊　牽連　，

Yun-jyú yàn-dín yù lin hìn-lìn，

Yuànzhǔ ēndiǎn rú liàn qiānlián,

Bind my wandering heart to Thee

繫　我　心　在　主　身邊　。

hai ngó sàm joi Jyú sàn-bìn。

xì wǒ xīn zài Zhǔ shēnbiān.

Prone to wander, Lord, I feel it

我　深　知道　我　心　易變　，

Ngó sàm ji-dou ngó sàm yi bin，

Wǒ shēn zhīdào wǒ xīn yì biàn,

Prone to leave the God I love

常　離　主　愛　行　己　路，

sèung lèi Jyú oi hang géi lou，

cháng lí Zhǔ ài xíng jǐ lù,

Here's my heart, oh, take and seal it

今　將　身心　　完全　　奉獻，

Gàm jeung sàn-sàm yùn-chyùn fung-hin，

Jīn jiāng shēnxīn wánquán fèngxiàn,

Seal it for Thy courts above

從　今　以後　永　屬主。

chùng gàm yí-hau wíng suk Jyú。

cóng jīn yǐhòu yǒng shǔ Zhǔ.

17. COUNT YOUR BLESSINGS

數 算 主 恩
Sou Syun Syú yàn

Johnson Oatman (1897) * Jonah 2:1-3

1 When upon life's billows
有 時 遇 見 苦 難
Yau sì yu gin fú naan
Yǒu shí yù jiàn kǔ nán

When you are discouraged
有 時 憂 愁 喪 膽
Yau sì yàu sàu song dáam
Yǒu shí yōu chóu sàng dǎn

Count your many blessings
若 把 主 的 恩典
Yeuk bá Jyú dìk yàn-dín
Ruò bǎ Zhǔ de ēndiǎn

And it will surprise you
必 能 叫 你 驚 訝
Bìt nàng giu néi gìng nga
Bì néng jiào nǐ jīng yà

You are tempest tossed
如 同 大 波 浪 ,
Yù tùng daai bò long ,
rú tong dà bō làng,

Thinking all is lost
似 乎 要 絕 望 ,
Chí fù yiu jyut mong ,
shì hū yào jué wàng,

Name them one by one
從 頭 數 一 數 ,
Chùng tàu sou yat sou ,
cóng tóu shù yī shù,

What the Lord has done
立 時 樂 歡呼 .
Laap sì lok fùn-fù .
lì shí lè huānhū.

[Refrain] Count your blessings   Name them one by one   Count your blessings
[副歌]   主 的 恩典   樣樣 都 要 數 ,   主 的 恩典
[Fu gò] **Jyú dìk yàn-dín**   **Yeung-yeung dòu yiu sou ,**   **Jyú dìk yàn-dín**
[Fù gē] Zhǔ de ēndiǎn   yàng yang dōu yào shù,   Zhǔ de ēndiǎn

See what God has done　　Count your blessings　Name them one
都　要　記　清楚，　　主 的　恩典　　　樣樣　　都
Dòu yiu gei chìng-chó,　Jyú dìk yàn-dín　　Yeung-yeung dòu
dōu　yào　jì　qīngchǔ,　　Zhǔ　de　ēndiǎn　　　yàng yàng　dōu

by one　　　　　　Count your blessings　　See what God has done
要　數，　　　　　主 的　　恩典　　　　都 要 記　　清楚，
yiu sou,　　　　Jyú dìk yàn-dín　　　　Dòu yiu gei chìng-chó,
yào shù,　　　　　Zhǔ de　ēndiǎn　　　　dōu yào jì　qīngchǔ,

2　Are you ever burdened with a load of care?　　　　　Does the cross seem heavy
有　時　掛念　世事　如同　挑　　重擔　，　有　時　背著　十 架
Yau sì gwa-nim sai-si yù-tùng tìu chùng-dàam , yau sì bui-jeuk sap ga
Yǒu shí guàniàn shìshì rútóng tiāo zhòngdàn,　　yǒu shí bèizhe　shí jià

you are called to bear?　　Count your many blessings every doubt will fly,
覺著　苦難　堪，　若　數 主 的　恩典　疑惑　即　消除，
gaau-jeuk fú-naan hàm, yeuk sou Jyú dìk yàn-dín yì-waak jìk sìu-chèui,
juézhe　kǔnàn　kān,　Ruò shù Zhǔ de　ēndiǎn yíhuò jí xiāochú,

And you will be singing as the days go by.
必　能　叫　你　快樂　立時　讚美　主 。
bìt nàng giu néi faai-lok laap-sì jaan-méi Jyú 。
bì néng jiào nǐ kuàilè lìshí zànměi Zhǔ.

[Refrain]

Johnson Oatman, Jr. (1856-1922) was born in New Jersey and died in Oklahoma. He was in the retail and insurance business and did some part-time preaching. He learned many hymns through his father who was a minister. Although he was not a particularly good singer or public speaker, he found a ministry in song writing. He wrote over 5000 songs of which "Count Your Blessings" and "Higher Ground" were his two best known songs. His great grandson lived just six blocks from the World Trade Center during the 9/11 Disaster and his songs were sung at many of the 9/11 memorial services.

18. DEAR LORD AND FATHER OF MANKIND

聽 主 微 聲
Tèng Jyú Mèi Sèng

John Greenleaf Whittier (1872) * 1 Kings 19:11-13

1 Dear Lord and Father of mankind,   forgive our foolish ways;
親愛 的 主 ， 人類 的 父 ， 恕 我 愚昧 頑梗 ，
Chàn-oi dìk Jyu , yàn-leui dìk Fu , syu ngó yù-mui wán-gáng,
Qīn'ài de Zhǔ, rénlèi de Fù, shù wǒ yúmèi wángěng,

reclothe us in our rightful mind,   in purer lives
重新 賜我 正直 心靈 ， 事奉 殷勤 ，
Chúng-sàn chi ngó jing-jik sàm-lìng , si fung yàn-kàn,
Chóngxīn cì wǒ zhèngzhí xīnlíng, shì fèng yīnqín,

thy service find,   in deeper reverence, praise.
生活 聖潔 ， 更深 頌 讚 崇敬 。
sàang-wut sing-git , Gang-sàm jung jaan sùng-ging。
shēng-huó shèngjié, Gēngshēn song zàn chóngjìng.

2 In simple trust like theirs who heard   beside the Syrian sea
從前 在 加利利 海濱 ， 恩 主 呼 召 漁 人 ，
Chùng-chìn joi Gà-lei-lei Hói-bàn , yàn Jyú fù jiu yù yàn,
Cóngqián zài Jiā lì lì Hǎibīn, ēn Zhǔ hū zhào yú rén,

the gracious calling of the Lord,   let us, like them,
我 願 立志 仿效 門徒 ， 充滿 信心 ，
ngó yun laap-ji fóng-haau mùn-tòu, chùng-mún seun-sàm ,
wǒ yuàn lìzhì fǎngxiào méntú, chōngmǎn xìnxīn,

without a word   rise up and follow thee.
毫 不 猶豫 ， 立刻 跟從 救 主 。
hòu bàt yàu-yu , Laap-hàak gàn-chùng gau Jyú。
háo bù yóuyù, Likè gēncóng jiù Zhǔ.

4 Drop thy   still dews of quietness,

求　主　賜　下　寧靜　　甘露　，

Kàu Jyú chi ha nìng-jing gàm-lou,

Qiú Zhǔ cì xià níngjìng gānlù,

till all   our strivings cease;

解　我　愁　煩　　困苦　，

gáai ngó sàu fàan kwan-fú ,

jiě wǒ chóu fán kùnkǔ,

take from   our souls the strain and stress,

消除　　心靈　　一切　　重負　　，

sìu-chèui sàm-lìng yat-chai chúng-fu ,

xiāochú xīnlíng yīqiè zhòngfù,

and let   our ordered lives confess

讓　主　作　王，　一生　　順服　，

yeung Jyú jok wòng, yat-sàang seun-fuk ,

rang Zhǔ zuò wáng, yīshēng shùnfú,

the beauty of thy peace.   Amen .

得　享　甜美　　安舒　。　　阿們　.

dàk héung tìm-méi òn-syù。　A-mùn .

dé xiǎng tiánměi ān shū.　Āmen.

John Greenleaf Whittier (1807-1902) was an American Quaker poet and abolitionist. The words to this hymn was taken from his 1872 poem "The Brewing of Soma." Soma was a sacred ritual drink in Vedic religion which some have compared to Christians' use of "music, incense, vigils drear, and trance, to bring the skies more near, or lift men up to heaven!" Whittier describes the true method for contact with the divine, as practised by Quakers: Sober lives dedicated to doing God's will, seeking silence and selflessness in order to hear the "still, small voice", described in I Kings 19:11-13 as the authentic voice of God, rather than earthquake, wind or fire.

19. FAIREST LORD JESUS

美哉　主　耶穌
Méi-jòi Jyú Yè-sòu

Old German Hymn, 1677 * Colossians 1:15-17

1 Fairest Lord Jesus!　　Ruler of all nature!　　O Thou of God and man

美哉　主　耶穌　　宇宙　萬物　　主宰　　祂是　真神　降　世

Méi-jòi Jyú Yè-sòu　　yú-jau maan-mat jyú-jói　　**Tà si jàn-sàn gong sai**

Měizāi Zhǔ Yēsū　　yǔzhòu wànwù zhǔzǎi　　Tā shì zhēnshén jiàng shì

the Son!　　Thee will I cherish,　　Thee will I honor,

為人！　　我　心　所　景仰　　我　靈　所　崇敬

wai yàn!　　**Ngó sàm só gíng-yéung**　　**ngó lìng só sùng-ging**

wéi rén!　　Wǒ xīn suǒ jǐngyǎng　　wǒ ling suǒ chóngjìng

Thou, my soul's glory, joy, and crown.

是　我　榮耀　冠冕　　歡欣．

si ngó wìng-yiu gun-mín fùn-yàn.

shì wǒ róngyào guānmiǎn huānxīn.

2 Fair are the meadows,　　Fairer still the woodlands,　　Robed in the blossoming

美哉　芳　草地　　原野　更　是　美麗　　大地　披　上　彩

Méi-jòi fòng chóu-dei　　**yùn-yé gang si méi-lai**　　**daai-dei pèi seung chói-**

Měizāi fāng cǎodì　　yuányě gèng shì měilì　　dàdì pī shàng cǎi

garbs of spring.　　Jesus is fairer,　　Jesus is purer,

色　春　衣　　耶穌　更　美麗　　耶穌　更　清潔

sìk chèun yì　　**Yè-sòu gang méi-lai**　　**Yè-sòu gang chìng-git**

sè chūn yī　　Yēsū gèng měilì　　Yēsū gèng qīngjié

Who makes the woeful heart to sing!

使　憂傷　心　發出　歌聲！

si yàu-sèung sàm faat-chèut gò-sèng!

shǐ yōushāng xīn fāchū gēshēng!

3 Fair is the sunshine,   Fairer still the moonlight,

陽光　　多　美麗　　　　　　月光　　更　覺　清新

Yèung-gwòng dò méi-lai　　　**yut-gwòng gang gaau chìng-sàn**

Yángguāng duō měilì　　　　　yuèguāng gèng jué qīngxīn

And all the twink-　ling starry host;

繁星　　點點　　燦爛　　閃耀

chìng-sìng dím-dím chan-laan sím-yiu

fánxīng diǎndiǎn cànlàn shǎnyào

Jesus shines brighter,   Jesus shines purer,

耶穌　更　　光明　　　　　　耶穌　更　皎潔

Yè-sòu gang gwòng-mìng　　　**Yè-sòu gang gáau-git**

Yēsū gèng guāngmíng　　　　　Yēsū gèng jiǎojié

Than all the angels heaven can boast!

天使　　榮光　　不足　　比較　！

tìn-si wìng-gwòng bàt-jùk béi-gaau !

tiānshǐ róngguāng bùzú bǐjiào!

Very little is known about the origin of this song. It has been called "The Crusaders' Hymn" because of an old legend that it was sung by 12th century German crusaders as they travelled to Palestine to fight the Muslims. The words to this song first appeared in a manuscript dated 1662 from Muenster in Westphalia. The tune (Crusaders' Hymn, St. Elizabeth, or Schonster Herr Jesu) is thought to be an old German-Silesian folksong that could possibly date back to the time of the Crusades. In the early 1800's, the story is told that the song was being sung in a service in the district of Silesia, by the followers of John Huss (Jan Hus), one of the early leaders of the Reformation.

20. FAITH IS THE VICTORY

信心　　得勝
Seun-sàm Dàk-Sing

John H. Yates (1891) * Hebrews 11:1

1 Encamped along the hills of light,
營壘　高築　光明　　聖山
Yìng-léui gòu jùk gwòng-mìng sing-sàan
Yínglěi gāo zhù guāngmíng shèngshān

Ye Christian soldiers rise,
信徒　　勃然　　興起
seun-tòu but-yìn hing-héi
xìntú bórán xīngqǐ

And Press the battle ere the night
莫　待　黃昏　日落　天　暗
Mok doi wòng-fàn yat-lok tìn am
Mò dài huánghūn rìluò tiān àn

Shall veil the glowing skies;
趁早　一　鼓　破　敵
chan-jóu yat gú po dik
chènzǎo yī gǔ pò dí

Against the foe in vales below
奮勇　　向　前　抵擋　　群
Fán-yung heung chìn dái-dóng kwàn
Fènyǒng xiàng qián dǐdǎng qún

Let all our strength be hurled;
敵　顯　出　神　賜　能力
dik hín chèut Sàn chi nàng-lik
dí xiǎn chū Shén cì nénglì

Faith is the victory, we know,
我　知　靠　信心　必　得勝
Ngó ji kaau seun-sàm bìt dàk-sing
Wǒ zhī kào xìnxīn bì déshèng

That overcomes the world.
信心　可　勝　世界
seun-sàm hó sing sai-gaai
xìnxīn kě shèng shìjiè

[Refrain] Faith is the victory!
[副歌]　信心　使我　　得勝
[fugò] **Seun-sàm si ngó dàk-sing**
[fù gē] Xìnxīn shǐ wǒ déshèng

Faith is the victory!
信心　使我　　得勝
Seun-sàm si ngó dàk-sing
xìnxīn shǐ wǒ déshèng

O glorious victory,
啊！　榮耀　的　大　得勝
A! Wìng-yiu dìk daai dàk-sing
A! Róngyào de dà déshèng

That overcomes the world.
信心　可　勝　世界
seun-sàm hó sing sai-gaai
xìnxīn kě shèng shìjiè

2 His banner over us is love,

主 以 仁愛 為 我 旌旗

Jyú yí yàn-oi wai ngó jìng-kèi

Zhǔ yǐ rén'ài wèi wǒ jīngqí

Our sword the Word of God;

聖 言 為 我 寶劍

sing yìn wai ngó bóu-gim

shèng yán wéi wǒ bǎojiàn

We tread the road the saints before

昔日 聖徒 都 因 相信

Sìk-yat sing-tòu dòu yàn sèung-seun

Xīrì shèngtú dōu yīn xiāngxìn

With shouts of triumph trod.

高 唱 得勝 凱歌

gòu cheung dàk-sing hói-gò

gāo chàng déshèng kǎigē

By faith, they like a whirlwind's breath,

勇猛 好像 旋風

Yung-máang hou-yeung syùn-fùng

Yǒngměng hǎoxiàng xuànfēng

Swept on o'er every field;

騰 起 急 向 戰場 直 趨

tàng héi gàp heung jin-chèung jik chèui

téng qǐ jí xiàng zhàncháng zhí qū

The faith by which they conquered death

靠 此 信心 得勝 死 權

Kaau chí seun-sàm dàk-sing séi kyùn

Kào cǐ xìnxīn déshèng sǐ quán

Is still our shining shield.

我 可 安然 無慮

ngó hó òn-yìn mòu-leui

wǒ kě ānrán wúlǜ

[Refrain]

John Henry Yates (1837-1900) was born in New York. His father was a shoemaker and his mother was a school teacher who loved poetry and literature. John was an accident-prone child who came close to being killed on several accidental occasions. At age 18, he began helping his parents in the shoe business. About the same time his mother persuaded him to start writing poetry, which was soon published in *Harper's Bazaar* and other national magazines. Before long his poems, songs, and hymns became well known. All the while he was selling shoes, managing a department store, or working for the local newspaper, John free-lanced as a lay preacher and pulpit speaker sharing his faith in Jesus Christ. In 1878, his wife and two sons all died from an outbreak of diphtheria. He said his faith in the promises of God gives him faith to overcome the tragedies of life. He eventually remarried.

21. FOR THE BEAUTY OF THE EARTH

感謝　大地　好　風光
Gám-je Daai-dei Hou Fùng-gwòng

Folliott S. Pierpoint (1864) * Ephesians 5:20

1 For the beauty of the earth

感謝　大地　好　風光，

Gám-je daai-dei hou fùng-gwòng,

Gǎnxiè dàdì hǎo fēngguāng,

For the beauty of the skies

感謝　藍天　多　明亮，

gám-je làam-tìn dò mìng-leung,

gǎnxiè lántiān duō míngliàng,

For the love which from our birth

感謝　降生　到　世上，

Gám-je gong-sàang dou sai-seung,

Gǎnxiè jiàngshēng dào shìshàng,

Over and around us lies

愛心　時常　在　我　旁。

oi-sàm sì-sèung joi ngó pòng。

àixīn shícháng zài wǒ páng.

Lord of all to thee we raise

感謝　全能　的　耶穌，

Gám-je chyùn-nàng dìk <u>Yè-sòu</u>,

Gǎnxiè quánnéng de Yēsū,

This our joy ful hymn of praise

敬　向　祢　獻　上　感恩。

ging heung Néi hin seung gám-yàn。

jìng xiàng Mí xiàn shàng gǎn'ēn.

2 For the beauty of each hour

一年　四季　多　奇妙，

Yat-nìn sei-gwai dò kèi-miu,

Yī nián sìjì duō qímiào,

Of the day and of the night

白晝　黑夜　多　美好，

baak-jau hàak-ye dò méi-hou,

báizhòu hēiyè duō měihǎo,

Hill and vale And tree and flower

高山　低谷　花香　繞，

Gòu-sàan dài-gùk fà-hèung yíu,

Gāoshān dīgǔ huāxiāng rào,

Sun and moon and stars of light

日　月　星辰　發光　照。

yat yut sìng-sàn faat-gwòng jiu。

rì yuè xīngchén fāguāng zhào.

Lord of all to thee we raise

感謝　全能　的　耶穌，

Gám-je chyùn-nàng dìk <u>Yè-sòu</u>,

Gǎnxiè quánnéng de Yēsū,

This our joy ful hymn of praise

敬　向　祢　獻　上　感恩。

ging heung Néi hin seung gám-yàn。

jìng xiàng Mí xiàn shàng gǎn'ēn.

3 For the joy of human love

感謝　家人　齊　歡聚，

Gám-je gà-yàn chài fùn-jeui ,

Gǎnxiè jiārén qí huānjù,

Friends on earth And friends above

天庭　地上　好　朋友，

Tìn-tìng dei-seung hou pàng-yáu ,

Tiāntíng dìshàng hǎo péngyǒu,

Lord of all to thee we raise

感謝　全能　的　耶穌，

Gám-je chyùn-nàng dìk Yè-sòu ,

Gǎnxiè quánnéng de Yēsū,

Brother, sister, parent, child

兄弟　姊妹　父母　親，

hìng-dai jí-mui fu-móu chàn ,

xiōngdì zǐmèi fùmǔ qīn,

For a gentle Thoughts and mild

和樂　融融　多　溫馨。

wò-lok yùng-yùng dò wàn-hìng。

hélè róngróng duō wēnxīn.

This our joy ful hymn of praise

敬　向　祢　獻　上　感恩。

ging heung Néi hin seung gám-yàn。

jìng xiàng Mí xiàn shàng gǎn'ēn.

Folliott S. Pierpoint (1835-1917) was born in England and spent his life as a schoolmaster. He wrote this song at the age of 29 after being mesmerized by the beauty of the countryside that surrounded him. The song was originally intended to be an Eucharistic song to support the Lord's Supper ("sacrifice of praise" instead of "joyful hymn of praise).

22. GO, TELL IT ON THE MOUNTAIN

到　　各山　嶺　去　　傳揚

Dou　Gok-sàan　Líng Heui　Chyùn-yèung

John Wesley Work, Jr. (1907)　*　Zephaniah 3:11-14

Go tell it on the mountain,　　　　　　Over the hills and
到　　各山　嶺　去　　傳揚　，　越　過　山　　崗到
Dou　gok-sàan　líng heui　chyùn-yèung,　yut gwo　sàan　gòng-dou
Dào　　gè shān　lǐng　qù　　chuányáng,　　yuè guò　shān　gǎng dào

everywhere,　　　　Go tell it on the mountain,
各　　地方　；　　到　　各山　嶺　去　　傳揚　　，
gok dei-fòng;　　Dou　gok-sàan　líng heui　chyùn-yèung,
gè　　dìfāng;　　Dào　　gèshān　lǐng　qù　　chuányáng,

Our Jesus Christ is born.
說　　基督　已　降　　生　！
syut　Gèi-dùk　yí　gong　sàang !
shuō　Jīdū　　yǐ　jiàng　shēng!

While shepards kept their watching　　o'er silent flocks by night,
有　　牧羊　人　在　野　地，　夜　間　看　守　群　　羊　；
Yau　muk-yèung yàn joi yé dei,　　ye gàan　hon sáu　kwàn yèung,
Yǒu　　mùyáng　rén zài yě de,　　yè jiān　kàn shǒu qún　yáng,

behold, throughout the heavens　　There shone a holy light.
忽然　自　天上　　照　耀，　　極　　聖潔　的　　亮　光　.
fàt-yìn　ji　tìn-seung jiu yiu,　　gik　sing-git dìk　leung gwòng.
hūrán　　zì　tiānshàng　zhào yào,　　jí　　shèngjié de　liàng guāng.

Go tell it on the mountain,　　　　　　Over the hills and
到　　各山　嶺　去　　傳揚　，　越　過　山　　崗到
Dou　gok-sàan　líng heui　chyùn-yèung,　yut gwo　sàan　gòng-dou
Dào　　gè shān　lǐng　qù　　chuányáng,　　yuè guò　shān　gǎng dào

everywhere,   Go tell it on the mountain,

各　　地方　；　　到　　各山　　嶺　　去　　傳揚　　，

gok　dei-fòng ;　　Dou　gok-sàan　líng heui　chyùn-yèung ,

gè　　dìfāng;　　　Dào　　gèshān　lǐng　qù　　chuányáng ,

Our Jesus Christ is born.

說　　基督　已　降　　生　！

syut　Gèi-dùk　yí　gong　sàang !

shuō　　Jīdū　　yǐ　jiàng　shēng!

John Wesley Work, Jr. (1871-1925), was the son of a talented Nashville choir leader who instilled in his family a joy for singing. John, Jr. went on to graduate with a master's degree in 1898 from Fisk University (one of the Historically Black University founded to meet the needs of freed slaves after the Civil War). He was hired to teach Latin and Greek at Fisk, but his true passion was in organizing singing groups and collecting and publishing spirituals songs. The refrain of "Go Tell It On the Mountain" was an African-American spiritual that had been composed sometime in the early 1800s, but it had never been published. Work completed the words to the song and had it published in 1907. In his book *Folk Song of the American Negro*, he wrote: "In the Negro's mind his music has held, and still holds, positions of variable importance. In the darkness of bondage, it was his light; in the morn of his freedom, it was his darkness; but as the day advances, and he is being gradually lifted up into a higher life, it is becoming not only his proud heritage, but a support, and powerful inspiration." Work went on to serve as president of Roger Williams University in Nashville, until his death in 1925.

23. GOD BE WITH YOU 'TIL WE MEET AGAIN

願 主 同 在 直 到 再 相 會
Yun-Jyú Tùng Joi Jik-dou Joi Sèung wùi

Jeremiah E. Rankin (1880) * 2 Corinthians 1:2

1 God be with you till we meet again;   By His counsels
願主　同在　直到　再　相　會　　　　主　為　良　師
Yun-Jyú tùng joi jik-dou joi sèung wùi　　**Jyú wai lèung sì**
Yuànzhǔ tong zài zhídào zài xiāng huì　　Zhǔ wèi liáng shī

guide, uphold you,　　With His sheep securely fold you,
常　指導　你，　　主　為　牧人　常　看顧　你
sèung jí-dou néi,　　**Jyú wai muk-yàn sèung hon-gu néi**
cháng zhǐdǎo nǐ,　　Zhǔ wèi mùrén cháng kàngù nǐ

God be with you till we meet again!
願主　同在　直到　再　相　會.
yun-Jyú tùng joi jik-dou joi sèung wùi.
yuànzhǔ tong zài zhídào zài xiāng huì.

[Refrain]　Till we meet,　　Till we meet,　　Till we meet
[副歌]　願主　同在　　直到　再　相　會　主　翅膀
[fugò]　**Yun-Jyú tùng joi**　　**jik-dou joi sèung**　**wùi Jyú chi-pòng**
[fù gē]　Yuànzhǔ tong zài　　zhídào zài xiāng　huì Zhǔ chìbǎng

at Jesus' feet;　　Till we meet,　　Till we meet,
下　將　你　覆庇；　天上　嗎哪　日日　賜你
ha jèung néi fùk bei;　**tìn-seung ma nà**　**Yat-yat chi néi**
xià jiāng nǐ fù bì;　Tiānshàng ma nǎ　rì rì cì nǐ

God be　with you till we meet again.
願主　同在　直到　再　相　會.
Yun-Jyú tùng joi jik-dou joi sèung wùi.
YuànZhǔ tóng zài zhídào zài xiāng huì.

2 God be with you till we meet again!

顧主　　同在　直到　再　相　　會

Yun-Jyú tùng joi jik-dou joi sèung wùi

YuànZhǔ tóng zài zhídào zài xiāng huì

'Neath His wings protecting hide you,

若　試煉　危險　臨到　你

Yeuk si lin ngài-hím làm dou néi

ruò shì liàn wéixiǎn lín dào nǐ

Daily manna still provide you;

主　用　大　能　膀臂　護　你

Jyú yung daai nàng pòng-bei wu néi

Zhǔ yòng dà néng bǎngbì hù nǐ

God be with you till we meet again.

顧主　　同在　直到　再　相　　會．

Yun-Jyú tùng joi jik-dou joi sèung wùi .

YuànZhǔ tóng zài zhídào zài xiāng huì.

[Refrain]

Jeremiah Eames Rankin (1828-1904) was born in New Hampshire. He graduated from Andover Seminary and served as a minister for various Presbyterian, Congregational, and Methodist churches in several states and Washington, D.C. He became a temperance advocate, an abolitionist who lived through many church splits over the issue of race, became the sixth president of Howard University in Washington, D.C., and preached to many people in high elected offices. One of his sermon, "The Bible, the Security of American Institutions," was published and widely read. He wrote "God Be With You" as a song for the conclusion of his Sunday night prayer meetings. He wrote the first stanza after he looked up the meaning of the word "good-by" in the dictionary and found that it said, "A condensation of 'God be with you.'" The tune was composed by William Gould Tomer, who, after serving the Union Army during the Civil War, became a public school teacher.

24. GOD WILL TAKE CARE OF YOU

天父 必 看 顧 你
Tìn-Fu Bìt Hon Gu Néi

Civilla D. Martin (1904) * Genesis 31:49

1 Be not dismayed whatever be-tide ,   God will take care of you ;
　　任　遭　何事　不要　驚怕 ,　　　　　　天父　必　看顧　你 ;
　　Yam jou ho-si bàt yiu ging-pa ,　　　　**Tìn-Fu bìt hon-gu néi ;**
　　Rèn zāo héshì bù yào jīng pà,　　　　　　Tiān Fù bì kàngù nǐ;

　　Beneath His wings of love abide ,   God will take care of you .
　　必將　你　藏　祂恩　翅　下 ,　　　　　　天父　必　看顧　你 .
　　Bìt-jeung néi chong Tà yàn chi ha ,　　**Tìn-Fu bìt hon-gu néi .**
　　Bì jiāng nǐ cáng Tā ēn chì xià,　　　　　Tiān Fù bì kàngù nǐ.

[Refrain]　　God will take care of you ,　　through every day, over all the way ;
[副歌]　　　天父　必　看顧　你 ,　　　時時　看顧 ,　　處處　　看顧 ;
[fugò]　　　**Tìn-Fu bìt hon gu néi ,**　　**si-si hon-gu , chyu-chyu hon-gu ;**
[fù gē]　　　Tiān Fù bì kàn gù nǐ,　　　　shíshí kàngù,　　chùchù　kàngù;

　　He will take care of you ,   God will take care of you .
　　祂必要　看顧　你 ,　　　　　天父　必　看顧　你 .
　　Tà bìt yiu hon-gu néi ,　　**Tìn-Fu bìt hon-gu néi .**
　　Tā bì yào kàngù nǐ,　　　　Tiān Fù bì kàngù nǐ.

2 Through days of toil when heart doth fail,   God will take care of you;
　　有時　勞苦　心中　　失望 ,　　　　　　天父　必　看顧　你 ;
　　Yau sì lòu-fú sàm-jung sàt-mong ,　　**Tìn-Fu bìt hon-gu néi ;**
　　Yǒu shí láokǔ xīnzhōng shīwàng,　　　　Tiān fù bì kàngù nǐ;

　　When dangers fierce your path assail,   God will take care of you .
　　危險　臨到　無　處　躲藏 ,　　　　　天父　必　看顧　你 .
　　Ngài-hím làm-dou mòu chyu dó-jong ,　　**Tìn-Fu bìt hon-gu néi .**
　　Wéixiǎn líndào wú chù duǒcáng,　　　Tiān fù bì kàngù nǐ.

[Refrain]

4   No matter what may be the test,   God will take care of you;

無論   遇見   何等   試 煉，   天父   必   看顧   你；

Mòu-leun yu-gin hò-dáng si lin ,   **Tìn-Fu bìt hon-gu néi ;**

Wúlùn   yùjiàn   héděng shì liàn,   Tiān Fù   bì   kàngù   nǐ;

Lean, weary one, upon His breast,   God will take care of you.

軟弱   困倦   靠 祂 胸   前，   天父 必   看顧   你．

Yún-yeuk kwan-gyun kaau Tà hùng chìn,   Tìn-Fu bìt hon-gu néi .

ruǎnruò   kùnjuàn   kào Tā xiōng qián,   Tiān Fù bì   kàngù   nǐ.

[Refrain]

Civila Durfee Martin (1866-1948) was born in Nova Scotia and became a school teacher. She and her husband, Walter Stillman Martin, often wrote gospel songs together. Her husband was a Harvard trained Baptist minister who later joined the Restoration Movement Disciples of Christ. Walter was invited to preach at a church that was quite some distance away from their home. On that Sunday morning, Civila became ill and was not able to accompany her husband. Walter considered cancelling his preaching appointment in order to tend to his wife. Then his son said to him, "Father, don't you think that if God wants you to preach today, that He will take care of mother while you were away?" Walter went to preach and returned home late that evening to find his wife much improved. She said to him that while he was away, she was so inspired by what his son said that morning that she composed a few lines to a song. Walter sat down and completed "God Will Take Care of You" which he often used in many of his revival meetings in North Carolina. They retired in Georgia where they were active members of the local Christian Church.

25. HARK, THE HERALD ANGELS SING

新生 王 歌
San-sàang Wòng Gò

Charles Wesley (1739) * Daniel 8:16-17

1 Hark! The Herald Angels sing ,
聽 啊！ 天使 讚 高聲 ，
Tèng a ! Tìn-si jaan gou-sing ,
Tīng a! Tiānshǐ zàn gāo shēng,

"Glory to the New-born King :
傳 讚 救主 已 降生 ：
chyun bou "Gau-Jyú yí gong-sàang :
chuán zàn Jiùzhǔ yǐ jiàngshēng:

Peace on earth, and mercy mild ,
恩典 臨 地 平安 到 ，
Yàn-dín lam dei pìng-òn dou ,
Ēndiǎn lín de píng'ān dào,

God and sinners reconciled !"
神 人 此後 能 和好 !
Sàn yàn chi-hau nàng wo-hou ! "
Shén rén cǐhòu néng hé hǎo!

Joyful, all ye nations, rise ,
興起 ， 地 上 眾 生 靈 ，
Hing-hei , dei seung jung sàang lìng ,
Xīngqǐ, de shàng zhòng shēng líng,

join the triumph of the skies ;
響應 天上 讚美 聲 ；
heung-ying tìn-seung jaan-méi sing ;
xiǎngyìng tiānshàng zànměi shēng;

With the angelic host proclaim ,
天 唱 地 和 樂 歡騰 ，
Tìn cheung dei wò lok fùn-taan ,
Tiān chàng de hé lè huānténg,

"Christ is born in Bethlehem !"
基督 降生 伯利恆 !
"Gèi-dùk gong-sàang Baak-lei-hang!"
Jīdū jiàngshēng Bólìhéng!

Hark! The Herald Angels sing ,
聽 啊！ 天使 高聲 唱 ，
Tèng a ! Tìn-si gou-sing cheung ,
Tīng a! Tiānshǐ gāo shēng chàng,

"Glory to the New-born King."
榮耀 歸於 新生 王 .
"Wìng-yiu wai-yù San-sàang Wòng."
róngyào guīyú Xīnshēng Wáng.

3 Hail the heaven-born Prince of Peace!
歡迎 ！ 天來 和平 王 ！
Fùn-yìng ! Tìn lòi wò-pìng wòng !
Huānyíng! Tiān lái hépíng wáng!

Hail the Son of Righteousness!
歡迎 ！ 公義 太義 的 ！
Fùn-yìng ! Gùng-yi taai yi dìk !
Huānyíng! Gōngyì tài yì de !

Light and life to all he brings,

帶 來 生 命 與 亮 光 ，

Daai lòi sàang ming yú leung gwòng ，

Dài lái shēng mìng yǔ liàng guāng,

Risen with healing in his wings.

使 人 復 活 醫 人 傷 ；

Si yàn fuk wut yì yàn sèung ；

Shǐ rén fù huó yī rén shāng;

Mild he lays his glory by,

虛 已 ， 撇 下 祂 榮光 ，

Hèui yí ， pit ha Tà wìng-gwòng ，

Xū yǐ, piē xià Tā róngguāng,

Born that man no more may die;

降生 救 人 免 死亡 ；

gongsàang gau yàn mín séimòng ；

Jiàngshēng jiù rén miǎn sǐwáng;

Born to raise the sons of earth,

降 生 使人 重 生 ，

Gong sàang si yàn chùng sàang ，

Jiàng shēng shǐ rén zhòng shēng,

Born to give them second birth.

降 生 使人 能 高 升 .

Gong sàang si yàn nàng gòu sìng .

Jiàng shēng shǐ rén néng gāo shēng.

Hark! the herald angels sing

聽啊 ！ 天使 高 聲 唱 ：

Tèng-a ！ Tìnsi gòu sèng cheung ：

Tīng a! Tiānshǐ gāo shēng chàng:

Glory to the newborn King!

榮耀 歸 與 新生 王 ！

wìng-yiu gwài yú sàn-sàang wòng ！

Róngyào guī yǔ xīnshēng wáng!

Charles Wesley(1707-1788) was the youngest child of 18 siblings. He is considered to be one of the greatest hymnwriter of all ages, having written about 6,500 hymns. He graduated from Oxford in 1729 and became a college tutor during which his spirituality deepened and he founded the "Oxford Methodist" club. In 1735 he went with his brother John to Georgia in the New World. While his brother remained in Georgia, Charles returned to England and was impressed by the teachings and missionary zeal of Count Zinzenforf and the Moravians. The Church of England disapproved and forbade Charles' preaching, and identified his work with that of his brother's. He married and, unlike his brother John, had a happy marriage with a wife who enjoyed travelling with him on his evangelistic journeys as an itinerant preacher. He disagreed with his brother John's break from the Church of England and unauthorized ordinations in starting the Methodist Church. The tune to this song, originally intended to be slow and solemn, is from the second chorus of Mendelssohn's *Festgesang*. It was first performed in 1840 at the Gutenberg Festival in Leipzig, celebrating the annivery of Gutenberg's invention of the printing press, of which its very first production was that of the Holy Bible.

26. HAVE THINE OWN WAY

憑 祢 意 行
Pang Néi Yi Hang

Adelaide Pollard (1902) * Isaiah 64:8-9

1 Have Thine own way, Lord !　Have Thine own way !　Thou are the Potter ,
憑 祢 意 行 , 主!　　憑 祢 意 行 !　　因 主 是 陶匠 ,
Pang Néi yi hang, Jyú !　**Pang Néi yi hang !**　**Yàn Jyú si tou-jeung ,**
Píng Ní yì xíng, Zhǔ!　Píng Mí yì xíng!　Yīn Zhǔ shì táo jiàng,

I am the clay .　　　　Mold me and make me　after Thy will ,
我 是 泥土 .　　　　　陶 我 與 造 我　　照 主 旨意,
Ngó si nai-tóu .　　　**Tou ngó yú jou ngó**　**jiu Jyú ji-yi ,**
wǒ shì nítǔ.　　　　Táo wǒ yǔ zào wǒ　zhào Zhǔ zhǐyì,

While I am waiting ,　　yielded and still .
我 在 此 等待 ,　　　虔恭 候 主 .
Ngó joi chi dáng-doi ,　**kin-gung hau Jyú .**
Wǒ zài cǐ děngdài,　qián gōng hòu Zhǔ.

2 Have Thine own way, Lord !　Have Thine own way !
憑 祢 意 行 , 主!　　憑 祢 意 行 !
Pang Néi yi hang, Jyú !　**Pang Néi yi hang !**
Píng Mí yì xíng, Zhǔ!　Píng Mí yì xíng!

Search me and try me,　Master, today!
鑒 察 試驗 我 ,　　　就 在 今天 !
Gaam chaat si-yim ngó ,　**jau joi gàm-tìn !**
Jiàn chá shìyàn wǒ,　Jiù zài jīntiān!

Whiter than snow, Lord,　Wash me just now,
求 主 洗 清 , 我 ,　　皎 白 如 雪 ,
kàu Jyú sái chìng , ngó ,　**gáau baak yù syut ,**
qiú Zhǔ xǐ qīng, wǒ,　jiǎo bái rú xuě,

As in Thy presence
我　謙卑　跪　下，
Ngó hìm-bèi gwai ha ,
Wǒ qiānbēi guì xià,

Humbly I bow.
在　主　腳　前．
joi Jyú geuk chìn .
zài Zhǔ jiǎo qián.

3　Have Thine own way, Lord!
憑　祢意　行　，主！
Pang Néi yi hang, Jyú !
Píng Mí yì xíng, Zhǔ!

Have Thine own way!
憑　祢意　行　！
Pang Néi yi hang !
Píng Mí yì xíng!

Wounded and weary,
悲傷　與　疲倦　，
Bèi-sèung yú pèi-gyun ,
Bēishāng yǔ píjuàn,

Help me, I pray!
求　主　救　我　；
kàu Jyú gau ngó ;
qiú Zhǔ jiù wǒ;

Power – all power –
權　柄　眾　權　柄，
Kyùn bing jung kyùn bing ,
Quán bǐng zhòng quán bǐng,

Surely is Thine!
全　是　祢　的
chyùn si Néi dìk
quán shì Mí de

Touch me and heal me,
撫摸　並　醫治，
Fú-mó bing yì-ji ,
Fǔmō bìng yīzhì,

Savior divine!
救主　我　神．
Gau-Jyú ngó Sàn .
Jiù Zhǔ wǒ Shén.

Amen.
啊們．
A-mùn .
Amen.

27. HE HIDETH MY SOUL

祂 藏 我 靈
Tà Jong Ngó Lìng

Fanny J. Crosby (1890) * Isaiah 9:6-7

1 A wonderful saviour is Jesus my Lord   A wonderful Saviour to me
　奇妙 的　救主　就是　耶穌　我 主　這 奇妙 的　救主　屬 我
Kèi-miu dìk Gau-Jyú jau-si <u>Yè-sòu</u> ngó Jyú jé kèi-miu dìk Gau-Jyú suk ngó
Qímiào de　Jiùzhǔ　jiùshì　Yēsū　wǒ Zhǔ zhè qímiào de　Jiùzhǔ　shǔ wǒ

He hideth my soul in the cleft of the rock Where rivers of pleasure I see
祂 藏 我　靈魂　在於　磐石　洞 中 使 我 得 見 喜樂 江河
Tà jong ngó lìng-wàn joi-yù pùn-sek dung jung si ngó dàk gin héi-lok gòng-hò
Tā cáng wǒ　línghún　zàiyú pánshí　dòng zhōng shǐ wǒ dé jiàn　xǐlè　jiānghé

[Refrain] He hideth my soul in the cleft of the rock   That shadows a
[副歌]　祂 藏 我　靈魂　在 磐石　洞穴　裡　如 乾 渴 之
[fugò]　**Tà jong ngó lìng-wàn joi pùn-sek dung-yut léui　yù gòn hot jì**
[fù gē]　Tā cáng wǒ　línghún　zài　pánshí　dòngxué　lǐ　rú gān kě zhī

dry, thirsty land   He hideth my life in the depths of his love
地 得 蔭庇　祂 藏 我　生命　在 祂 大　慈愛 裡
dei dàk yam-bei　Tà jong ngó sàang-ming joi Tà daai chì-oi léui
dì dé yīnbì　Tā cáng wǒ　shēngmìng zài Tā dà　cí'ài lǐ

And covers me there with his hand   And covers me there with his hand
　用 祂　全能　手來 扶持　用 祂　全能　手來 扶持
yung Tà chyùn-nàng sáu lòi fù-chì　Yung Tà chyùn-nàng sáu lòi fù-chì
yòng Tā　quánnéng shǒu lái fúchí Yòng Tā　quánnéng　shǒu lái fúchí

2 A wonderful Saviour is Jesus my Lord　　　　He taketh my
奇妙 的　　救主　就是 耶穌 我 主　　祂 將 我 的
Kèi-miu dìk Gau-Jyú jau-si Yè-sòu ngó Jyú　Tà jèung ngó dìk
Qímiào de　Jiùzhǔ　jiùshì Yēsū　wǒ Zhǔ　Tā jiāng　wǒ de

burden away　　　　　　He holdeth me up and I shall not be moved
重擔　挪 去　　扶持　保守 我 使 我 不至　動搖
chùng tàam nò heui　Fù-chì bóu-sáu ngó si ngó bàt ji dung-yìu
zhòngdàn nuó qù　Fúchí　bǎoshǒu　wǒ shǐ wǒ　bù zhì dòngyáo

He giveth me strength as my day.
祂 賜 我　力量　及 所 需 .
Tà chi ngó lik-leung kap só sèui .
Tā　cì　wǒ　lìliàng　jí suǒ xū.

[Refrain]

4 When clothed　　in His brightness　　Transported I rise
穿 上　　主 所 賜 聖潔　　光榮　　衣裳
Chyùn seung　Jyú só chi sing-git　gwòng-wìng yì-sèung
Chuān shàng　Zhǔ suǒ cì shèngjié　guāngróng　yīshang

To meet　Him in　Clouds of the sky　His per- fect salvation,
將 與 救主 空中 相 見 願 與 眾 聖徒 一
jèung yú Gau-Jyú hùng-jung sèung gin　Yun yú jung sing-tòu yat-
jiāng yǔ Jiùzhǔ　kōngzhōng xiāng jiàn　Yuàn yǔ zhòng shèngtú　yī-

His wonderful love　　I'll shout　with the millions on high!
齊　歌唱　歡呼　完美 救 恩 奇妙 救主 !
chài gò-cheung fùn-fù　yùn-méi gau yàn kèi-miu Gau-Jyú !
qí　gēchàng huānhū　wánměi jiù ēn qímiào Jiùzhǔ!

[Refrain]

28. HE IS ABLE TO DELIVER THEE

最　偉大　信息
Jeui　Wái-daai　Seun-sìk

William A. Ogden (1887)　*　Romans 7:24-25

1　"Tis the grandest theme　　through the ages rung;　　"Tis the grandest theme
　　最　偉大　信息，　從古傳　至今，　最　偉大　信息，
　　Jeui wái-daai seun-sìk,　chùng gú chyùn ji-gàm,　jeui wái-daai seun-sìk,
　　Zuì wěidà xīnxī,　cóng gǔ chuán zhìjīn,　zuì wěidà xīnxī,

　　for a mortal tongue;　　"Tis the grandest theme　　that the world e'er sung,
　　始終　說不盡　最　偉大　信息，　都該　唱　不停，
　　chí-jùng syut bàt jeun　Jeui wái-daai seun-sìk,　dòu gòi cheung bàt tìng,
　　shǐzhōng shuō bù jǐn　Zuì wěidà xīnxī,　dōu gāi chàng bù tíng,

　　"Our God　is able to　　　　　deliver thee."
　　乃是　我們　父神必　能　拯救　你.
　　Náai si　ngó-mùn Fu Sàn bìt　nàng chíng-gau néi.
　　Nǎi shì　wǒmen Fù Shén bì　néng zhěngjiù nǐ.

[Refrain]　He is able to deliver thee,　　　　　He is able to
[副歌]　主　耶穌　實在　能　拯救　你，　主　耶穌　實在　能
[fugò]　Jyú Yè-sòu sat-joi nàng chíng-gau néi,　Jyú Yè-sòu sat-joi nàng
[fù gē]　Zhǔ Yēsū shízài néng zhěngjiù nǐ,　Zhǔ Yēsū shízài néng

　　deliver thee;　　Though by sin oppressed, Go to Him for rest;
　　拯救　你；　你的　一切　罪，　恩主　能　解脫，
　　chíng-gau néi;　Néi dìk yat-chai jeui,　yàn Jyú nàng gáai tyut,
　　zhěngjiù nǐ;　Nǐ de yīqiè zuì,　ēn Zhǔ néng jiě tuō,

　　"Our God　is able to　　　　　deliver thee."
　　我所　事奉的　主必　能　拯救　你
　　Ngó só　yi fung dìk Jyú bìt　nàng chíng - gau néi
　　Wǒ suǒ　shì fèng de Zhǔ bì　néng zhěngjiù nǐ

3 "Tis the grandest theme,   let the tidings roll

最　偉大　信息，   應　傳　諸　萬民

Jeui wái-daai seun-sìk ,   **Ying chyùn jyù maan-màn**

Zuì　wěidà　xìnxī,   Yīng chuán zhū wànmín

To the guilty heart,   to the sinful soul;

快　傳　此　福音   與　各　罪人　聽

faai chyùn chí fùk-yàm   **yú gok jeui-yàn tèng**

kuài chuán cǐ fúyīn   yǔ gè zuìrén tīng

Look to God in faith,   He will make thee whole;

仰望　主赦罪   醫治 你　疾病

Yéung-mong Jyú se jeui   **yì-ji néi jat-beng**

Yǎngwàng Zhǔ shè zuì   yīzhì nǐ jíbìng

"Our God　is able to   deliver thee."

因為　　我們 父 神 必　能 拯 救 你！

Yàn-wai　ngó-mùn Fu Sàn bìt　nàng chíng-gau néi !

Yīnwèi　wǒmen Fù Shén bì　néng zhěngjiù nǐ!

[Refrain]

William A. Ogden was born in 1841 in Franklin County, Ohio. He died in 1897 in Toledo, Ohio. When Ogden was six years old, his family moved to Indiana. He began studying music in local singing schools at age 8, and could read church music fairly well by age 10. A little later, he could write a melody by hearing it sung or played. When he was 18, he became a chorister in his home church. At the outbreak of the American civil war, Ogden enlisted in the 30th Indiana Volunteer Infantry. During the war he organized a male choir, which became well known throughout the Army of the Cumberland. After the war, he became Superintendent of Music in the public schools of Toledo, Ohio.

29. HE LEADETH ME: O BLESSED THOUGHT

耶穌 領 我
Yè-sòu ling ngó

J. H. Gilmore (1862) * Psalm 23:2-3

1 He leadeth me – O, blessed thought !   Oh, words with heavenly comfort brought !
耶穌 領 我 我 真 喜歡 !   蒙 主 引導 心中 平安 !
Yè-sòu ling ngó – ngó jàn hei-fùn !   **Mùng Jyú yan-dou sàm-jung pìng-òn !**
Yēsū lǐng wǒ wǒ zhēn xǐhuān!   Méng Zhǔ yǐndǎo xīnzhōng píng'ān!

Whatever I do, wherever I be ,   still it's God's hand that leadeth me .
無論 日夜 動靜 起坐 ,   耶穌 聖手 時常 領 我 ,
Mòu-leun yat-ye dung-jing hei cho ,   **Yè-sòu sing-sáu si seung ling ngó ,**
Wúlùn rìyè dòngjìng qǐ zuò,   Yēsū shèngshǒu shí cháng lǐng wǒ,

He leadeth me, He leadeth me ;   by His command He leadeth me ;
耶穌 領 我 , 耶穌 領 我 ;   耶穌 天天 親手 領 我 ;
Yè-sòu ling ngó , Yè-sòu ling ngó ;   **Yè-sòu tìn-tìn chan-sáu ling ngó ;**
Yēsū lǐng wǒ, Yēsū lǐng wǒ;   Yēsū tiāntiān qīnshǒu lǐng wǒ;

His faithful follower I would be ,   for by His hand He leadeth me .
我 願 為 主 忠心 僕人 ,   因 蒙 主 恩 親手 領 我 .
Ngó yun wai Jyú jung-sàm buk-yàn,   **Yàn mùng Jyú yàn chan-sáu ling ngó.**
Wǒ yuàn wèi Zhǔ zhōngxīn pú rén,   yīn méng Zhǔ ēn qīnshǒu lǐng wǒ.

3 Lord, I would clasp Thy hand in mine,   Nor ever murmur nor repine;
我 願 緊握 恩主 聖手 ,   甘心 樂意 隨 主 行走 ,
Ngó yun gán àk yàn Jyú sing sáu ,   **gàm-sàm lok-yi chèui Jyú hang-jáu ,**
Wǒ yuàn jǐn wò ēn Zhǔ shèng shǒu,   gānxīn lèyì suí Zhǔ xíngzǒu,

Content, whatever lot I see,   Since 'tis my God that leadeth me.
遇禍 遇福 兩 般 皆可 ,   因 有 耶穌 親手 領 我 .
Yu wo yu fùk léung bùn gàai hó ,   **yàn yau Yè-sòu chan-sáu ling ngó .**
Yù huò yù fù liǎng bān jiē kě,   yīn yǒu Yēsū qīnshǒu lǐng wǒ.

He leadeth me, He leadeth me ;　　　by His command He leadeth me ;

耶穌　領　我，　耶穌　領　我；　　耶穌　天天　　親手　領　我；

Yè-sòu ling ngó , Yè-sòu ling ngó ;　　**Yè-sòu tìn-tìn chan-sáu ling ngó ;**

Yēsū　lǐng　wǒ,　Yēsū　lǐng　wǒ;　　Yēsū　tiāntiān　qīnshǒu　lǐng　wǒ;

His faithful follower I would be ,　　　for by His hand He leadeth me .

我　願　為　主　忠心　　僕人，　因　蒙　主　恩　親手　領　我．

Ngó yun wai Jyú jung-sàm buk-yàn,　**Yàn mùng Jyú yàn chan-sáu ling ngó.**

Wǒ　yuàn　wèi　Zhǔ　zhōngxīn　　pú rén,　　yīn　méng　Zhǔ　ēn　qīnshǒu　lǐng　wǒ.

Joseph Henry Gilmore (1834-1918) was born in Boston, graduated from Brown University, became professor of Hebrew at Rochester Theological Seminary and then Professor of logic at Rochester University. At the age of 28, as a student preacher, he gave a sermon on the 23rd Psalm. He was so impressed with the words "He leadeth me" that he and some others went to a deacon's house afterwards to continue a discussion on the theme. He wrote down some words on a piece of paper, gave it to his wife, and forgot all about it. Three years later, after he gave a trial sermon at Rochester, he opened the hymnal to find an appropriate closing song and was surprised to find his song printed in the book. He later discovered that his wife had submitted his song to William Bradbury, a music composer, who added two additional lines to the chorus and had the song published. She said she did that because during the troublesome times of the Civil War, the world desperately needed to hear her husband's words of trust in God's providence.

30. HE LIFTED ME

祂 拯救 我

Tà Ching Gau Ngo

Charles H. Gabriel (1905) * Proverb 10:12

1 In loving kindness Jesus came　　　　my soul in mercy to reclaim,
　　救主　耶穌　由　天　而來　　　　為　要　使　我　蒙　祂　慈愛，
　　Gau-Jyú Yè-sòu yàu tìn yi-lòi　　**wai yiu si ngó mùng Tà chi-oi,**
　　Jiùzhǔ　Yēsū　yóu tiān ér lái　　wèi yào shǐ wǒ méng Tā cí'ài,

　　And from the depths of sin and shame　　through grace He lifted me
　　祂　從　羞辱　罪惡　壓　害　　　伸出　聖　手　救　我．
　　Tà chùng sau-yuk jeui-ok ngaat hoi　　**sàn-chèut sing sáu gau ngó.**
　　Tā　cóng　xiūrù　zuì'è　yā　hài　　hēn chū shèng shǒu jiù wǒ.

[Refrain] From sinking sand He lifted me,　　　　with tender hand He
[副歌]　從　污　泥　中　祂　拯　救　我　　用　慈愛　手　祂
[fugò]　**Chùng wù nai jung Tà ching-gau ngo**　　**yung chi-oi sáu Tà**
[fù gē]　Cóng　wū　ní zhōng Tā zhěngjiù wǒ　　yòng　cí'ài shǒu Tā

　　lifted me,　　From shades of night to plains of light,
　　拯救　我，　從　黑暗　中　大　顯　亮光　　　，
　　ching-gau ngó,　Chùng haak-am jung daai hin leung-gwòng,
　　zhěngjiù　wǒ,　Cóng　hēi'àn　zhōng　dà　xiǎn　liàngguāng,

　　oh, praise His name,　　He lifted me!
　　讚美　主　名，　祂　拯救　我．
　　jaan-méi Jyú mèng,　Tà ching-gau ngó.
　　zànměi　Zhǔ míng,　Tā zhěngjiù　wǒ.

2 He called me long before I heard,　　Before my sinful heart was stirred,
　　恩　主　呼聲　為　時　已　久　　但　我　硬　心　不　肯　回頭
　　Yàn Jyú fù-sèng wai sì yí gáu　　**daan ngó ngaang sàm bàt háng wùi-tàu**
　　Ēn　Zhǔ hūshēng wéi shí yǐ jiǔ　　dàn wǒ yìng xīn bù kěn huítóu

But when I took Him at His word,   Forgiven He lifted me.   From

我　今　醒悟　懊悔　前非　　　蒙　主　赦免　拯救　　從

Ngó　gàm　síng-ng　ou-fui　chìn fèi　　　**mùng　Jyú　se-mín　ching-gau　　Chùng**

Wǒ　jīn　xǐngwù　àohuǐ　qián fēi　　　méng　Zhǔ　shèmiǎn　zhěngjiù　　Cóng

sinking sand   He lifted me,   with tender hand He lifted me,   From

污泥　中　祂　拯救　我　　用　慈愛　手　祂　拯救　我，　從

wù nai jung　Tà　ching-gau ngo　yung chi-oi sáu　Tà ching-gau ngó,　Chùng

wū ní zhōng　Tā　zhěngjiù wǒ　yòng cí'ài shǒu Tā zhěngjiù wǒ,　Cóng

shades of night to plains of light,   oh, praise His name, He lifted me!

黑暗　中　大顯　亮光　，　讚美　主名，　祂　拯救　我．

haak-am jung daai hin leung-gwòng,　jaan-méi Jyú mèng,　Tà ching-gau ngó.

hēi'àn zhōng dà xiǎn liàngguāng,　zànměi Zhǔ míng,　Tā zhěngjiù wǒ.

[Refrain]

3 Now on a higher plane I dwell,   And with my soul I know 'tis well;

現在　我　靈　快樂　平安　　因　我　住處　安全　無險

   Yin-joi ngó lìng faai-lok pìng-òn　　yàn ngó jyu-chyu òn-chyùn mòu hím

   Xiànzài wǒ ling kuàilè píng'ān　　yīn wǒ zhùchù ānquán wú xiǎn

Yet how or why,   I cannot tell,   He should have lifted me. From sinking sand

我　真　難以　用　口　說盡　耶穌　如何　救我．　從污泥　中

Ngó　jàn　nàan-yí　yung　háu syut jeun Yè-sòu yù-hò gau ngó.　Chùng wù　nai jung

Wǒ zhēn　nányǐ　yòng kǒu shuō jǐn Yēsū rúhé jiù wǒ.　Cóng wū　ní zhōng

He lifted me,   with tender hand He lifted me,   From shades of

祂　拯救　我，　用　慈愛　手祂　拯救　我，　從　黑暗

Tà　ching-gau ngo，　yung chi-oi sáu　Tà ching-gau ngó，　Chùng haak-am

Tā zhěngjiù wǒ,　yòng cí'ài shǒu Tā zhěngjiù wǒ,　Cóng　hēi'àn

night   to plains of light,   oh, praise His name,   He lifted me!

中　大顯　亮光，　讚美　主　名，　祂　拯救　我．

jung　daai hin leung-gwòng，　jaan-méi Jyú mèng，　Tà ching-gau ngó.

zhōng　dà xiǎn liàngguāng,　zànměi Zhǔ míng,　Tā zhěngjiù wǒ.

[Refrain]

31. HIGHER GROUND

我 今 直 往 高 處 而 行
Ngó gàm jik wóng gòu chyu yì hang

Johnson Oatman, Jr. (1898) * Micah 4:2

1 I'm pressing on the upward way,
　　我　今　直　往　高　處　而　行
　　Ngó gàm jik wóng gòu chyu yì hang
　　Wǒ jīn zhí wǎng gāo chù ér xíng

New heights I'm gaining every day;
　　靈性　地位　日日　　高升
　　lìng-sing dei-wai yat-yat gòu-sìng
　　língxìng dìwèi rì rì gāoshēng

Still praying as I'm onward bound,
　　我　行　天　路　有　時　軟弱
　　Ngó hang tìn lou yau sì yún-yeuk
　　wǒ xíng tiān lù yǒu shí ruǎnruò

Lord, plant my feet on higher ground.
　　求　主　扶助　進入　　樂　境
　　kàu Jyú fù-jo jeun-yap lok gíng
　　qiú Zhǔ fúzhù jìnrù lè jìng

[Refrain] Lord, lift me up and let me stand,
[副歌]　求　主　扶助　使我　　堅定
[fugò]　**Kàu Jyú fùjo si ngó gìnding**
[fù gē]　Qiú Zhǔ fúzhù shǐ wǒ jiāndìng

By faith, on heaven's table-land,
　　因　信　站　在　屬靈　　高地
　　yàn seun jaam joi suk lìng gòu-dei
　　yīn xìn zhàn zài shǔ líng gāodì

A higher plane than I have found;
　　使　我　逐日　所　處　　地位
　　Si ngó jukyat só chyu deiwai
　　shǐ wǒ zhúrì suǒ chǔ dìwèi

Lord, plant my feet on higher ground.
　　較　之　往日　有　進　無　退
　　gaau jì wóngyat yau jeun mòu teui
　　jiào zhī wǎngrì yǒu jìn wú tuì

2 My heart has no desire to stay
　　世上　時　有　疑慮　　恐怖
　　Saiseung sì yau yì-leui húng-bou
　　Shìshàng shí yǒu yílǜ kǒngbù

Where doubts arise and fears dismay;
　　非　我　安然　久居　之　處
　　fèi ngó ònyìn gáugèui jì chyu
　　fēi wǒ ānrán jiǔjū zhī chù

Though some may dwell where these abound, My prayer, my aim, is higher ground.
別人 或 願 宮室 久住　　我 惟 注目 更 高 之 處
Bit-yàn waak yun gùng-sàt gáu-jyu　　**ngó wài jyu-muk gang gòu jì chyu**
biérén huò yuàn gōngshì jiǔzhù　　wǒ wéi zhùmù gèng gāo zhī chù

[Refrain]

3 I want to live　　　　　above the world,　　Though Satan's darts at me are hurled;
我 願 跳出　　　　世界 範圍　　魔鬼 利 劍 非 我 所 畏
Ngó yun tiu-chèut　　**sai-gaai faan-wài**　　**mògwái lei gim fèi ngó só wai**
Wǒ yuàn tiàochū　　shìjiè fànwéi　　móguǐ lì jiàn fēi wǒ suǒ wèi

Though some may dwell where these abound,　My prayer, my aim, is higher ground.
我 今 因 信　　常 聞 天 歌　　妙音 佳 樂 使我 快樂
Ngó gàm yàn seun　　**sèung màn tìn gò**　　**miu-yàm gàai lok si ngó faai-lok**
wǒ jīn yīn xìn　　cháng wén tiān gē　　miàoyīn jiā lè shǐ wǒ kuàilè

[Refrain]

Johnson Oatman, Jr. (1856-1922) was born in New Jersey and is best known for his song "Count Your Blessings." The tune to "Higher Ground" was composed by Charles Hutchinson Gabriel (1856-1932)., who sold it for five dollars to a Philadelphia, PA, songbook compiler, J. Howard Entwisle. It was then first published in the 1898 *Songs of Love and Praise, No. 5*, which Entwisle compiled with John R. Sweney and Frank M. Davis. Gabriel helped T. B. Larimore edit *The New Christian Hymn Book* in 1907, which also included "Higher Ground", for the Gospel Advocate Co.

32. HOLY, HOLY, HOLY

聖哉 ， 聖哉 ， 聖哉

Sing jòi ， Sing jòi ， Sing jòi

Reginald Heber (1826) * Jeremiah 6:1-3

1 Holy, holy, holy,
    聖哉 ， 聖哉 ， 聖哉 ，
Sing jòi ， sing jòi ， sing jòi ，
Shèng zāi, shèng zāi, shèng zāi,

Early in the morning
    清 晨 我 眾 歌 頌 ，
Chìng sàn ngó jung gò jung ，
Qīng chén wǒ zhòng gē sòng,

Holy, holy, holy,
    聖哉 ， 聖哉 ， 聖哉 ，
Sing jòi ， sing jòi ， sing jòi ，
Shèng zāi, shèng zāi, shèng zāi,

God in three Persons,
    讚美 三 一 神 ，
Jaan-méi saam yat Sàn ，
Zànměi sān yī Shén,

Lord God almighty!
    全能 大 主 宰 ，
chyùn-nàng daai Jyú jói ，
quánnéng dà Zhǔ zǎi,

Our song shall rise to Thee:
    歡聲 上 達 天庭 ；
Fùn-sèng seung daat tìn-tìng ；
huānshēng shàng dá tiāntíng;

merciful and mighty,
    慈悲 全能 主 宰 ，
chì-bèi chyùn-nàng Jyú jói ，
cíbēi quánnéng Zhǔ zǎi,

blessèd Trinity!
    父 子 與 聖靈 .
Fu Jí yú Sing-Lìng .
Fù Zi yǔ ShèngLíng.

3 Holy, Holy, Holy!
    聖哉！ 聖哉！ 聖哉！
Sing jòi！ Sing jòi！ Sing jòi！
Shèng zāi！ Shèng zāi！ Shèng zāi！

Tho' the darkness hide Thee,
主 藏 在 雲彩 裡
Jyú jong joi wàn-chói léui
Zhǔ cáng zài yúncai lǐ

Tho' the eye of sinful man
罪人　焉得　瞻望
Jeui-yàn yìn dàk jìm-mong
zuìrén yān dé zhānwàng

Only Thou are holy;
惟　耶和華　至　聖
Wài Yè-wò-wà ji sing
Wéi Yē hé huá zhì shèng

Perfect in power,
力，仁，聖，完備
Lik，yàn，sing，yùn-bei
lì, rén, shèng, wánbèi

Thy glory may not see,
真　主　威嚴　榮光
jàn Jyú wài-yìm wìng-gwòng
zhēn Zhǔ wēiyán róngguāng

there is none　beside Thee
誰　堪　與　主　相　比
sèui hàm yú Jyú sèung béi
shuí kān yǔ Zhǔ xiāng bǐ

love, and purity.
大哉　天地　王　．
daai-jòi tìn-dei wòng．
dàzāi tiāndì wáng.

Reginald Heber (1783-1826) was born into a wealthy family in England. He became a deacon and priest and wrote many songs to help improve the singing of his small country church. So impressed was he of the Holy Trinity that he wrote this song utilizing frequent refrains of threes. He left his small parsonage of 18 years to assume the position of Anglican bishop of Calcutta, India. He traveled widely to improve the spiritual and general living conditions of the people he served. He died from an apparent heat stroke after giving a sermon to a large crowd. He was loved by the Indian people and was buried with much honor at the church where he gave his last sermon.

33. HOW GREAT THOU ARE

祢 真 偉大
Nei Jàn Wái-daai

Poem written by Carl Boberg in Sweden (1885); translated into German and then
Russian; translated from Russian into English by Stuart K. Hine (1949) * Psalm 8:3-5

1 Oh, Lord my God,   When I in awesome wonder ,   consider all
　 主 啊, 我　神 ,　我　每逢　舉　目　觀看 , 祢　手　所造 ,
　 Jyú a , ngó Sàn ,　ngó mui-fung goi muk gun-hon , Nei sáu só-jou ,
　 Zhǔ a,　wǒ Shén,　wǒ měi féng jǔ mù guānkàn,　Mí shǒu suǒ zào,

　 the works thy hand has made ;   I see the stars,   I hear the
　 一切　奇妙　大工 ;　看見　星宿 ,　又　聽到
　 yat-chai kèi-miu daai-gung ;　Hon-gin sìng-suk ,　yau tèng-do
　 yīqiè　qímiào　dàgōng;　Kànjiàn　xīngsù,　yòu tīngdào

　 rolling thunger ,   Thy works throughout   the universe displayed .
　 隆隆　雷聲 ,　祢的　大工 ,　遍　滿了　宇宙　中 .
　 lung-lung leui-sing ,　Nei-dìk daai-gung ,　pin mun-liu yu-jau jung .
　 lónglóng　léi shēng,　Mí de　dàgōng,　biàn mǎnle yǔzhòu zhōng.

[Refrain] Then sings my soul,   my Savior God to Thee ,
[副歌]　我　靈　歌唱 ,　讚美　救主　我　神 ,
[fugò]　**Ngó lìng go-cheung ,　jaan-méi Gau-Jyú ngó Sàn ,**
[fù gē]　Wǒ líng gēchàng,　zànměi　Jiùzhǔ　wǒ Shén,

　 "How great Thou are ."   How great Thou are ."   Then sings my soul,
　 祢 真　偉大 ,　何等　偉大 . 我 靈　歌唱 ,
　 "Nei jàn wái-daai .　Ho-dáng wái-daai ."　Ngó lìng go-cheung ,
　 Mí zhēn　wěidà,　héděng　wěidà.　Wǒ líng gēchàng,

　 my Savior God to Thee ,   "How great Thou are. How great Thou are ."
　 讚美　救主　我　神 , 祢 真　偉大 , 何等　偉大 .
　 jaan-méi Gau-Jyú ngó Sàn , "Nei jàn wái-daai . Ho-dáng wái-daai ."
　 zànměi　Jiùzhǔ　wǒ Shén, Mí zhēn wěidà,　héděng　wěidà.

2 And when I think,   that God, His Son not sparing,   Sent Him to die,

當　我　想　到，　神　竟　願　差　祂　兒子　降　世　捨　命，

Dòng ngó séung dou,   Sàn gíng yun chàai Tà yì-jí gong sai sé ming,

Dāng wǒ xiǎng dào,   Shén jìng yuàn chà Tā érzi jiàng shì shě mìng,

I scarce can take it in.   That on the Cross,   my burden

我　幾　乎　不　領會；　　主　在　十　架，　　甘願　背

Ngó géi fù bàt líng-wùi ;   Jyú joi sap ga,   gàm-yun bui

Wǒ jǐ hū bù lǐnghuì;   Zhǔ zài shí jià,   gānyuàn bèi

gladly bearing,   He bled and died to take away my sin.

我　的　　重擔，　流　血　捨身，　為　要　赦免　我　罪.

ngó dìk chùng-dàam ,   làu hyut sé sàn , wai yiu se-mín ngó jeui .

wǒ de   zhòngdàn,   liú xuè shě shēn, wèi yào shèmiǎn wǒ zuì.

[Refrain]

3 When Christ shall come, with shout of acclamation,   And take me home,

當　主　再　來，　歡呼　聲響　徹　天空，　何等　喜樂，

Dòng Jyú joi lòi ,   fùn-fù sèng-héung chit tìn-hùng, hò-dáng héi-lòi ,

Dāng Zhǔ zài lái,   huānhū shēngxiǎng chè tiānkōng, hédéng xǐlè,

What joy shall fill my soul. Then shall I bow   in humble ador-

主　接　我　回　天家.　　我　要　跪　下，　謙恭　的　　崇拜

Jyú jip ngó wùi tìn gà .   Ngó yiu gwai ha ,   hìm-gùng dìk sùng-baai

Zhǔ jiē wǒ huí tiān jiā.   Wǒ yào guì xià,   qiāngōng de chóngbài

ation,   And there proclaim,   "My God, how great Thou are."

敬奉，　　並　要　頌揚，　　神　啊，　祢　真　偉大　.

ging-fung ,   Bìng yiu jung-yèung ,   Sàn a , Néi jàn wái daai .

jìngfèng,   Bìng yào sòngyáng,   Shén a, Mí zhēn wěidà.

[Refrain]

34. I AM THINE, O LORD

主啊， 我 屬 祢
Jyú a ， Ngó Suk Néi

Fanny J. Crosby (1875) * Psalm 69:13-18

1 I am thine, O Lord,   I have heard Thy voice,   And it told Thy
主啊， 我 屬 祢， 我 聽 祢 聲音 ， 說 祢 愛我
Jyú a ， ngó suk Néi ， ngó tèng Néi sèng-yàm ， Syut Néi oi ngó
Zhǔ a ， wǒ shǔ Mí ， wǒ tīng Mí shēngyīn ， Shuō Mí ài wǒ

love to me;   But I long to rise   in the arms of faith,
何等 深 ； 但 我 更 渴望 被 信心 舉 起 ，
hò-dáng sàm ； Daan ngó gang hot-mong bei seun-sàm géui héi ，
héděng shēn ； Dàn wǒ gèng kěwàng bèi xìnxīn jǔ qǐ ，

And be closer drawn to Thee.
使 我 更 能 親近 祢 .
Si ngó gang nàng chàn-gan Néi .
Shǐ wǒ gèng néng qīnjìn Mí .

[Refrain] [副歌] [fugò] [fù gē] :

Draw me nearer, nearer blessed Lord,   To the cross where Thou hast died;
親愛 恩 主， 引 我 更 親近 ， 到 祢 受 死 寶 架 前
Chàn-oi yàn Jyú ， yán ngó gang chàn-gan ， Dou Néi sau séi bóu ga chìn
Qīn'ài ēn Zhǔ, yǐn wǒ gèng qīnjìn, Dào Mí shòu sǐ bǎo jià qián

Draw me nearer, nearer blessed Lord,   To Thy precious, bleeding side.
引 我 親近 ， 更 親近 恩 主， 到 祢 流 寶 血 身 邊 .
yán ngó chàn-gan ， gang chàn-gan yàn Jyú ， Dou Néi làu bóu hyut sàn bìn .
Yǐn wǒ qīnjìn, gèng qīnjìn ēn Zhǔ, Dào Mí liú bǎo xuè shēn biān.

2 Consecrate me now   to Thy service, Lord,   By the power of

今　歸　主　為　聖　　終身　歸　主　用　　求　賜　能力

Gàm gwài Jyú wai sing　jùng-sàn gwài Jyú yung　kàu chi nàng-lik

Jīn　guī　Zhǔ wèi shèng　zhōngshēn　guī　Zhǔ yòng　qiú　cì　nénglì

grace divine;   Let my soul look up   with a steadfast hope,

作　聖　工　　以　信心　　仰望　　以　口舌　宣講

jok sing gùng　Yí seun-sàm yéung-mong　yí háu-sit syun-góng

zuò shèng gōng　Yǐ　xìnxīn　yǎngwàng　yǐ kǒushé xuānjiǎng

and my will be lost in Thine.

心口　一致　常　　讚揚　．

sàm-háu yat-ji sèung jaan-yèung .

xīnkǒu　yīzhì　cháng　zànyáng.

[Refrain]

Frances "Fanny" Jane Crosby (1820-1915; married name VanAlstyne) was born in New York. Six weeks after birth, she developed a cold that affected her eyes. The family doctor was not available so a man who claimed to be a medical doctor was called in. He prescribed a hot mustard poutice to be applied to her eyes which eventually blinded her. It was discovered that the "doctor", who shortly disappeared, was actually not a medical doctor a masquerading quack. She wrote, "I have not for a moment in more than eighty-five years felt a spark of resentment against him, because I have always believed…that the good Lord…consecrated me to the work that I am still permitted to do." While growing up, Fanny discovered that she had a gift born out of the closeness that she felt with God. She became the most prolific hymn writer of all times. Near the end of her life, she expressed concerns that the music that was being played in the church was slowly becoming more like worldly entertainment.

The song "I Am Thine, O Lord" resulted from a conversation between Miss Crosby and William Howard Doane one evening when she was visiting his home in Cincinnati, OH. As they were discussing the nearness of God, the sun was setting and the night shades were gathering, Fanny was so moved that she penned the words before retiring that evening. Mr. Doane composed the tune, and the song was published in 1875.

35. I GAVE MY LIFE FOR THEE

救主　　全捨

Gau-Jyú Chyùn Sé

Frances Havergal (1858) * Philippians 2:5-8

1 I gave My life for thee,　　　　My precious blood I shed,
我　曾　捨命　為　你，　　我　血　為　你　　流出　，
Ngó jàng sé-ming wai néi,　　Ngó hyut wai néi làu-chèut,
Wǒ céng shěmìng wèi nǐ,　　Wǒ xiě wéi nǐ　　liúchū,

That thou might ransomed be,　　And raised up from the dead;
救　你　從　死　復　起，　　使你　多　罪　得　贖，
Gau néi chùng séi fuk héi,　　si néi dò jeui dàk suk,
Jiù nǐ cóng sǐ fù qǐ,　　shǐ nǐ duō zuì dé shú,

I gave,　　I gave　My life for thee,　　What hast thou given for Me?
為　你，為　你，我　命　曾　捨，你　捨　何事　為　我？
Wai néi, wai néi, ngó ming jàng sé, néi sé hò-si wai Ngó?
Wèi nǐ,　wèi nǐ,　wǒ mìng céng shě, nǐ shě héshì wèi Wǒ?

I gave,　　I gave　My life for thee,　　What hast thou given for Me?
為　你，為　你，我　命　曾　捨，你　捨　何事　為　我？
Wai néi, wai néi, ngó ming jàng sé, néi sé hò-si wai Ngó?
Wèi nǐ,　wèi nǐ,　wǒ mìng céng shě, nǐ shě héshì wèi Wǒ?

2 My Father's house of light,　　My glory-circled throne
我　曾　離別　天庭　，　　我　父　光明　　寶座　，
Ngó jàng lèi-bit tìn-tìng,　　Ngó fu gwòng-mìng bóu-jo,
Wǒ céng líbié tiāntíng,　　Wǒ fù guāngmíng bǎozuò,

I left for earthly night,　　For wand'rings sad and lone;
撇　棄　華　冕　榮　形，　　並　受　貧苦　難　過，
pit hei wà mín wìng yìng,　　bing sau pàn-fú naan gwo,
Piē qì huá miǎn róng xíng,　　bìng shòu pínkǔ nàn guò,

I left,	I left	it all for thee,	Hast thou left aught for Me?

為 你， 為 你， 天庭 曾捨， 你捨何福 為我？
Wai néi, wai néi, tìn-tìng jàng sé, néi sé hò fùk wai Ngó?
Wèi nǐ, wèi nǐ, tiāntíng céng shě, nǐ shě hé fú wèi Wǒ?

I left, I left it all for thee, Hast thou left aught for Me?
為 你、 為 你， 天庭 曾捨， 你捨何福 為 我？
Wai néi, wai néi, tìn-tìng jàng sé, néi sé hò fùk wai Ngó?
Wèi nǐ, wèi nǐ, tiāntíng céng shě, nǐ shě hé fú wèi Wǒ?

4 And I have brought to thee,   Down from My home above,
我 曾 受 大 苦 難，   非 人 口 舌 能 說，
Ngó jàng sau daai fú naan,   **fèi yàn háu sit nàng syut,**
Wǒ céng shòu dà kǔ nán,   fēi rén kǒu shé néng shuō,

Salvation full and free,   My pardon and My love;
臨 刑 身 同 囚 犯，   救 你 地 獄 得 脫．
Làm yìng sàn tùng chàu faan,   **gau néi dei yuk dàk tyut.**
Lín xíng shēn tong qiú fàn,   jiù nǐ de yù dé tuō.

I bring, I bring rich gifts to thee,   What hast thou brought to Me?
為 你， 為 你， 受 大 苦 難，   你 捨 何事 為 我？
Wai néi, wai néi, sau daai fú naan,   **néi sé hò-si wai Ngó?**
Wèi nǐ, wèi nǐ, shòu dà kǔ nán,   nǐ shě héshì wèi Wǒ?

I bring, I bring rich gifts to thee,   What hast thou brought to Me?
為 你， 為 你， 受 大 苦 難，   你 捨 何事 為 我？
Wai néi, wai néi, sau daai fú naan, néi sé hò-si wai Ngó?
Wèi nǐ, wèi nǐ, shòu dà kǔ nán,   nǐ shě héshì wèi Wǒ?

When **Frances Havergal** (1836-1879) wrote this, her very first hymn-poem, she thought so little of it that she crumpled up the piece of paper and threw it into her open fireplace. Suddenly, she changed her mind and quickly pulled it out and brushed off the scorched edges and placed it in her handbag. Later that day, she visited a poor woman in the community and it occurred to her that the words of the poem would be uplifting to the woman in need. To her surprise, it was enthusiastically received. Later, Philip Bliss took her poem and put it to music.

36. I HAVE DECIDED TO FOLLOW JESUS

我 已經 決定
Ngó Yí-gìng Kyut-ding

(Words are of unknown origin, 19th century) * Luke 9:62

1 I have decided to follow Jesus;　　　　　　　I have decided
我　已經　決定　跟隨　主　耶穌，　　我　已經　決定
Ngó yí-gìng kyut-ding gàn-chèui Jyú <u>Yè-sòu</u> ,　　ngó yí-gìng kyut-ding
Wǒ yǐjīng juédìng gēnsuí Zhǔ Yēsū,　　wǒ yǐjīng juédìng

to follow Jesus;　　　I have decided to follow Jesus;
跟隨　主　耶穌 .　我　已經　決定　跟隨　主　耶穌，
gàn-chèui Jyú <u>Yè-sòu</u> ,　ngó yí-gìng kyut-ding gàn-chèui Jyú <u>Yè-sòu</u> .
gēnsuí Zhǔ Yēsū.　Wǒ yǐjīng juédìng gēnsuí Zhǔ Yēsū,

No turning back,　　no turning back.
義無反顧 ，　　義無反顧 ，
Yi-mòu-fáan-gu ,　yi-mòu-fáan-gu .
yìwúfǎngù,　　yìwúfǎngù,

2 The world behind me,　the cross before me;　The world behind me,
縱　無人　願意，　我　仍　要　跟隨，　縱　無人　願意，
Jung mòu-yàn yun-yi ,　ngó yìng yiu gàn-chèui ,　jung mòu-yàn yun-yi ,
Zòng wúrén yuànyì,　wǒ réng yào gēnsuí,　zòng wúrén yuànyì,

The cross before me;　　The world behind me,　the cross before me;
我　仍　要　跟隨，　縱　無人　願意，　我　仍　要　跟隨 ，
ngó yìng yiu gàn-chèui,　jung mòu-yàn yun-yi ,　ngó yìng yiu gàn-chèui,
Wǒ réng yào gēnsuí,　zòng wúrén yuànyì,　wǒ réng yào gēnsuí,

No turning back,　　no turning back.
永　不　倒　退，　永　不　倒　退 。
wíng bàt dóu teui ,　wíng bàt dóu teui .
Yǒng bù dǎo tuì,　yǒng bù dǎo tuì.

3 Tho none go with me,   I still will follow;   Tho none go with me,
世界　在　背後　，   十架　在　前頭　，   世界　在　背後　，
Sai-gaai joi bui-hau ,   sap-ga joi chìn-tàu ,   sai-gaai joi bui-hau ,
Shìjiè　zài　bèihòu,   shí jià zài qiántou,   shìjiè　zài　bèihòu,

I still will follow;   Tho none go with me,   I still will follow;
十架　在　前頭　，   世界　在　背後　，   十架　在　前頭　，
sap ga joi chìn-tàu ,   sai-gaai joi bui-hau ,   sap-ga joi chìn-tàu ,
Shí jià zài qiántou,   shìjiè　zài　bèihòu,   shí jià zài qiántou,

No turning back,   no turning back.
永　不　回頭　，   永　不　回頭　。
wíng bàt wùi-tàu ,   wíng bàt wùi-tàu 。
Yǒng bù huítóu,   yǒng bù huítóu.

In the 19th century there was a great revival in Wales and England which led many to enter into foreign missionary service in Assam (north-eastern India). An Indian man and his family were converted by the message of the Gospel. The chief of a hostile local tribe demanded that the new Christian recant his faith or suffer public execution. This hymn, believed to be composed by several people, expresses the words of that man as his two children and wife and then, lastly, himself were executed for refusal to deny Jesus. The tribal chief that had ordered the execution was so moved by the martyr's faith that he accepted Jesus as Lord. Soon, the rest of the tribe followed suit.

37. I'D RATHER HAVE JESUS

我 寧 願 有 耶穌
Ngó ning yun yau Yè-sòu

Prince Oscar Bernadotte (1888) * Philippians 3:8

1 I'd rather have Jesus than silver or gold,　　　　I'd rather be His
我 寧 願 有 耶穌， 勝 於 金錢 ， 我 寧屬 耶穌 ，
Ngó ning yun yau Yè-sòu , sing yù gam-chin , Ngó ling-suk Yè-sòu ,
Wǒ níng yuàn yǒu Yēsū, shèng yú jīnqián , Wǒ níng shǔ Yēsū,

than have riches untold;　　I'd rather have Jesus than houses or lands,
勝過 財富 無 邊； 我 寧 願 有 耶穌 ， 勝 於 地 土 ，
sing-gwo choi-fu mòu bin; Ngó ning yun yau Yè-sòu, sing yù dei tóu,
shèngguò cáifù wú biān; Wǒ níng yuàn yǒu Yēsū, shèng yú de tǔ,

I'd rather　　　be led　　　by His nail- pierced hand
願 主 釘 痕 手 ， 引導 我 前途
yun Jyú deng han sáu , yan-dou ngó chin-tou
yuàn Zhǔ dīng hén shǒu , yǐndǎo wǒ qiántú

Than to be　　　the king　　of a vast domain
勝 過 做 君王 雖 統治 萬 方
Sing gwo jou Gwan-Wòng seui tong-ji maan fong
Shèng guò zuò jūnwáng suī tǒngzhì wàn fāng

and be held　　in sin's dread sway;　　I'd rather
卻 仍 受 罪惡 捆綁 ； 我 寧 願
keuk yìng sau jeui-ok kwan-bong ; Ngó ning yun
Què réng shòu zuì'è kǔnbǎng ; Wǒ níng yuàn

have Jesus　　than anything　　this world affords today.
有 耶穌 勝 於 世 上 榮華 富貴 聲 望 .
yau Yè-sòu sing yù sai seung wìng-wà fu-gwai sing mong .
yǒu Yēsū shèng yú shì shàng rónghuá fùguì shēng wàng.

2 I'd rather have Jesus

我　寧　願　有　耶穌　，

Ngó nìng yun yau <u>Yè-sòu</u> ,

Wǒ níng yuàn yǒu Yēsū ,

than men's applause,

勝　於　稱揚　　，

sing yù ching-yèung ,

shèng yú chēngyáng,

I'd rather be faithful

我　寧　忠　於　主　，滿

Ngó nìng jùng-yù Jyú , mún

Wǒ níng zhōngyú Zhǔ, mǎn

to His dear cause;

足　主的　　心腸　　；

jùk Jyú dìk sàm-chèung ;

zú Zhǔ de　xīncháng;

I'd rather have Jesus

我　寧　有　耶穌　，

Ngó nìng yau <u>Yè-sòu</u> ,

Wǒ níng yǒu Yēsū,

than world-wide fame,

勝　於　美　名　，

sing yù méi mìng ,

shèng yú měi míng,

I'd rather be true

願　對　主　忠誠　　，

Yun deui Jyú jùng-sìng ,

Yuàn duì Zhǔ zhōngchéng,

to His holy name.

宣揚　　主　　聖名　　，

syun-yèung Jyú sing-mìng ,

xuānyáng Zhǔ shèngmíng,

Than to be　　the king

勝　過　做　　　君王

Sing gwo jou　　Gwan-Wòng

Shèng guò zuò　　jūnwáng

of a vast domain

雖　統治　萬　方

seui tong-ji maan fong

suī tǒngzhì wàn fāng

and be held　　in sin's dread sway;

卻　仍　受　　罪惡　　捆綁　　；

keuk yìng sau　jeui-ok kwan-bong ;

què réng shòu　　zuì'è kǔnbǎng;

I'd rather have Jesus than anything　　　this world affords today.

我　寧　願　有　耶穌　勝　於　世　上　榮華　　富貴　聲　望 .

Ngó ning yun yau <u>Yè-sòu</u> sing yù sai seung wìng-wà fu-gwai sing mong.

wǒ níng yuàn yǒu Yēsū shèng yú shì shàng Rónghuá fùguì shēng wàng.

38. I HAVE FOUND A FRIEND IN JESUS

(The Lily of the Valley)

谷 中 百合花
Guk jung Baak-hap-fa

Charles W. Fry (1881) * Proverbs 18:24

1 I have found a friend in Jesus , He's everything to me , He's the
主 耶穌 是 我 良 友 , 有 主 勝 得 萬 有 , 萬 人
Jyú Yè-sòu si ngó leung yau , Yau Jyú sing dàk maan yau , Maan yàn
Zhǔ Yēsū shì wǒ liáng yǒu, yǒu Zhǔ shèng dé wàn yǒu, wàn rén

fairest of ten thousand to my soul ; the Lily of the Valley,
中 救主 是 我 最 好 靈 友 ; 主 是 谷 中 百合花 ,
jung Gau-Jyú si ngó jeui ho lìng yau ; Jyú si guk jung baak-hap-fa ,
zhōng Jiùzhǔ shì wǒ zuì hǎo líng yǒu; Zhǔ shì gǔ zhōng bǎihé huā,

in Him alone I see , All I need to cleanse and make me fully whole .
我 惟 一 需要 祂 , 祂 能 洗 淨 我 是 我 聖 潔 無瑕 .
ngó wai yat seui-yiu Tà , Tà nàng sái jing ngó si ngó sing git mòu-ha .
wǒ wéi yī xūyào Tā, Tā néng xǐ jìng wǒ shì wǒ shèng jié wúxiá.

In sorrow He's my comfort , in trouble He's my stay , He tells me
悲傷 時祂 來 解 憂 , 患難 時祂 保佑 , 一切 憂
Bei-seung si Tà lòi gaai yàu , waan-naan si Tà bou-yau , Yat-chai yàu
Bēishāng shí Tā lái jiě yōu, huànnàn shí Tā bǎoyòu, yīqiè yōu

every care on Him to roll : He's the Lily of the Valley, the Bright
慮 全 放 在 主 肩頭 ; 主是晨 星 燦爛 光華 ,
leui chyun fong joi Jyú gin-tau ; Jyú si san sing chan-laan gwòng-wà ,
lǜ quán fang zài Zhǔ jiāntóu; Zhǔ shì chén xīng cànlàn guānghuá,

and Morning Star , He's the fairest of ten thousand to my soul .
是 谷 中 百合花 , 萬 人 中 救主 最美 好 我 愛 祂 .
si guk jung baak-hap-fa , Maan yàn jung Gau-Jyú jeui-méi hou ngó oi Tà.
shì gǔ zhōng bǎihé huā, wàn rén zhōng Jiùzhǔ zuìměi hǎo wǒ ài Tā.

3 He will never, never leave me, nor yet forsake me here, While I

主　永　不　把　我　捨棄　　　　我　主　何等　仁慈　我　要

Jyú wíng bàt bá ngó sé-hei　　**ngó Jyú hò-dáng yàn-chì ngó yau**

Zhǔ yǒng bù bǎ wǒ shěqì　　　　wǒ Zhǔ héděng réncí wǒ yào

Live by faith and do His blessed will; A wall of fire about me,

忠誠　信　靠　遵行　主　旨意　　　有　火　焚燒　我　身　旁

Jùng-sìng seun kaau jèun-hang Jyú jí-yi　**yau fó fàn-sìu ngó sàn pòng**

Zhōngchéng xìn kào zūnxíng Zhǔ zhǐyì　　yǒu huǒ fénshāo wǒ shēn páng

I've nothing now to fear, With His manna He my hunry soul shall fill

任　遭　何事　不　慌　主　賜　嗎哪　餧　養　我　靈　得　健壯

Yam jòu hò-si bàt fòng Jyú chi ma nà wai yéung ngó lìng dàk gin-jong

Rèn zāo héshì bù huāng Zhǔ cì ma nǎ wèi yǎng wǒ líng dé jiànzhuàng

Then sweeping up to glory to see His blessed face,

縱然　世界　棄絕　我　撒旦　來　試探　我

Jung-yìn sai-gaai hei jyut ngó <u>Saat-daan</u> lòi si-taam ngó

Zòngrán shìjiè qì jué wǒ Sādàn lái shìtàn wǒ

Where rivers of delight shall ever roll;

靠著　耶穌　能過　得勝　生活

Kaau-jeuk <u>Yè-sòu</u> nàng-gwo dàk-sing sàang-wut

kàozhe Yēsū néngguò déshèng shēnghuó

He's the Lily of the Valley, the Bright and Morning Star ,

主　是　晨　星　燦爛　光華　,　是　谷　中　百合花　,

Jyú si san sing chan-laan gwòng-wà , si guk jung baak-hap-fa,

Zhǔ shì chén xīng cànlàn guānghuá, shì gǔ zhōng bǎihé huā,

He's the fairest of ten thousand to my soul .

萬　人　中　救主　最美　好　我　愛　祂 .

Maan yàn jung Gau-Jyú jeui-méi hou ngó oi Tà .

wàn rén zhōng Jiùzhǔ zuì měi hǎo wǒ ài Tā.

39. I KNOW THE LORD WILL MAKE A WAY FOR ME

主 為 我 預備 道路
Jyú Wai Ngó Yu-bei Dou-lou

(Traditional) * Psalm 119:104-105

I know the Lord will make a way for me ,
我 知 救主 為 我 預備 道路 ,
Ngó ji Gau-Jyú wai ngó yu-bei dou-lou ,
Wǒ zhī Jiùzhǔ wèi wǒ yùbèi dàolù,

I know the Lord will make a way for me ,
我 知 救主 為 我 預備 道路 ,
Ngó ji Gau-Jyú wai ngó yu-bei dou-lou ,
wǒ zhī Jiùzhǔ wèi wǒ yùbèi dàolù,

If I look to Him and pray ,
仰望 主 懇切 祈求 ,
Yeung-mong Jyú han-chit kèi-kàu ,
Yǎngwàng Zhǔ kěnqiè qíqiú,

darkest night will turn to day ,
雖 黑 夜也 變 白 晝 ,
seui hak ye yá bin baat jau ,
suī hēi yè yě biàn bái zhòu,

I know the Lord will make a way for me ,
我 知 救主 為 我 預備 道路 ,
Ngó ji Gau-Jyú wai ngó yu-bei dou-lou .
Wǒ zhī Jiùzhǔ wèi wǒ yùbèi dàolù.

40. I KNOW WHOM I HAVE BELIEVED

我 真 不 知 神的 奇 恩
Ngó Jàn Bàt-ji Sàn dìk Kèi Yàn

Daniel Whittle (1883) * 2 Timothy 1:12

1 I know not why God's wondrous grace　　To me He hath made known,
　我　真　不知　神的　奇恩　　　為何　臨　到　我　身，
　Ngó　jàn　bàt-ji　Sàn dìk　kèi yàn　　**wai-hò　làm　dou　ngó　sàn ,**
　Wǒ　zhēn　bùzhī　Shén de　qí　ēn,　　wèihé　lín　dào　wǒ　shēn,

　Nor why, unworthy, Christ in love　　Redeemed me for His own.
　我　也　不知　有，　何　價值　　　主　親自　來　買　贖.
　Ngó　yá　bàt-ji　yau ,　hò　ga-jik　　**Jyú　chàn-ji　lòi　máai　suk.**
　Wǒ　yě　bùzhī　yǒu,　hé　jiàzhí　　　Zhǔ　qīnzì　lái　mǎi　shú.

[Refrain]　[副歌]　[fugò]　[fù gē]
　But "I know Whom I have believed,　　And am persuaded that He is able
　惟　我　深　知　所信的　是　誰,　　並且　也　深　祂　實在　是　能
　Wài ngó　sàm　ji　só-seun dìk si sèui,　　**bing-ché　yá　sàm　Tà　sat-joi si nàng**
　Wéi　wǒ　shēn zhī　suǒxìn de　shì shuí,　　bìngqiě　yě　shēn　Tā　shízài　shì néng

　To keep that which I've committed　　Unto Him against that day."
　保守　我　所　信託　祂的,　　都　全　備　直　到　那　日！
　Bóu-sáu ngó　só　seun-tok　Tà dìk ,　　**Dòu　chyùn　bei　jik　dou　ná yat !**
　Bǎoshǒu　wǒ　suǒ　xìntuō　Tā de,　　Dōu　quán　bèi　zhí　dào　nà　rì!

2 I know not how this saving faith　　To me He did impart,
　我　真　不　知道　我的　信　　　如何　進入　我　心，
　Ngó　jàn　bàt ji-dou　ngó dìk　seun　　**Yù-hò　jeun-yap ngó sàm ,**
　Wǒ　zhēn　bù　zhīdào　wǒ de　xìn　　　Rúhé　jìnrù　wǒ　xīn,

Nor how believing in His Word

我 也 不知 為何 一 信，

Ngó yá bàt-ji wai-hò yat seun,

Wǒ yě bùzhī wèihé yī xìn,

Wrought peace within my heart.

便 得 一個 新 心．

Bin dàk yat-go sàn sàm．

biàn dé yīgè xīn xīn.

[Refrain]

3 I know not how the Spirit moves,

我 真 不知 聖靈 如何，

Ngó jàn bàt-ji Sing-Lìng yù-hò,

Wǒ zhēn bùzhī ShèngLíng rúhé,

Convincing men of sin,

引 人 知道 已 過，

yàn yàn ji-dou yí gwo,

yǐn rén zhīdào yǐ guò,

Revealing Jesus through the Word,

並 由 聖經 顯明 耶穌，

Bing yàu Sing-gìng hín mìng Yè-sòu,

Bìng yóu ShèngJīng xiǎn míng Yēsū,

Creating faith in Him.

使人 接 祂 為 主．

Si yàn jip Tà wai Jyú．

shǐ rén jiē Tā wèi Zhǔ.

[Refrain]

Daniel Webster Whittle (1840-1901) was born in Massachusetts. Daniel joined the army and was called to go South. He wrote that his mother was a devout Christian, and had constantly prayed for him and packed a little New Testament in his sack. Whittle rose to the rank of Major and was wounded and had his arm amputated. While in POW camp, he found the New Testament that his Mother had packed for him. Out of boredom, he read the New Testament daily. One night the orderly woke him up and told him that one of his men was dying and had been begging for someone to pray for him. Major Whittle confessed that he was a wicked man with many sins and could not pray. The orderly said that he thought Major Whittle was a Christian because he was constantly reading the Scripture and did not cuss as the other men. Major Whittle reluctantly agreed and held the boy's hand and prayed that Christ would forgive them and prayed for God's promises. The boy died with a look of peace over his face. After the war ended, Major Whittle entered the ministry and wrote over 200 hymns.

41. I LOVE TO TELL THE STORY

愛 傳 福音
Oi chyun Fùk-yàm

Catherine Hankey (1866) * Isaiah 61:1-2

1 I love to tell the story
　　我 愛 傳講 主 福音 ，
　　Ngó oi chyun-gong Jyú Fùk-yàm,
　　Wǒ ài chuán jiǎng Zhǔ fúyīn,

of Jesus and His glory,
　　傳講 耶穌 愛 罪人 ，
　　Chyun-gong Yè-sòu oi jeui-yàn ,
　　Chuán jiǎng Yēsū ài zuìrén,

I love to tell the story ,
　　我 愛 傳講 主 福音 ，
　　Ngó oi chyun-gong Jyú Fùk-yàm ,
　　Wǒ ài chuán jiǎng Zhǔ fúyīn,

it satisfies my longings
　　能 救 罪人 免沉 淪 ，
　　nàng gau jeui-yàn min-cham leun ,
　　néng jiù zuìrén miǎn chén lún,

I love to tell the story ,
　　我 愛 傳講 主 福音 ，
　　Ngó oi chyun-gong Jyú Fùk-yàm ,
　　Wǒ ài chuán jiǎng Zhǔ fúyīn,

to tell the old, old story
　　傳講 耶穌 愛 罪人 ，
　　Chyun-gong Yè-sòu oi jeui-yàn ,
　　Chuán jiǎng Yēsū ài zuìrén,

of unseen things above ,
　　傳講 天 上 妙事,
　　chyun-gong tìn seung miu si ,
　　chuán jiǎng tiān shàng miào shì,

of Jesus and His love .
　　傳講 祂 為 人 死 .
　　chyun-gong Tà wai yàn sei .
　　chuán jiǎng Tā wèi rén sǐ.

because I know it's true ;
　　福音 是 神 大 能 ;
　　Fùk-yàm si Sàn daai nàng ;
　　fúyīn shì Shén dà néng;

as nothing else can do .
　　能 叫 死人 得 生 .
　　nàng giu sei yàn dàk sàang .
　　néng jiào sǐ rén dé shēng.

it'll be my theme in glory ,
　　傳講 古舊 的 福音 ，
　　chyun-gong gu-gau dìk Fùk-yàm ,
　　chuán jiǎng gǔ jiù de fúyīn,

of Jesus and His love.
　　傳講 耶穌 救 恩 .
　　chyun-gong Yè-sòu gau yàn .
　　chuán jiǎng Yēsū jiù ēn.

2 I love to tell the story,
我 愛 傳講 主 福音 ，
Ngó oi chyun-gong Jyú Fùk-yàm ，
Wǒ ài chuán jiǎng Zhǔ fúyīn,

Than all the golden fancies
勝過 奪 人 的 奇 珍 ，
Sing-gwo dyut yàn dìk kèi jàn ，
Shèngguò duó rén de qí zhēn,

I love to tell the story,
我 愛 傳講 主 福音 ，
Ngó oi chyun-gong Jyú Fùk-yàm ，
Wǒ ài chuán jiǎng Zhǔ fúyīn,

And that is just the reason
使我 得到 一 新 心 ，
Si ngó dàk-dou yat sàn sàm ，
Shǐ wǒ dédào yī xīn xīn,

I love to tell the story ,
我 愛 傳講 主 福音 ，
Ngó oi chyun-gong Jyú Fùk-yàm ，
Wǒ ài chuán jiǎng Zhǔ fúyīn,

to tell the old, old story
傳講 耶穌 愛 罪人 ，
Chyun-gong Yè-sòu oi jeui-yàn ，
Chuán jiǎng Yēsū ài zuìrén,

More wonderful it seems
福音 美妙 稱心 ，
Fùk-yàm méi-miu ching-sàm ，
Fúyīn měimiào chēngxīn,

Of all our golden dreams.
勝過 所有 黃金 .
Sing-gwo só-yau wòng-gàm .
shèngguò suǒyǒu huángjīn.

It did so much for me;
福音 益 我 何 多 ，
Fùk-yàm yìk ngó hò dò ，
Fúyīn yì wǒ hé duō,

I tell it now to thee.
使 我 得 進 神 國 .
Si ngó dàk jeun sàn gwok .
Shǐ wǒ dé jìn shén guó.

it'll be my theme in glory ,
傳講 古舊 的 福音 ，
chyun-gong gu-gau dìk Fùk-yàm ，
chuán jiǎng gǔ jiù de fúyīn,

of Jesus and His love.
傳講 耶穌 救 恩 .
chyun-gong Yè-sòu gau yàn .
chuán jiǎng Yēsū jiù ēn.

Arabella Katherine Hankey (1834-1911) was born into a devout and prosperous English family. At age 18, she moved to London to teach a Bible class for factory girls. She conducted these classes for twelve years when she was struck with a serious illness. While bed-ridden for a year, she wrote this hymn. After she recovered, she resumed her Bible teaching ministry with the factory girls. In her later years, she started a prison ministry. She was a devout lady who truly enjoyed sharing the story of Jesus with others.

42. I NEED THEE EVERY HOUR

時 刻 需 祢
Si Haak Seui Néi

Annie S. Hawks (1872) * Proverbs 3:5

1 I need Thee every hour , most gracious Lord ;
我 惟 時 刻 需 祢， 救主 恩 深；
Ngó wai si haak seui Néi , **Gau-Jyú yàn sam ;**
Wǒ wéi shí kè xū Mí Jiùzhǔ ēn shēn;

No tender voice like Thine can peace afford .
誰 有 柔 聲 似 祢 足 慰 我 心 .
Seui yau yau sing chi Néi **juk wai ngó sàm .**
Shuí yǒu róu shēng shì Mí zú wèi wǒ xīn.

I need Thee , O I need Thee ; every hour I need Thee ;
我 需 祢， 我 真 需 祢； 每 時 刻 我 需 祢；
Ngó seui Néi , **ngó jàn seui Néi ;** **Mui si haak ngó seui Néi ;**
Wǒ xū Mí, wǒ zhēn xū Mí; měi shí kè wǒ xū Mí;

O bless me now, my Savior , I come to Thee !
遍 主 隨時 施 恩惠， 我 來 就 祢！
Mong Jyú cheui-si si yàn-wai , **ngó lòi jau Néi !**
Biàn Zhǔ suíshí shī ēnhuì, wǒ lái jiù Mí!

2 I need Thee every hour, Stay Thou near by;
我 惟 時刻 需 祢， 與 我 親近 ，
Ngó wai si-haak seui Néi , **yú ngó chàn-gan ,**
Wǒ wéi shíkè xū Mí, yǔ wǒ qīnjìn,

Temptations lose their power When Thou are nigh.
魔鬼 若 來 試探 ， 使 我 得勝 .
Mò-gwái yeuk lòi si-taam , **Si ngó dàk-sing .**
Móguǐ ruò lái shìtàn, shǐ wǒ déshèng.

I need Thee ,   O I need Thee ;   every hour I need Thee ;
我 需 祢 ，   我 真 需 祢 ；   每 時 刻 我 需 祢 ；
Ngó seui Néi ,   ngó jàn seui Néi ;   Mui si haak ngó seui Néi ;
Wǒ xū Mí,   wǒ zhēn xū Mí;   měi shí kè wǒ xū Mí;

O bless me now, my Savior ,   I come   to Thee !
遍 主 隨時 施 恩惠 ，   我 來 就 祢 ！
Mong Jyú cheui-si si yàn-wai ,   ngó lòi jau Néi !
Biàn Zhǔ suíshí shī ēnhuì,   wǒ lái jiù Mí!

4 I need Thee every hour,   Most Holy One;
我 惟 時刻 需 祢 ，   賜 我 恩 言 ，
Ngó wai si-haak seui Néi ,   Chi ngó yàn yìn ,
Wǒ wéi shíkè xū Mí,   cì wǒ ēn yán,

O make me Thine indeed,   Thou Blessed Son!
願 主 寶貴 應許 ，   於 我 成全 ！
Yun Jyú bou-gwai ying-héui ,   yù ngó sìng-chyùn !
Yuàn Zhǔ bǎoguì yīngxǔ,   yú wǒ chéngquán!

I need Thee ,   O I need Thee ;   every hour I need Thee ;
我 需 祢 ，   我 真 需 祢 ；   每 時 刻 我 需 祢 ；
Ngó seui Néi ,   ngó jàn seui Néi ;   Mui si haak ngó seui Néi ;
Wǒ xū Mí,   wǒ zhēn xū Mí;   měi shí kè wǒ xū Mí;

O bless me now, my Savior ,   I come   to Thee !
遍 主 隨時 施 恩惠 ，   我 來 就 祢 ！
Mong Jyú cheui-si si yàn-wai ,   ngó lòi jau Néi !
Biàn Zhǔ suíshí shī ēnhuì,   wǒ lái jiù Mí!

Annie Sherwood Hawks (1836-1918) was born in New York. From a young age she was gifted in writing poetry. At the age of 24 she married and had three children. While doing housework, she felt a need to praise God and express her need for Him every hour. In her lifetime, she wrote over 400 songs of praise.

43. I SING THE MIGHTY POWER OF GOD

唱　述　父神　偉大　權力
Cheung seut Fu Sàn Wái-daai Kyùn-lik

Isaac Watts (1715) * Exodus 20:11

1 I sing the mighty power of God
　　唱　述　父神　偉大　權力
　　Cheung seut Fu Sàn wái-daai kyùn-lik
　　Chàng shù Fù Shén wěidà quánlì

that made the mountains rise
興起　群　山　高峰
hing-héi kwàn sàan gòu-fùng
xīngqǐ qún shān gāofēng

That spread the flowing seas abroad
更使　海洋　遼闊　無邊
gang si hói-yèung lìu-fut mòu-bìn
gēng shǐ hǎiyáng liáokuò wúbiān

and built the lofty skies
佈置　萬裡　晴空
bou-jí maan-léui chìng-hùng
bùzhì wànlǐ qíngkōng

I sing the wisdom that ordained
唱　述　父神　智慧　安排
cheung seut Fu Sàn ji-wai òn-pàai
Chàng shù Fù Shén zhìhuì ānpái

the sun to rule the day
太陽　管理　白天
taai-yèung gún-léi baak-tìn
tàiyáng guǎnlǐ báitiān

The moon shines full at His command
清　月　光　輝　聽　祂　命令
Chìng yut gwòng fài tèng Tà ming-ling
Qīng yuè guāng huī tīng Tā mìnglìng

and all the stars obey
群星　順服　不　變
kwàn-sìng seun-fuk bàt bin
qúnxīng shùnfú bù biàn

2 I sing the goodness of the Lord
　　唱　述　上　主　無限　美善
　　Cheung seut seung Jyú mòu-haan méi sin
　　Chàng shù shàng Zhǔ wúxiàn měi shàn

that filled the earth with food .
使　地　出產　食糧　．
si dei chèut-cháan sik-lèung .
shǐ dì chūchǎn shíliáng.

He formed the creatures with His Word
祂　用　言語　造　出　萬物
Tà yung yìn-yú jou chèut maan-mat
Tā yòng yányǔ zào chū wànwù

and then pronounced them good.
美　巧　配　受　稱揚　．
méi háau pui sau ching-yèung .
měi qiǎo pèi shòu chēngyáng.

Lord how Thy wonders are displayed
祢 手 所 造 無不 奇妙
Néi sáu só jou mòu-bàt kèi-miu
Mí shǒu suǒ zào wúbù qímiào

If I survey the ground I tread
花草 樹木 蔚藍 天空
Fà-chóu syu-muk wai-làam tìn-hùng
huācǎo shùmù wèilán tiānkōng

where'er I turn my eye
到處 可以 尋 見
dou-chyu hó-yí chàm gin
dàochù kěyǐ xún jiàn

or gaze upon the sky
證 主 大 能 無邊
Jing Jyú daai nàng mòu-bìn
zhèng Zhǔ dà néng wúbiān

3 There's not a plant or flower below
一 朵 小花 一 棵 小 樹
Yat dó síu-fà yat fó síu syu
Yī duǒ xiǎohuā yī kē xiǎo shù

And clouds arise and tempests blow
微風 吹拂 祥雲 飄揚
Mèi-fùng chèui-fàt yèung-wàn pìu-yèung
wéifēng chuīfú xiángyún piāoyáng

While all that borrows life from
萬物 既 從 主 得 命令
Maan-mat gei chùng Jyú dàk ming-ling
wànwù jì cóng Zhǔ dé mìnglìng

And everywhere that man can be
天 父子 民 無論 何 去
tìn fu-jí màn mòu-leun hò heui
tiān fùzǐ mín wúlùn hé qù

but makes Thy glories known
都 被 裝飾 鮮明
dòu bei jòng-sìk sín-mìng
dōu bèi zhuāngshì xiānmíng

by order from Thy throne
都 聽 寶座 命令
dòu tèng bóu-jo ming-ling
dōu tīng bǎozuò mìnglìng

Thee is ever in Thy care
父 神 必 永 眷顧
Fu Sàn bìt wíng gyun-gu
Fù Shén bì yǒng juàngù

Thou God art present there
父 神 都 必 隨 護
Fu Sàn dòu bìt chèui wu
Fù Shén dōu bì suí hù

44. I WILL SING THE WONDROUS STORY

我 要 唱 奇妙 的 故事
Ngó Yiu Cheung Kèi-miu dìk Gu-si

Frances H. Rowley (1886) * Acts 10:36-38

1 I will sing　　　the wondrous story　Of the Christ　Who died for me;
我 要 唱 奇妙 的 故事； 主 耶穌 為 我 受 死，
Ngó yiu cheung kèi-miu dìk gu-si ; Jyú Yè-sòu wai ngó sau séi ,
Wǒ yào chàng qímiào de gùshì; Zhǔ Yēsū wèi wǒ shòu sǐ,

How He left His home in glory　　　For the cross of Calvary.
祂 離開 天上 榮耀 家， 釘 死 在 各各他 ．
Tà lèi-hòi tìn-seung wìng-yiu gà , dèng séi joi Gok-gok tà .
Tā líkāi tiānshàng róngyào jiā, dīng sǐ zài Gègètā.

[Refrain] Yes, I'll sing　　　the wondrous story　Of the Christ Who died for me,
[副歌] 我 要 唱 奇妙 的 故事； 主 耶穌 為 我 受 死，
[fugò] **Ngó yiu cheung kèi-miu dìk gu-si ; Jyú Yè-sòu wai ngó sau séi ,**
[fù gē] Wǒ yào chàng qímiào de gùshì; Zhǔ Yēsū wèi wǒ shòu sǐ,

Sing it with　　　the saints in glory,　Gathered by　　　the crystal sea.
與 眾 聖 同 在 榮耀 裏 高 聲 唱 大家 歡聚 ．
Yú jung sing tùng joi wìng-yiu leui gòu sìng cheung daai-gà fùn-jeui .
Yǔ zhòng shèng tóng zài róngyào lǐ gāo shēng chàng dàjiā huānjù.

2 I was lost, but Jesus found me,　　　Found the sheep that went astray,
我 從前 遠離 主 耶穌， 如 迷羊 走 上 異途，
Ngó chùng-chìn yún-lèi Jyú Yè-sòu , yù mài-yèung jáu seung yi tòu ,
Wǒ cóngqián yuǎnlí Zhǔ Yēsū, rú míyáng zǒu shàng yì tú,

Threw His loving arms around me,　　　Drew me back into His way.
但 耶穌 以 慈愛 尋 我， 引導 我 歸回 羊 圈 ．
Daan Yè-sòu yí chì-oi chám ngó , yán-dou ngó gwài-wùi yèung hyùn .
Dàn Yēsū yǐ cí'ài xún wǒ, yǐndǎo wǒ guīhuí yáng quān.

[Refrain]

45. IN THE GARDEN

在 花園 中
Joi Fà-yùn Jung

Charles A. Miles (1913) * John 20:14

1 I come to the garden alone,   While the dew   is still
我　獨自　來到　花園　裡，　玫瑰　花　尚　有
Ngó yuk-ji lòi dou fà-yùn léui, mùi-gwai fà seung yau
Wǒ   dúzì   lái dào huāyuán lǐ,   méiguī   huā shàng yǒu

on the roses,   And the voice I hear   falling   on my ear
晶瑩　露珠，　忽然　我　耳　中　聽見　溫柔　聲，
jìng-yìng lou-jyù, Fàt-yìn ngó yí jung tèng-gin wàn-yàu sèng,
jīngyíng   lùzhū,   Hūrán   wǒ   ěr zhòng tīngjiàn wēnróu   shēng,

The Son   of God   discloses.
原來　是　我　主　耶穌 。
yùn-lòi si ngó Jyú Yè-sòu。
yuánlái   shì wǒ   Zhǔ Yēsū.

[Refrain] [副歌] [fugò] [fù gē] :

And He walks with me, and He talks with me,   And He tells me   I am His own;
祂 和 我 同 在，又 和 我 談心 ，並 對 我 說 我 屬於 祂;
Tà wò ngó tùng joi, yau wò ngó tàam-sàm, bing deui ngó syut ngó suk-yù Tà;
Tā   hé   wǒ   tong zài,   yòu hé wǒ   tánxīn,   bìng duì wǒ shuō wǒ shǔyú Tā;

And the joy we share   as we tarry there,   None other has ever known.
我們 同 在 時 情景 真 甘美 ，沒有 別人 能 領會 .
Ngó-mùn tùng joi sì chìng-gíng jàn gàm-méi, mut-yau bit-yàn nàng líng-wui.
Wǒmen   tong zài shí qíngjǐng zhēn gānměi,   méiyǒu biérén   néng lǐnghuì.

2 He speaks, and the sound of His voice   Is so sweet the birds hush their

祂　　甘甜　　優美的　　　聲音　，　使善　唱　的　雀　鳥

Tà gàm-tìm yàu-méi dìk sèng-yàm，si sin cheung dìk jeuk níu

Tā gāntián yōuměi de shēngyīn, shǐ shàn chàng de què niǎo

singing,   And the melody   that He gave to me

也　鎮靜　，　祂　所　賜　給　我　那　美好　　佳音　，

yá jan-jing，Tà só chi kàp ngó ná méi-hou gàai-yàm，

yě zhènjìng, Tā suǒ cì gěi wǒ nà měihǎo jiāyīn,

Within my heart   is ringing.

使　我　心　快快　　甦醒　。

si ngó sàm faai-faai sòu-síng。

shǐ wǒ xīn kuài kuài sūxǐng.

[Refrain]

3 I'd stay in the garden with Him,

雖　黑暗　已　籠罩　滿　天，

Sèui hàak-am yí lùng-jaau mún tìn，

Suī hēi'àn yǐ lóngzhào mǎn tiān,

Though the night around me be falling,   But He bids me go;

我　仍　捨不得　離祂慈　面，　當　祂　請　我　走，

ngó yìng sé-bàt-dàk lèi Tà chì min，Dòng Tà chíng ngó jáu，

wǒ réng shěbudé lí Tā cí miàn, Dāng Tā qǐng wǒ zǒu,

through the voice of woe   His voice   to me   is calling.

誠懇　底　微　聲，　在　我　心　不　住　　響應　．

sìng-hán dái mèi sèng，joi ngó sàm bàt jyu héung-ying．

chéngkěn dǐ wēi shēng, zài wǒ xīn bù zhù xiǎngyìng.

[Refrain]

46. IT'S ('TIS) SO SWEET TO TRUST IN JESUS

信 靠 耶穌 真是 甜美
Seun kaau Yè-sòu Jàn-si Tìn-mei

Louisa M. Stead (19th century) * Psalm 146:1-5

1 It's so sweet   to trust in Jesus
信 靠 耶穌 真是 甜美
Seun kaau Yè-sòu jàn-si tìm-méi
Xìn kào Yēsū zhēnshi tiánměi

just to take Him at His Word ;
只要 信 靠 主 恩 言 ;
jí-yiu seun kaau Jyú yàn yìn ;
zhǐyào xìn kào Zhǔ ēn yán;

Just to rest upon His promise
只要 站 在 主 應 許 上
Ji-yiu jam joi Jyú ying heui seung
Zhǐyào zhàn zài Zhǔ yīng xǔ shàng

just to know, "Thus says the Lord."
信 靠 主 蒙福 無 邊 .
Seun kaau Jyú mùng-fùk mòu bin .
xìn kào Zhǔ méng fú wú biān.

Jesus, Jesus, how I trust Him !
耶穌 , 耶穌 , 何等 可 靠 !
Yè-sòu , Yè-sòu , ho-dáng ho kaau !
Yēsū, Yēsū, héděng kě kào!

How I've proved Him over and over !
多少 事 上 已 證明 !
Do-siu si seung yí jing-ming !
Duōshǎo shì shàng yǐ zhèngmíng!

Jesus, Jesus, precious Jesus !
耶穌 , 耶穌 , 寶貴 耶穌 !
Yè-sòu , Yè-sòu , bou-gwai Yè-sòu !
Yēsū, Yēsū, bǎoguì Yēsū!

Oh for grace to trust Him more !
願 我 信心 更 堅定 !
Yun ngó seun-sàm gang gìn-ding !
Yuàn wǒ xìnxīn gèng jiāndìng!

2 O how sweet to trust in Jesus,
信 靠 耶穌 真是 甜美 ,
Seun kaau Yè-sòu jàn-si tìm-méi ,
Xìn kào Yēsū zhēnshi tiánměi,

Just to trust His cleansing blood;
只要 信 靠 主 寶 血 ;
jí yiu seun kaau Jyú bóu hyut ;
zhǐ yào xìn kào Zhǔ bǎo xuè ;

Just in simple faith to plunge me
只要 憑著 純 一 信 心 ,
Jí-yiu pàng-jeuk sèun yat seun sàm ,
Zhǐyào píngzhe chún yī xìn xīn,

'Neath the healing, cleansing flood!'
能 洗 罪 污 白 如 雪
nàng sái jeui wù baak yù syut
néng xǐ zuì wū bái rú xuě

Jesus, Jesus,   how I trust Him !   How I've proved   Him over and over !

耶穌 ， 耶穌 ， 何等 可 靠 ！   多少 事   上 已 證明 ！

Yè-sòu , Yè-sòu , ho-dáng ho kaau !   **Do-siu si**   **seung yí jing-ming !**

Yēsū,   Yēsū,   héděng kě kào!   Duōshǎo shì   shàng yǐ zhèngmíng!

Jesus, Jesus,   precious Jesus !   Oh for grace   to trust Him more !

耶穌 ， 耶穌 ， 寶貴 耶穌 ！   願 我 信心 更 堅定 ！

Yè-sòu , Yè-sòu , bou-gwai Yè-sòu !   **Yun ngó seun-sàm gang gìn-ding !**

Yēsū,   Yēsū,   bǎoguì   Yēsū!   Yuàn wǒ   xìnxīn   gèng jiāndìng!

4 I'm so glad   I learned to trust Thee,   Precious Jesus,   Saviour Friend;

感謝 主 助我 信 靠 祢 ， 祢 是 我 救主 良友 ．

Gám-je Jyú jo ngó seun kaau Néi , Néi si ngó Gau-Jyú lèung-yáu .

Gǎnxiè Zhǔ zhù wǒ xìn kào Mí,   Mí shì wǒ Jiùzhǔ liángyǒu.

And I know   that Thou are with me,   Will be with   me to the end.

我 深 信 祢 與 我 同 在 ； 從 今 時 直 到 永久 ．

Ngó sàm seun Néi yú ngó tùng joi ; chùng gàm sì jik dou wíng-gáu .

Wǒ shēn xìn Mí yǔ wǒ tong zài;   cóng jīn shí zhí dào yǒngjiǔ.

Jesus, Jesus,   how I trust Him !   How I've proved   Him over and over !

耶穌 ， 耶穌 ， 何等 可 靠 ！   多少 事   上 已 證明 ！

Yè-sòu , Yè-sòu , ho-dáng ho kaau !   **Do-siu si**   **seung yí jing-ming !**

Yēsū,   Yēsū,   héděng kě kào!   Duōshǎo shì   shàng yǐ zhèngmíng!

Jesus, Jesus,   precious Jesus !   Oh for grace   to trust Him more !

耶穌 ， 耶穌 ， 寶貴 耶穌 ！   願 我 信心 更 堅定 ！

Yè-sòu , Yè-sòu , bou-gwai Yè-sòu !   **Yun ngó seun-sàm gang gìn-ding !**

Yēsū,   Yēsū,   bǎoguì   Yēsū!   Yuàn wǒ   xìnxīn   gèng jiāndìng!

Louisa M. Stead (1850-1917) was born in England. From a young age, she felt a strong desire to become a missionary to China. She married, but her husband died while trying to save a drowning boy. Being in poor health and having to raise her daughter by herself, Louisa was not able to realize her dreams, but, trusting God, she went on to serve as a missionary to South Africa and Zimbabwe with her daughter who grew to follow in her footsteps.

47. IT IS WELL WITH MY SOUL

我 心靈 可安寧
Ngó Sàm-lìng Hó òn Nìng

Horatio G. Spafford (1873) * Isaiah 66:12

1 When peace like a riv -   er attendeth my way
平安 有時 如   寧靜 河 環繞 我
Pìng-òn yau-sì yù   **nìng-jing hò wàan-yíu ngó**
Píng'ān yǒushí rú   níngjìng hé huánrào wǒ

When sorrows like sea billows roll   Whatever my lot
悲傷 有時 如 大 風浪   不論 何 境遇
Bèi-sèung yau-sì yù daai fùng-long   **bàt-leun hò gíng-yu**
bēishāng yǒushí rú dà fēnglàng   bùlùn hé jìngyù

Thou hast taught me to say   It is well it is well with my soul
主 都 教 我 深知   我 心靈 可 安寧 可 安寧
Jyú dòu gaau ngó sàm-ji   **ngó sàm-lìng hó òn nìng hó òn-nìng**
Zhǔ dōu jiào wǒ shēn zhī   wǒ xīnlíng kě ān nìng kě ānníng

[Refrain]   It is well   (It is well)   With my soul (with my soul)
[副歌]   我 心靈 （我 心靈 ）   平安 （ 有 平安 ）
[fugò]   **Ngó sàm-lìng (ngó sàm-lìng)**   **Pìng-òn (yau pìng-òn)**
[fù gē]   Wǒ xīnlíng (wǒ xīnlíng)   píng'ān (yǒu píng'ān)

It is well   it is well   with my soul
我 心靈 有 平安   有 平安
ngó sàm-lìng yau pìng-òn   **yau pìng-òn**
wǒ xīnlíng yǒu píng'ān   yǒu píng'ān

2 Tho Satan should buffet

撒但　雖　來　侵

<u>Saat-daan</u> sèui lòi chàm

Sā dàn　suī lái　qīn

tho trials should come

眾　試　煉　雖　來臨

jung si lin sèui lòi-làm

zhòng shì liàn suī láilín

Let this blest assurance control

但　我　有　確　據　在　我　心

daan ngó yau kok geui joi ngó sàm

dàn　wǒ　yǒu　què　jù　zài　wǒ　xīn

That Christ hath regarded

耶　穌　知道　我

<u>Yè-sòu</u> ji-dou ngó

Yēsū　zhīdào　wǒ

my helpless estate

極　軟弱　無　人　助

gik yún-yeuk mòu yàn jo

jí　ruǎnruò　wú rén zhù

And hath shed His own blood for my soul

已　為　我　流　寶　血　救贖　我

yí wai ngó làu bóu hyut gau-suk ngó

yǐ wèi　wǒ liú bǎo xuè jiùshú wǒ

3 And Lord haste the day

求　主　快　再來

kàu Jyú faai joi-lòi

Qiú Zhǔ kuài zàilái

when my faith shall be sight

使　信心　得　親　見

si seun-sàm dàk chàn gin

shǐ xìnxīn　dé　qīn jiàn

The clouds be rolled back as a scroll

雲彩　將　捲　起　在　主　前

Wàn-chói jèung gyún héi joi Jyú chìn

yúncai　jiāng juǎn qǐ zài Zhǔ qián

The trump shall resound

號筒　聲　吹　響

hou-tùng sèng chèui héung

hàotǒng shēng chuī xiǎng

and the Lord shall descend

主　再　臨　掌權　柄

Jyú joi làm jéung-kyùn bing

Zhǔ zài lín　zhǎngquán bǐng

Even so it is well with my soul

願　主　來　我　心靈　必　安寧

yun Jyú lòi ngó sàm-lìng bìt òn-nìng

yuàn Zhǔ lái　wǒ　xīnlíng bì　ānníng

Horatio G. Spafford (1828-1888) was a successful lawyer, businessman, and church elder in Chicago. While his lovely wife, Anna, and four daughters were on a trans-Atlantic cruise, their ship sank and only Anna was plucked out of the water. While enroute to meet his wife, Horatio wrote this song over the spot where his children were lost. They started a non-denominational house church, had more children of their own and moved to Jerusalem.

48. JESUS LOVES ME

耶穌 愛 我
Yè-sòu Oi Ngó

Anna B. Warner (1860) * Zephaniah 3:17

1 Jesus loves me, this I know ,   for the Bible tells me so .
耶穌 愛我 , 我 知道 ,   因 有 聖書 告訴 我 .
Yè-sòu oi ngó , ngó ji-dou ,   **yàn yau Sing-syu gou-sou ngó .**
Yēsū ài wǒ, wǒ zhīdào,   yīn yǒu ShèngShū gàosù wǒ.

Little ones to Him belong ;   they are weak, but He is strong !
凡 小 孩子 主 牧養 ;   我 雖 軟弱 祂 強壯 !
Fan siu haai-ji Jyú muk-yeung;   **Ngó seui yun-yeuk Tà keung-jong !**
Fán xiǎo háizi Zhǔ mù yǎng;   wǒ suī ruǎnruò Tā qiángzhuàng!

[Refrain]   Yes, Jesus loves me .   Yes, Jesus loves me .
[副歌]   主 耶穌 愛我 .   主 耶穌 愛我 .
[fugò]   **Jyú Yè-sòu oi ngó .**   **Jyú Yè-sòu oi ngó .**
[fù gē]   Zhǔ Yēsū ài wǒ.   Zhǔ Yēsū ài wǒ.

Yes, Jesus loves me .   The Bible tells me so .
主 耶穌 愛我 .   有 聖經 告訴 我 .
Jyú Yè-sòu oi ngó .   **Yau Sing-ging gou-sou ngó .**
Zhǔ Yēsū ài wǒ.   Yǒu ShèngJīng gàosù wǒ.

2 Jesus loves me! He who died,   Heaven's gate to open wide;
耶穌 愛我 , 捨 性命 ,   將 我 罪惡 洗 乾淨 ,
Yè-sòu oi ngó , sé sing-ming ,   **jèung ngó jeui-ok sái gòn-jing ,**
Yēsū ài wǒ, shě xìngmìng,   jiāng wǒ zuìè xǐ gānjìng,

He will wash away my sin,   Let His little child come in.
天上 榮門 為 我 開, 把 祂 小 羊 引進 來 .
Tìn-seung wìng mùn wai ngó hòi , bá Tà síu yèung yán-jeun lòi .
Tiānshàng róng mén wèi wǒ kāi, bǎ Tā xiǎo yáng yǐnjìn lái.

[Refrain]

4 Jesus loves me! He will stay   Close beside me all the way;
　耶 穌 愛 我 , 愛 到 底 ,　　　　愛 我 罪 人 真 希 奇 ;
Yè-sòu oi ngó , oi dou dái ,　**Oi ngó jeui yàn jàn-hèi kèi ;**
　Yēsū　ài wǒ,　ài dào dǐ,　　　ài wǒ　zuì rén zhēnxī qí;

If I love Him, when I die,　　　　He will take me home on high.
　我 若 生 前 愛 救主 ,　日 後 必 到 天 家住 .
Ngó yeuk sàang chìn oi Gau-Jyú, yat hau bìt dou tìn gà-jyu .
　Wǒ ruò shēng qián ài Jiùzhǔ, rì hòu bì dào tiān jiāzhù.

Yes, Jesus loves me .　　　　　Yes, Jesus loves me .
　主 耶穌 愛 我 .　　　　　　主 耶穌 愛 我 .
Jyú Yè-sòu oi ngó .　　　**Jyú Yè-sòu oi ngó .**
　Zhǔ Yēsū ài wǒ.　　　　　Zhǔ Yēsū ài wǒ.

Yes, Jesus loves me .　　　　　the Bible tells me so .
　主 耶穌 愛 我 .　　　　　　有 聖經 告訴 我 .
Jyú Yè-sòu oi ngó .　　　**yau Sing-ging gou-sou ngó .**
　Zhǔ Yēsū ài wǒ.　　　　　yǒu ShèngJīng gàosù wǒ.

Anna Bartlett Warner (1827-1915) and her older sister, Susan, were born on Constitution Island near West Point, New York. They became accomplished novelists, having written a number of popular novels under pseudonyms. One of their latest novel, "Say and Seal," was a story about a sweet girl named Faith, a faithful Sunday School teacher named John who was in love with her, and a dying young boy. Despite all that Faith and John can do, the young boy's health deteriorated. John asked the dying young boy if there was anything he could do for him. The young boy asked John to pace back and forth like he did the night before. John did and the rhythmic pacing seemed to have a soothing effect on the boy. Then the boy asked John to sing a song for him. Anna wrote the words to a new song, "Jesus Loves Me" which her character John sang. After a few hours, John read some of the young boy's favorite verses from the Book of Revelation on the beauty of Heaven. After the young boy died, John said "We were permitted to show him the way at first, Faith, but he is showing it to us now." The Warner sisters conducted Sunday Schools for the cadets at the West Point Academy and their uncle served as a Professor of History and Ethics and Military Chaplain. After their deaths, their property was willed to become a permanent part of the United States Military Academy at West Point.

49. JOY TO THE WORLD

樂 我 主 臨
Lok Ngó Jyú Làm

Isaac Watts (1719) * Psalm 16:7-11

1 Joy to the world! The Lord is come ;   Let earth receive her King ;
　樂哉 斯世！　救主 已來；　　全 地 須接 其 王；
Lok-joi si sai! Gau-Jyú yí lòi ;　chyun dei seui-jip kei Wòng ;
Lè zāi sī shì! Jiùzhǔ yǐ lái;　quán de xū jiē qí wáng;

let every heart prepare Him room ,   And Heaven and nature sing ,
　萬 心 為 主 預備 所在，　宇宙 萬 物 　頌揚 　，
Maan sàm wai Jyú yu-bei só-joi , Yu-jau maan mat jung-yeung ,
Wàn xīn wèi Zhǔ yùbèi suǒzài,　Yǔzhòu wàn wù sòngyáng,

And Heaven and nature sing ,   And Heaven, and Heaven and nature sing .
　宇宙 萬 物 　頌揚 ，　宇宙 宇宙 萬 物 　頌揚 .
Yu-jau maan mat jung-yeung , Yu-jau…yu-jau maan mat jung-yeung .
Yǔzhòu wàn wù sòngyáng,　Yǔzhòu yǔzhòu wàn wù sòngyáng.

2 Joy to the earth!   The Saviour reigns;   Let men their songs employ;
　樂 哉，　大地　救主　統領 ，　世人 都 當 謳歌；
Lok jòi , daai-dei Gau-Jyú túng-líng , sai-yàn dòu dòng àu-gò ;
Lè zāi, dàdì　Jiùzhǔ tǒnglǐng,　shìrén dōu dāng ōugē;

While fields and floods, rocks, hills, and plains, Repeat the sounding joy,
　田野 ，江河 ，平原 ，山嶺 ，　喜 音 環繞 不休 ，
Tìn-yé , gòng-hò , pìng-yùn , sàan-líng , héi yàm wàan-yíu bàt-yàu ,
Tiányě, jiānghé, píngyuán, shānlǐng,　xǐ yīn huánrào bùxiū,

Repeat the sounding joy,   Repeat, repeat   the sounding joy.
　喜 音 環繞 不休 ，　喜 音，喜 音 環繞 不休 .
Héi yàm wàan-yíu bàt-yàu , héi yàm , héi yàm wàan-yíu bàt-yàu .
Xǐ yīn huánrào bùxiū,　xǐ yīn, xǐ yīn huánrào bùxiū.

4 He rules the world with truth and grace,　　And makes the nations prove

救主　治世，　以真，　以惠，　　　以　道，　訓誨　　人民　；

Gau-Jyú ji sai ,　yí jàn ,　yí wai ,　　yí dou ,　fan-fui yàn-màn ;

Jiùzhǔ　zhì shì,　yǐ zhēn, yǐ huì,　　yǐ dào,　xùnhuì　rénmín;

The glories of His righteousness,　　And wonders of His love,

主　顯　公義　　何等　　　　全備　　慈愛　何等　深　純　,

Jyú hín gùng-yi hò-dáng　　chyùn-bei chì-oi hò-dáng sàm sèun ,

Zhǔ xiǎn　gōngyì　héděng　　quánbèi　cí'ài　héděng　shēn chún,

And wonders of His love,　　And wonders,　wonders of His love.

慈愛　何等　深　純　,　　慈愛，慈　愛何等　深　純　.

Chì-oi hò-dáng sàm sèun,　　chì-oi, chì　oi hò-dáng sàm sèun .

Cí'ài　héděng　shēn chún,　　cí'ài,　cí'　ài héděng　shēn chún.

A-men.

阿們 .

A-mùn .

Āmen.

Isaac Watts (1674-1748) was an English Christian minister and hymn writer. His best known hymn, "Joy to the World", became the most published Christmas hymn in North America today.   It first appeared, entitled "The Messiah's Coming and Kingdom" in his 1719 *Psalms of David Imitated in the Language of the New Testament* as his paraphrase of Psalm 98.4-9. Watt's intention was to take the language of each Psalm and apply it to the teachings of the New Testament. The tune is usually identified being based on music composed by George Frederick Handel, who was born at Halle, Germany. Handel moved to England and became a successful opera composer.   When the popularity of opera waned, he began writing oratorios, for which "Messiah" was his "magnus opus".

50. JOYFUL, JOYFUL, WE ADORE THEE

快樂　崇拜
Faai-lok Sùng-baai

Henry van Dyke (1907) * Job 38:7

1 Joyful, joyful, we adore Thee,　　　　　God of glory, Lord of love;
　　快樂，　快樂，　我們　　崇拜，　　榮耀　慈愛　大　主宰；
　　Faai-lok， faai-lok， ngó-mùn sùng-baai，　wìng-yiu chì-oi daai Jyú jói；
　　Kuàilè，　kuàilè，　wǒmen chóngbài，　róngyào cí'ài　dà Zhǔ zǎi;

Hearts unfold like flowers before Thee,　opening to the sun above.
　　心　靈　開　啟　在　主　　面前，　　如　同　花朵　向　　日開．
　　Sàm lìng hòi kái joi Jyú min-chìn，　yù tùng fà-dó heung yat-hòi．
　　Xīn ling kāi　qǐ zài Zhǔ miànqián,　rú　tong huāduǒ xiàng　rì kāi.

Melt the clouds of sin and sadness;　　drive the dark of doubt away;
　　愁　霧　疑　雲，　罪惡　憂　驚，　懇　求　救主　盡　除　清，
　　Sàu mou yì wàn，jeui-ok yàu gìng，han kàu Gau-jyú jeun chèui chìng，
　　Chóu wù yí yún，　zuì'è yōu jīng，　kěn qiú Jiùzhǔ jǐn　chú　qīng,

Giver of immortal gladness,　　　　　fill us with the light of day!
　　萬福　之　源，　永樂　之　主，　求　賜　光明　滿　我　靈．
　　Maan-fùk jì yùn， wíng-lok jì Jyú， kàu chi gwòng-mìng mún ngó lìng.
　　Wànfú zhī yuán，　yǒnglè zhī Zhǔ，　qiú cì guāngmíng mǎn wǒ líng.

2 All Thy works with joy surround Thee,　　Earth and heaven reflect Thy rays,
　　環繞　主座　萬物　同　歡，天地　反映　主　榮光　；
　　Wàan-yíu Jyú jo maan-mat tùng fùn， tìn-dei fáan-yíng Jyú wìng-gwòng；
　　Huánrào Zhǔ zuò wànwù tóng huān, tiāndì　fǎnyìng Zhǔ róngguāng;

Stars and angels sing around Thee, Center of unbroken praise;
天使，星宿 繞主 歌唱， 不住 崇拜 永 頌揚 ；
tìn-si， sìng-sùk yíu Jyú gò-cheung， bàt jyu sùng-baai wíng jung-yèung ；
tiānshǐ, xīngsù rào Zhǔ gēchàng, bù zhù chóngbài yǒng sòngyáng;

Field and forest, vale and mountain, Flowery meadow, flashing sea,
四野 森林， 低谷 高山， 青翠 草原 及 海洋，
sei-yé sàm-làm， dài-gùk gòu-sàan， chìng-chui chóu-yùn kap hói-yèung，
sìyě sēnlín, dīgǔ gāoshān, qīngcuì cǎoyuán jí hǎiyáng,

Chanting bird and flowing fountain Call us to rejoice in Thee.
清歌 小鳥， 輕注流 泉， 喚醒 我們 同 歡 唱 .
Chìng-gò síu-níu， hèng jyu làu chyùn， wun-síng ngó-mùn tùng fùn cheung .
qīng gē xiǎoniǎo, qīng zhù liú quán, huànxǐng wǒmen tong huān chàng.

3 Thou are giving and forgiving, Ever blessing, ever blest
主 願 給 與， 主喜 赦罪， 永 受 祝頌永 施 恩；
Jyú yun kàp yú， Jyú héi se jeui， wíng sau jùk-jung-wíng sì yàn ；
Zhǔ yuàn gěi yǔ, Zhǔ xǐ shè zuì, yǒng shòu zhùsòngyǒng shī ēn;

Well spring of the joy of living, Ocean depth of happy rest!
主 是 生活 喜樂 源頭， 賜人 安息 海 般 深；
Jyú si sàang-wut héi-lok yùn-tàu， chi yàn òn-sìk hói bùn sàm ；
Zhǔ shì shēnghuó xǐlè yuántóu, cì rén ānxí hǎi bān shēn;

Thou our Father, Christ our Brother, All who live in love are Thine;
神是 父親， 基督 是兄， 愛中 生活 皆 主 民 ；
Sàn si fu-chàn， Gèi-dùk si hìng， oi jung sàang-wut gàai Jyú màn ；
Shén shì fùqīn, Jīdū shì xiōng, ài zhōng shēnghuó jiē Zhǔ mín;

Teach us how to love each other, Lift us to the joy divine.
求教 我們 相愛 相親 ， 同 享 人生 大 歡欣 .
Kàu-gaau ngó-mùn sèung-oi sèung-chàn， tùng héung yàn-sàang daai fùn-yàn.
qiújiào wǒmen xiāng'ài xiāngqīn, tóng xiǎng rénshēng dà huānxīn.

51. JUST AS I AM

我 罪 極 重
Ngó Jeui Gik Chùng

Charlotte Elliott (1835) * Isaiah 1:18

1 Just as I am with-out one plea ,

我 罪 極 重 應該 沉淪 ，

Ngó jeui gik chùng ying-goi cham-leun,

Wǒ zuì jí zhòng yīnggāi chénlún,

But that Thy blood was shed for me ,

救主 替死 大開 恩 門 ，

Gau-Jyú tai sei daai-hoi yàn mun,

Jiùzhǔ tì sǐ dà kāi ēn mén,

And that thou bidd'st me come to thee ,

蒙 主 宣召 來 得 救恩 ，

Mùng Jyú syun-jiu lòi dàk gau yàn ,

Méng Zhǔ xuānzhào lái dé jiù ēn,

O Lamb of God, I come. I Come .

耶穌 我 今 就 你！ 就 你！

Yesou ngó gàm jau néi ! Jau néi !

Yēsū wǒ jīn jiù nǐ! Jiù nǐ!

2 Just as I am,   and waiting not

我 罪 極 重 ， 污穢 可憎 ，

Ngó jeui gik chùng ,   wù-wai hó-jàng ,

Wǒ zuì jí zhòng,   wūhuì kězēng,

To rid my soul of one dark blot,

已 欲 洗 淨 至今 不能 ，

yí yuk sái jing ji-gàm bàt-nàng,

yǐ yù xǐ jìng zhìjīn bùnéng,

To Thee whose blood can cleanse each spot,

惟 主 寶 血 一 洗 便 清 ，

Wài Jyú bóu hyut yat sái bin chìng ,

Wéi Zhǔ bǎo xuè yī xǐ biàn qīng,

O Lamb of God, I come.   I Come .

耶穌 我 今 就 你！ 就 你！

Yesou ngó gàm jau néi ! Jau néi !

Yēsū wǒ jīn jiù nǐ! Jiù nǐ!

5 Just as I am,   Thou will receive,   Will welcome, pardon, cleanse, relieve;

我 罪 雖 重 ， 尚 可 蒙 恩， 安慰 我 心 救 我 靈魂 ，

Ngó jeui sèui chùng, seung hó mùng yàn, òn-wai ngó sàm gau ngó lìng-wàn,

Wǒ zuì suī zhòng, shàng kě méng ēn, ānwèi wǒ xīn jiù wǒ línghún,

Because Thy promise I believe,

主 有 恩 言 必須 信 遵 ，

Jyú yau yàn yìn bìt-sèui seun jèun ,

Zhǔ yǒu ēn yán bìxū xìn zūn,

O Lamb of God, I come.   I Come .

耶穌 我 今 就 你！ 就 你！

Yesou ngó gàm jau néi ! Jau néi !

Yēsū wǒ jīn jiù nǐ! Jiù nǐ!

52. LEANING ON THE EVERLASTING ARMS

靠 主 膀 臂
Kaau Jyú Pòng Bei

Elisha A. Hoffman (1887) * Deuteronomy 33:27

1 What a fellowship, what a joy divine. Leaning on the Everlast-
何等 的 深交 何等 的 歡喜 , 倚靠 主 耶穌 永遠
Hò-dáng dìk sàm-gàau , hò-dáng dìk fùn-héi , yí-kaau Jyú Yè-sòu wíng-yún
Héděng de shēnjiāo, héděng de huānxǐ, yǐkào Zhǔ Yēsū yǒngyuǎn

ing Arms. What a blessedness, what a peace is mine.
膀臂 , 何等 的 平安 , 何等 的 福氣 ,
pòng-bei , Hò-dáng dìk pìng-òn , hò-dáng dìk fùk-hei ,
băngbì, Héděng de píng'ān, héděng de fúqi,

Leaning on the Everlasting Arms.
倚靠 主 耶穌 永遠 膀臂 。
yí-kaau Jyú Yè-sòu wíng-yún pòng-bei 。
yǐkào Zhǔ Yè-sòu yǒngyuǎn băngbì.

[Refrain] Leaning, leaning, Safe and secure from all alarms;
[副歌] 倚靠 , 倚靠 , 平安 穩 妥 危 險 遠 離 ;
[fugò] **Yí-kaau , yí-kaau , pìng-òn wán tó ngài hím yún lèi ;**
[fù gē] Yǐkào, yǐkào, píng'ān wěn tuǒ wēi xiǎn yuǎn lí;

Leaning, leaning, Leaning on the everlasting arms.
倚靠 , 倚靠 , 倚靠 主 耶穌 永遠 膀臂 .
Yí-kaau , yí-kaau , yí-kaau Jyú Yè-sòu wíng-yún bóng-bei .
Yǐkào, yǐkào, yǐkào Zhǔ Yēsū yǒngyuǎn băngbì.

2 Oh, how sweet to walk in this pilgrim way, Leaning on the ev-
何等 的 甜美 , 行走 這天 路 , 倚靠 主 耶穌
Hò-dáng dìk tìm-méi, hang-jáu jé tìn lou, yí-kaau Jyú Yè-sòu
Héděng de tiánměi, xíngzǒu zhè tiān lù, yǐkào Zhǔ Yēsū

erlasting arms;　　　　　Oh, how bright the path grows from
永遠　　　膀臂　，　何等　大　　榮光　，　照　亮
wíng-yún pòng-bei，Hò-dáng daai wìng-gwòng，jiu leung
yǒngyuǎn　bǎngbì,　Héděng　dà　róngguāng,　zhào liàng

day to day,　　　　Leaning on the everlasting arms.
我　　旅途　，　倚靠　主　耶穌　永遠　　　膀臂　。
ngó léui-tòu，　yí-kaau Jyú Yè-sòu wíng-yún pòng-bei。
wǒ　lǚtú,　　yǐkào Zhǔ Yēsū yǒngyuǎn bǎngbì.

[Refrain]

3 What have I to dread,　　what have I to fear,　　　Leaning on
我　何　用　　畏懼　，　我　何　用　　　驚慌　，　　倚靠　主
Ngó hò yung wai-geui，ngó hò yung gìng-fòng，　yí-kaau Jyú
Wǒ　hé yòng　wèijù,　wǒ hé yòng jīnghuāng,　　yǐkào Zhǔ

the everlasting arms?　　　I have blessed peace　　with my
耶穌　永遠　　膀臂　，　主　在　我　身　旁　，　我　滿
Yè-sòu wíng-yún pòng-bei，Jyú joi ngó sàn pòng，ngó mún
Yēsū　yǒng yuǎn bǎngbì,　Zhǔ zài wǒ shēn páng,　wǒ mǎn

Lord so near,　Leaning on the everlasting arms.
有　平安　，　倚靠　主　耶穌　永遠　　　膀臂　。
yau pìng-òn,　Yí-kaau Jyú Yè-sòu wíng-yún pòng-bei。
yǒu píng'ān,　Yǐkào Zhǔ Yēsū yǒngyuǎn bǎngbì.

[Refrain]

Elisha Hoffman (1839-1929) was born in Pennsylvania and, at an early age, determined to follow in his father's footsteps to become a minister of the Gospel. The words to this song was composed by Hoffman to complete the words to a song given to him by a fellow minister who started but was unable to complete. Hoffman became one of the most prolific hymn writer of all times, writing nearly two thousand sacred songs of praise.

53. LET US WITH A GLADSOME MIND

大家 歡然 頌揚 主
Daai-ga fùn-ying jung yeung Jyú

John Milton (1623) * Proverbs 15:13-17

1 Let us with a glad-some mind   Praise the Lord, for He is kind:

大家　　歡然　　頌揚　　主   因　祂　和愛　實　　宏深　：

Daai-ga fùn-ying jung yeung Jyú   **Yàn Tà wò oi sat wang-sam :**

Dàjiā　huān rán　sòng yáng　Zhǔ   yīn Tā hé ài shí　hóng shēn:

For His mercies shall endure,   Ever faithful, ever sure.

因　祂　慈愛　　不變更　　,   永遠　　堅定　永　　真誠　.

Yàn Tà chi-oi bàt-bin-gan ,   **Wíng-yun gìn-ding wíng jàn-sing .**

Yīn Tā　cí'ài　bù biàngēng,   yǒngyuǎn　jiāndìng　yǒng zhēnchéng.

2 Let us sound His name abroad,   For of gods　He is the God:

大家　廣　佈　主 榮　名　,   他 是　萬　靈　大 至　專　;

Daai-gà gwóng bou Jyú wìng mìng ,   **Tà si maan lìng daai ji jyùn ;**

Dàjiā　guǎng　bù Zhǔ róng　míng,   Tā shì wàn　líng　dà zhi zhuān;

For His mercies shall endure,   Ever faithful, ever sure.   Amen.

因　祂　慈愛　　不變更　　,   永遠　　堅定　永　　真誠　. 阿們.

Yàn Tà chi-oi bàt-bin-gan ,   **Wíng-yun gìn-ding wíng jàn-sing . A-mùn.**

Yīn Tā　cí'ài　bù biàngēng,   yǒngyuǎn　jiāndìng　yǒng zhēnchéng. Āmen.

John Milton (1608-1674) was an English poet and civil servant. He movedAs a fifteen year old schoolboy, he wrote the words to this hymn, based on Psalm 136, which was made into a song after his death. He grew up to be a famous poet—author of the epic poem, "Paradise Lost" and the sequel "Paradise Regained", which he dictated after he had become blind.

54. LOVE DIVINE

神聖妙愛
Sàn Sing Miu Oi

Charles Wesley (1747) * Colossians 3:14

1 Love divine all love excelling,   Joy of heaven, to earth come down;
神聖　純愛，超乎萬愛，天上　歡樂　降　人間！
Sàn-sing sèun-oi , chìu fù maan oi , tìn-seung fùn-lok gong yàn-gàan !
Shénshèng chún'ài, chāo hū wàn ài, tiānshàng huānlè jiàng rénjiān!

Fix in us Thy humble dwelling,
懇求　屈尊　居我　心中，
Hán kàu wàt-jyùn gèui ngó sàm-jung ,
Kěn qiú qūzūn jū wǒ xīnzhōng,

All Thy faithful mercies crown!
超過　尋常　恩　萬般　；
chìu-gwo chàm-sèung yàn maan-bùn ;
chāoguò xúncháng ēn wànbān;

Jesus,   Thou are all compassion,   Pure, unbounded love Thou are;
耶穌，主是萬愛結晶，憐憫　慈悲　集大成　；
Yè-sòu , Jyú si maan oi git-jìng , lìn-mán chì-bèi jaap-daai-sìng ;
Yēsū, Zhǔ shì wàn ài jiéjīng, liánmǐn cíbēi jídàchéng;

Visit us with Thy salvation,   Enter every trembling heart.
求携救恩惠然來臨，進入　顫顫　戰慄　心．
Kàu kwài gau yàn wai yìn lòi-làm , jeun-yap jin jin jin-ging sàm .
Qiú xié jiù ēn huì rán láilín, jìnrù chàn chàn zhànlì xīn.

2 Breathe, O breathe Thy loving Spirit   Into every troubled breast!
懇求主將愛的精神，吹入每顫煩惱　心；
Hán kàu Jyú jeung oi dìk jìng Sàn , chèui yap mui jin fàan-nóu sàm ;
Kěn qiú Zhǔ jiāng ài de jīng Shén, chuī rù měi chàn fánnǎo xīn;

Let us all in Thee inherit,
主 所 應許 甜蜜 安息，
Jyú só ying-héui tìm-mat òn sìk ,
Zhǔ suǒ yīngxǔ tiánmì ān xī,

Let us find the promised rest;
但 願 人 人 得 繼承 ；
daan yun yàn yàn dàk gai-sìng ;
dàn yuàn rén rén dé jìchéng;

Take away our bent to sinning;
懇求 去掉 向 罪 心懷 ，
hán-kàu heui-diu heung jeui sàm-wàai,
kěnqiú qùdiào xiàng zuì xīnhuái,

Alpha and Omega be;
成全 我 靈 始 與 終 ；
sìng-chyùn ngó lìng chí yú jùng ;
chéngquán wǒ líng shǐ yǔ zhōng;

End of faith, as its beginning,
信 的 結果 ， 美 如 開端 ，
seun dìk git gwó , méi yù hòi-dyùn ,
xìn de jié guǒ, měi rú kāiduān,

Set our hearts at liberty.
自由 釋放 我 心 衷 ．
ji-yàu sìk-fong ngó sàm chùng .
zìyóu shìfàng wǒ xīn zhōng.

A-men .
阿們 ．
A-mùn.
Āmen.

Charles Wesley (1707-1788), born in England, wrote the words to this song in 1743. It first appeared in his *Hymns for Those that Seek and Those that Have Redemption in the Blood of Jesus Ch*rist, published at London, England, in 1747. Various alterations have been made in the original text by different editors, especially by Martin Madan (1726-1790).

55. MASTER, THE TEMPEST IS RAGING!

主啊，　　狂風　　正在　　怒號

Jyú a, Kwòng-fùng Jing-joi Nou-hou

Mary Ann Baker (1874) * Mark 4:37-41

Master, the tempest is raging! The billows are tossing high!
主 啊，　狂風　　正在　　怒號 ！　掀起了　　萬丈　　波濤 ！
Jyú a, kwòng-fùng jing-joi nou-hou ! Hín-héi-líu maan-jeung bò-tòu !
Zhǔ a, kuángfēng zhèngzài nùháo! Xiānqǐle wànzhàng bōtāo!

The sky is o'ershadowed with blackness. No shelter or help is nigh.
黑　雲　如　墨　佈　滿了　　天空 ，　無　處　躲避　與　奔逃 .
Hàak wàn yù mak bou mún-líu tìn-hùng, mòu chyu dó-bei yú bàn-tòu .
Hēi yún rú mò bù mǎnle tiānkōng, wú chù duǒbì yǔ bēntáo.

Carest thou not that we perish? How canst thou lie asleep
難道　祢真　見　死　不　救 ？　豈　能　安然　　睡著 ，
Naan-dou néi jàn gin séi bàt gau ? Héi nàng òn-yìn seui-jyu ,
Nándào mí zhēn jiàn sǐ bù jiù? Qǐ néng ānrán shuìzhe,

When each moment so madly is threat'ning A grave in the
當　威脅　　不斷　　瘋狂　　地　增加 ，　墳墓　　就　顯
Dòng wài-hip bàt-dyun fùng-kwòng dei jàng-gà , fàn-mou jau hín
Dāng wēixié bùduàn fēngkuáng de zēngjiā, fénmù jiù xiǎn

angry deep? The winds and the waves shall obey thy will: Peace, be still.
在　前頭 ？　風　和　浪　將　　服從　　祢　的　意旨：靜，　平息 .
joi chìn-tàu ? Fùng wò long jeung fuk-chùng Néi dìk yi-jí : Jing , pìng-sìk .
zài qiántou? Fēng hé làng jiāng fúcóng Mí de yìzhǐ: Jìng, píngxí.

Whether the wrath of the storm-tossed sea Or demons or men or whatever it be,
不管　是那　怒　海的　　狂飆 ，　抑或　　是人　是魔　是任何　厲　氣，
Bàt-gún si ná nou hói dìk kwòng-bìu, yìk-waak si yàn si mò si yam-hò lai hei,
Bùguǎn shì nà nù hǎi de kuángbiāo, yìhuò shì rén shì mó shì rènhé lì qì,

No waters can swallow the ship where lies

沒有　水　敢　吞沒，　神舟　裏　邊

Mut-yau séui gám tàn-mut, sàn-jàu léui bìn

Méiyǒu　shuǐ　gǎn　tūnmò,　shénzhōu　lǐ　biān

The Master of ocean and earth and skies.

坐了　海洋　陸地　天空　的　主，

chó-líu hói-yèung luk-dei tìn-hùng dìk Jyú,

zuòle　hǎiyáng　lùdì　tiānkōng　de　Zhǔ,

They all shall sweetly obey thy will:　　　Peace, be still;　　peace, be still.

他們　要　遵行　祢的　意旨：　　靜，　平息！　靜，　平息！

Tà-mùn yiu jèun-hang Néi dìk yi-jí :　Jing, pìng-sìk !　Jing, pìng-sìk !

Tāmen　yào　zūnxíng　Mí de　yìzhǐ:　Jìng,　píngxí!　　Jìng,　píngxí!

They all shall sweetly obey thy will:　　　Peace, peace, be still.

他們　要　遵行　祢的　意旨：　　靜，　靜，　平息！

Tà-mùn yiu jèun-hang Néi dìk yi-jí :　Jing, jing, pìng-sìk !

Tāmen　yào　zūnxíng　Mí de　yìzhǐ:　Jìng,　jìng,　píngxí!

Mary Ann Baker (1831-1921) wrote the words to this song at the request of her minister who wanted a song to go along with the Sunday School lesson dealing with Christ stilling the tempest. It came at a time in her life when she had just lost her only brother, who was very close to her. Although she was a devout Christian, she wondered why God would allow this to happen. It caused her to doubt God's compassion. But through it all, she learned to have trust in God and to know that it is normal to question Him, that it's never too late to call out to Him and that perseverance will be rewarded.

56. MORE LOVE TO THEE

更 愛 我 主
Gang Oi Ngó Jyú

Elizabeth P. Prentiss (1856) * Philippians 1:9

1 More love to Thee, O Christ, more love to Thee! Hear Thou the prayer
更 愛 我 主 耶 穌 ， 更 愛 我 主 ； 屈 膝 向 主
Gang oi ngó Jyú Yè-sòu , gang oi ngó Jyú ; Wàt-sàt heung Jyú
Gèng ài wǒ Zhǔ Yēsū, gèng ài wǒ Zhǔ; Qūxī xiàng Zhǔ

I make , on bended knee; This is my earnest plea:
祈 禱 ， 懇 求 垂 顧 ； 此 乃 真 心 實 言 ：
kèi-tóu, hán-kàu séui gu ; Chí náai jàn-sàm sat yìn :
qídǎo, kěnqiú chuí gù; Cǐ nǎi zhēnxīn shí yán:

More love, O Christ, to Thee; More love to Thee, more love to Thee!
更 愛 我 主 耶 穌 ， 更 愛 我 主 ， 更 愛 我 主 .
Gang oi ngó Jyú Yè-sòu , Gang oi ngó Jyú, gang oi ngó Jyú.
Gèng ài wǒ Zhǔ Yēsū, Gèng ài wǒ Zhǔ, gèng ài wǒ Zhǔ.

2 Once earthly joy I craved, sought peace and rest;
主 已 將 此 仁 愛 ， 賜 與 我 心 ，
Jyú yí jeung chí yàn-oi , chi yú ngó sàm,
Zhǔ yǐ jiāng cǐ rén'ài, cì yǔ wǒ xīn,

Now Thee alone I seek, give what is best;
故 我 不 得 不 傳 此 寶 貝 信 ，
gu-ngó bàt-dàk bàt chyùn chí bóu-bui seun,
gùwǒ bùdé bù chuan cǐ bǎobèi xìn,

This all my prayer shall be: More love, O Christ, to Thee;
快 來 與 我 同 唱 ： 更 愛 我 主 耶 穌 ，
Faai lòi yú ngó tùng cheung : Gang oi ngó Jyú Yè-sòu,
Kuài lái yǔ wǒ tong chàng: Gèng ài wǒ Zhǔ Yēsū,

More love to Thee,

更　愛　我　主，

Gang　oi　ngó　Jyú,

Gèng　ài　wǒ　Zhǔ,

more love to Thee!

更　愛　我　主。

gang　oi　ngó　Jyú。

gèng　ài　wǒ　Zhǔ.

3 Then shall my latest breath

主　在　十字架　　上，

Jyú　joi　sap-ji-ga　seung,

Zhǔ　zài　shízìjià　　shàng,

whisper Thy praise;

顯　祂　大　愛，

hín　Tà　daai　oi,

xiǎn　Tā　dà　ài,

This be the parting cry

我　願　一生　一世，

Ngó　yun　yat-sàang　yat-sai,

Wǒ　yuàn　yīshēng　yīshì,

my heart shall raise;

隨　主　不　改；

chèui　Jyú　bàt　gói；

suí　Zhǔ　bù　gǎi;

This still its prayer shall be:

主　若　與　我　同　在：

Jyú　yeuk　yú　ngó　tùng　joi：

Zhǔ　ruò　yǔ　wǒ　tong　zài:

More love, O Christ, to Thee;

我　必　不怕　遭　害，

Ngó　bìt　bàt-pa　jòu　hoi,

Wǒ　bì　bùpà　zāo　hài,

More love to Thee,

願　更　愛　主，

Yun　gang　oi　Jyú,

Yuàn　gèng　ài　Zhǔ,

more love to Thee!

更　愛　我　主。

gang　oi　ngó　Jyú。

gèng　ài　wǒ　Zhǔ.

Elizabeth Payson (1818-1878), born in Maine, grew up in a family that gathered for prayer three times a day and actively supported missionary and philanthropic causes. When she was 9, she was deeply affected by the death of her father from tuberculosis. She became a very talented writer and by the age of 16, had become a regular contributor to "The Youth's Companion," a New England religious periodical. In 1838, she opened a small girls' school and taught Bible classes as well. She married a pastor and shared a happy life, although they lost two of their six children from childhood illnesses. She wrote *Stepping Heavenward*, her most popular book, which is enjoying renewed popularity in the late 20th century. She suffered from poor health most of her life and, after her death, her husband quoted this inspiration from her in the preface of *The Life and Letters of Elizabeth Prentiss* (1882), "Much of my experience of life has cost me a great price and I wish to use it for strengthening and comforting other souls."

57. MY FAITH LOOKS UP TO THEE

仰 望 救 主
Yeung Mong Gàu-Jyú

Ray Palmer (1830) * Ezekiel 37:1-9f

1 My faith looks up to Thee ,   Thou Lamb of Calvary ,   Savior Divine !
　我 以 信 心 仰 望， 祢 在 十 字 架 上 ， 我 的 耶穌 !
Ngó yí seun-sàm yeung mong, Nei joi sap-ji-ga seung , Ngó dìk Yè-sòu !
Wǒ yǐ xìnxīn yǎng wàng, Mí zài shízìjià shàng, wǒ de Yēsū!

Now hear me while I pray ,   take all my guilt away ,
　求 祢 聽 我 禱告，   將 我 罪 過 寬 饒，
Kàu Néi tèng ngó tóu-gou,   jeung ngó jeui gwo fùn yiu ,
Qiú Mí tīng wǒ dǎogào,   jiāng wǒ zuì guò kuān ráo,

O let me from this day   be wholly thine !
使 我 從 今 到 老   永 屬 救主 !
Si ngó chùng gàm dou lou   wíng suk Gau-Jyú !
Shǐ wǒ cóng jīn dào lǎo   yǒng shǔ Jiùzhǔ!

2 May Thy rich grace impart   Strength to my fainting heart,
　主 賜 能 力 恩 惠，   在 我 軟弱 心 內，
Jyú chi nàng lik yàn wai ,   joi ngó yún-yeuk sàm noi ,
Zhǔ cì néng lì ēn huì,   zài wǒ ruǎnruò xīn nèi,

My zeal inspire;   As Thou has died for me,   O may my love to Thee
熱 情 鼓舞 ! 祢 既 為 我 流 血， 我 要 愛 祢 深切
Yit chìng gú-móu ! Néi gei wai ngó làu hyut , ngó yiu oi Néi sàm-chit
Rè qíng gǔwǔ ! Mí jì wèi wǒ liú xuè, wǒ yào ài Mí shēnqiè

Pure, warm, and changeless be,   A living fire!
真摯 長 久， 純潔   如 火， 如 荼
Jàn-ji chèung gáu , sèun-git   yù fó , yù tòu
Zhēnzhì zhǎng jiǔ, chúnjié   rú huǒ, rú tú

3 While life's dark maze I tread,   And griefs around me spread,

我　今　行　走　世　路，　四周　痛苦　密佈

Ngó gàm hang jáu sai lou, sei-jàu tung-fú mat-bou

Wǒ jīn xíng zǒu shì lù, sìzhōu tòngkǔ mìbù

Be Thou my Guide;   Bid darkness turn to day,   Wipe sorrow's

求　祢　引領！　擦　乾　我的　　眼淚，　保守　我

Kàu Néi yán-líng! Chaat gòn ngó dìk ngáan-leui, Bóu-sáu ngó

Qiú Mí yǐnlǐng! Cā gān wǒ de yǎnlèi, Bǎoshǒu wǒ

tears away,   Nor let me ever stray   From Thee aside.   Amen!

不　懊悔，　拯　救　我　不　犯　罪，　不　貽　羞　祢．　阿們！

bàt ou-fui, Chíng gau ngó bàt faan jeui, bàt yì sàu Néi, A-mùn!

bù àohuǐ, zhěng jiù wǒ bù fàn zuì, bù yí xiū Mí. Āmen!

Ray Palmer (1808-1887), was born in Rhode Island, where he was home schooled. Due to family financial difficulties he had to discontinue his schooling at age thirteen and take a job as a store clerk. He eventually returned to school and graduated from Yale University in 1830 with a degree in ministerial studies. He struggled economically and suffered from poor health and loneliness. One evening during the fall of 1830, Palmer penned this poem in a small notebook which he always carried with him. A couple of years later, he ran into an old friend, Lowell Mason, who was a composer. Mason was publishing a hymnbook and asked Palmer if he had any materials to share. Palmer showed Mason the verses he wrote in his notebook. That night, Mason composed the tune. When he saw Palmer a few days later, Mason said, "Mr. Palmer, you may live many years and do many good things, but I think you will be best known to posterity as the author of 'My Faith Looks Up To Thee.'" The song was published in 1832, in *Spiritual Songs for Social Worship* edited by Mason and Thomas Hastings. Palmer went on to serve as a minister and author, writing for various religious papers and publishing several collections of prose and poetry.

58. MY JESUS, I LOVE THEE

主 耶穌 我 愛祢
Jyú Yè-sòu Ngó Oi Néi

W. R. Featherston (1876) * Daniel 9:4

1 My Jesus, I love Thee,
主　耶穌　我　愛　祢
Jyú Yè-sòu ngó oi Néi
Zhǔ　Yēsū　wǒ　ài　Mí

For Thee all the follies
世　上　所有　樂趣
sai seung só-yau lok-toi
Shì　shàng　suǒyǒu　lèqù

My gracious Redeemer,
祢　是　我　救主　因，
Nei si ngó Gau-Jyú yàn ,
Mí　shì　wǒ　Jiùzhǔ　yīn,

If ever I loved Thee,
我　曾經　愛　救主
ngó chang-ging oi Gau-Jyú
Wǒ　céngjīng　ài　Jiùzhǔ

I know Thou are mine;
深　知我　屬祢 ;
sam ji ngó suk Néi ;
shēn zhī wǒ　shǔ　Mí;

of sin I resign;
願　為　祢　丟棄 ;
yun wai Néi diu-hei ;
yuàn wèi Mí　diūqì;

my Savior are Thou;
祢　贖　我　罪惡 ;
Néi suk ngó jeui-ok ;
Mí　shú wǒ　zuì'è;

my Jesus, it's now.
如今　更　愛　主 .
yù-gàm gang oi Jyú .
rújīn　gèng ài Zhǔ.

2 I love Thee, because
我　極愛　主　耶穌 ,
Ngó gik oi Jyú Yè-sòu ,
Wǒ　jí　ài Zhǔ　Yēsū,

And purchased my pardon
在　十字架　替　死 ,
Joi sap-ji-ga tai séi ,
Zài　shízìjià　tì　sǐ,

Thou has first loved me,
因　主　先　愛　我 ,
yàn Jyú sìn oi ngó ,
yīn Zhǔ xiān ài　wǒ,

on Calvary's tree;
赦　我　罪惡 ,
se ngó jeui-ok,
shè wǒ　zuì'è,

I love Thee for wearing the thorns on Thy brow;

我　愛　主因　祢，為　我　戴　荊棘　；

Ngó oi Jyú-yàn Néi , wai ngó daai gìng-gìk ;

Wǒ ài Zhǔyīn Mí, wèi wǒ dài jīngjí;

If ever I loved Thee,　　　　my Jesus, it's now.　　Amen.

我　　曾經　愛　救主　　　如今　更　愛　主．　　阿們．

Ngó chang-ging oi Gau-Jyú　　yù-gàm gang oi Jyú .　A-mùn .

Wǒ　　céngjīng　ài　Jiùzhǔ　　rújīn　gèng ài Zhǔ.　　Āmen.

William Ralph Featherston (1848?-1875?), was born in Montreal, Quebec, Canada, the son of John and Mary Stephenson Featherston. Very little is known about him except that he and his parents were members of the local Methodist Church. It is believed that Featherston wrote the words to his poem about a week after his conversion at either the age of twelve or sixteen. He then sent the poem to his aunt, Mrs. E. Featherston Wilson of Los Angeles, CA, who liked it and had it published in the *Primitive Methodist Magazine* in 1862. After his death, Adoniram Judson Gordon (founder of Gordon College) wrote the tune to the lyrics and had the song published in his book of hymns *The Coronation Hymnal*.

59. NEAR TO THE HEART OF GOD

靠 近 神 懷 中
Kaau Gan Sàn Waai Jung

Cleland B. McAfee (1901) * Psalm 119:2-3

1 There is a place of quiet rest,
　　有 一 安息 恬靜 之 處，
　　Yau yat on-sik tim-jing ji chyu,
　　Yǒu yī ānxí tiánjìng zhī chù,

near to the heart of God,
靠 近 真 神 懷 中 .
kaau gan jàn Sàn waai jung .
kào jìn zhēn Shén huái zhōng.

A place where sin cannot molest,
　　罪惡 不 能 侵擾 之 處，
　　Jeui-ok bàt-nàng cham-yiu ji chyu,
　　Zuì'è bù néng qīnrǎo zhī chù,

near to the heart of God.
靠 近 真 神 懷 中 .
kaau gan jàn Sàn waai jung .
kào jìn zhēn Shén huái zhōng.

[Refrain]　O Jesus blessed Redeemer,
[副歌]　　慈愛的 救主 耶穌，
[fugò]　　**Chi oi dìk Gau-Jyú Yè-sòu,**
[fù gē]　　Cí ài de Jiùzhǔ Yēsū,

sent from the heart of God,
降 世 自 父 懷 中，
gong sai ji Fu waai jung,
jiàng shì zì Fù huái zhōng,

Hold us, who wait before thee,
　　求 主 使 我 蒙 保守，
　　Kàu Jyú si ngó mùng bou-sau,
　　Qiú Zhǔ shǐ wǒ méng bǎoshǒu,

near to the heart of God.
靠 近 真 神 懷 中 .
kaau gan jàn Sàn waai jung .
kào jìn zhēn Shén huái zhōng.

3 There is a place of full release,
　　有一 完全 釋放 之 處，
　　Yau-yat yùn-chyùn sìk-fong jì chyu,
　　Yǒuyī wánquán shìfàng zhī chù,

Near to the heart of God,
靠近 真神 懷 中 .
kaau-gan jàn-Sàn waai jung .
kàojìn zhēnShén huái zhōng.

A place where all is joy and peace,
　　平安 喜樂 充滿 之 處，
　　Pìng-òn héi-lok chùng-mún jì chyu,
　　Píng'ān xǐlè chōngmǎn zhī chù,

Near to the heart of God.
靠近 真神 懷 中 .
kaau-gan jàn-Sàn waai jung .
kàojìn zhēnShén huái zhōng.

[Refrain]

60. O, COME, ALL YE FAITHFUL

齊 來 ， 宗 主 信徒

Chai Lòi ， jung Jyú Seun-tou

John Francis Wade (1751) * Exodus 32:26

1 O Come, all ye faithful,　　　joyful and triumphant,　　O come ye, O come

齊 來 ， 宗 主 信徒 ， 快樂 又 歡欣 ， 齊 來 ， 一切 來 ，

Chai lòi ， jung Jyú seun-tou, faai-lok yau fùn-yan, Chai lòi, yat-chai lòi,

Qí lái, zōng Zhǔ xìntú， kuàilè yòu huānxīn， Qí lái, yīqiè lái,

ye to Bethlehem !　　　　　Come and behold Him,　　born the King of

大家 上 伯利恆 ! 來 朝見 聖嬰 ， 天使 王 已

daai-ga seung Baak-lei-hang ! Lòi jiu gin Sing-Yìng ， Tìn-si Wòng yí

dàjiā shàng Bólìhéng! Lái cháo jiàn Shèng Yīng, Tiānshǐ Wáng yǐ

Angels ;　　　　O come, let us adore Him ,　　　　O come, let us

降生 ; 齊 來 虔誠 同 崇拜 ， 齊 來 虔誠

gong-sàang ; Chai lòi king-sing tung sung-baai, Chai lòi king-sing

jiàngshēng; Qí lái qiánchéng tong chóngbài, qí lái qiánchéng

adore Him ,　　　O come, let us adore Him ,　　　Christ the Lord.

同 崇拜 ， 齊 來 虔誠 同 崇拜 ， 主 基督 .

tung sung-baai， Chai lòi king-sing tung sung-baai， Jyú Gèi-dùk .

tong chóngbài, Qí lái qiánchéng tong chóngbài, Zhǔ Jīdū.

2 Sing, choirs of angels,　　Sing in exultation;

天使 結成 樂隊 ， 歡然 同 歌唱 ，

Tìn-si git-sìng lok-deui， fùn yìn tùng gò-cheung ，

Tiānshǐ jiéchéng yuèduì， huān rán tong gēchàng,

O Sing,　　　all ye bright hosts of heav-　　　en above!

光明 眾 天 軍 ， 來 高 聲 同 讚揚 ；

Gwòng-mìng jung tìn wàn， lòi gòu sèng tùng jaan-yèung ；

Guāngmíng zhòng tiān jūn, lái gāo shēng tong zànyáng;

Glory to God, all Glory in the highest;
至高 的 處所 , 榮耀 歸與 君王 ；
Ji-gòu dìk chyu-só , wìng-yiu gwài yú gwàn-wòng ;
Zhìgāo de chùsuǒ, róngyào guī yǔ jūnwáng;

O come, let us adore Him , O come, let us adore Him ,
齊 來 虔誠 同 崇拜 , 齊 來 虔誠 同 崇拜 ,
Chai lòi king-sing tung sung-baai , Chai lòi king-sing tung sung-baai ,
Qí lái qiánchéng tong chóngbài, qí lái qiánchéng tóng chóngbài,

O come, let us adore Him , Christ the Lord.
齊 來 虔誠 同 崇拜 , 主 基督 .
Chai lòi king-sing tung sung-baai , Jyú Gèi-dùk .
Qí lái qiánchéng tong chóngbài, Zhǔ Jīdū.

3 Yea, Lord, we greet thee, Born this happy morning; Jesus, to thee
救主 , 生 於今 晨, 我 眾 大 歡欣 , 天 人 諸 榮
Gau Jyú, sàang yù-gàm sàn, ngó jung daai fùn-yàn, Tìn yàn jyù wìng-
Jiùzhǔ, shēng yújīn chén, wǒ zhòng dà huānxīn, Tiān rén zhū róng-

be all glory given. Word of the Father, Now in flesh appearing;
耀, 完全 歸主 一身 ; 大哉 父 真道 藉 肉體 來 顯明 ;
yiu, yùn-chyùn gwài Jyú yat-sàn; Daai-jòi Fu jàn-dou je yuk-tái lòi hín-mìng;
yào, wánquán guī Zhǔ yīshēn; Dàzāi Fù zhēndào jí ròutǐ lái xiǎnmíng;

O come, let us adore Him , O come, let us adore Him ,
齊 來 虔誠 同 崇拜 , 齊 來 虔誠 同 崇拜 ,
Chai lòi king-sing tung sung-baai , Chai lòi king-sing tung sung-baai ,
Qí lái qiánchéng tóng chóngbài, qí lái qiánchéng tong chóngbài,

O come, let us adore Him , Christ the Lord. Amen .
齊 來 虔誠 同 崇拜 , 主 基督 . 阿們 .
Chai lòi king-sing tung sung-baai , Jyú Gèi-dùk . A-mùn .
Qí lái qiánchéng tong chóngbài, Zhǔ Jīdū. Āmen.

61. O FOR A THOUSAND TONGUES TO SING

萬 口 歡 唱

Maan Háu Fùn Cheung

Charles Wesley (1739) * Psalm 35:28

1 Oh, for a thousand tongues to sing　　　　　My great Redeemer's praise,
　哦, 千 萬　　口舌 齊　　歌唱 ,　　讚美　救主 我 神,
　O, chìn maan háu-sit chài gò-cheung, jaan-méi Gau-Jyú ngó Sàn,
　Ó, qiān wàn kǒushé qí gēchàng, zànměi Jiùzhǔ wǒ Shén,

The glories of my God and king,　　　　　　The triumphs of His grace!
　讚美　我 主　榮耀　的　王 ,　　讚美　救主　恩 深 .
　Jaan-méi ngó Jyú wìng-yiu dìk wòng, jaan-méi Gau-Jyú yàn sa .
　Zànměi wǒ Zhǔ róngyào de wáng, zànměi Jiùzhǔ ēn shēn.

2 My gracious Master and my God,　　　　Assist me to proclaim,　　　　To
　哦, 我 的 神 慈愛 的 主 ,　賜 我　力量　　傳揚 ,　走
　O, ngó dìk Sàn chì-oi dìk Jyú, chi ngó lik-leung chyùn-yèung, jáu
　Ó, wǒ de Shén cí'ài de Zhǔ, cì wǒ lìliàng chuányáng, zǒu

spread through all the earth abroad,　　The honors of Thy name.
　遍　地上　世界　各　處 ,　宣揚　主 名　榮光　.
　pin dei-seung sai-gaai gok chyu, syun-yèung Jyú mìng wìng-gwòng.
　biàn dishing shìjiè gè chù, xuānyáng Zhǔ míng róngguāng.

3 Jesus! the name that charms our fears,　　　That bids our sorrows cease—
　耶穌　聖名　能　除　畏懼 ,　能　安慰　我 愁 煩,
　Yè-sòu sing-mìng nàng chèui wai-geui, nàng òn-wai ngó sàu fàan,
　Yēsū shèngmíng néng chú wèijù, néng ānwèi wǒ chóu fán,

'Tis music in the sinner's ears,　　　　　　'Tis life, and health, and peace.
　罪人　聽見　好像　音樂 ,　主 是　生命　平安 .
　Jeui-yàn tèng-gin hou-yeung yàm-lok, Jyú si sàang-ming pìng-òn.
　Zuìrén tīngjiàn hǎoxiàng yīnyuè, Zhǔ shì shēngmìng píng'ān.

62. O HAPPY DAY

快樂　日
Faai-lok Yat

Philip Doddridge (1755) * Acts 22:16

1 O happy day,　　　that fixed my choice On Thee, my Sav-　　ior and my God!
前　有一　　日　　我　意　立定　　　信　靠　耶穌　　救　我　　靈魂　！
Chìn yau-yat yat　ngó yi laap-ding　Seun kaau <u>Yè-sòu</u>　gau ngó lìng-wàn !
Qián　yǒuyī　rì　　wǒ　yì　lìdìng　　　xìn　kào　Yēsū　　jiù　wǒ　línghún!

Well may this glow- ing heart rejoice. And tell its rap-　　tures all abroad.
那　時　心中　　　實在　高興　　　願　到　四方　　傳揚　　主　名．
Ná sì sàm-jung　sat-joi gòu-hing　Yun dou sei-fòng chyùn-yèung Jyú mìng.
Nà shí　xīnzhōng　　shízài　gāoxìng　　yuàn　dào　sìfāng　　chuányáng　Zhǔ míng.

[Refrain] [副歌] [fugò] [fù gē] :

Happy day,　　　Happy day,　　　When Jesus washed　my sins away!
快樂　日，　　　快樂　日，　　　救主　洗　淨　　我　的　罪孽　！
Faai-lok　yat ,　　Faai-lok　yat ,　　Gau-Jyú sái jing　ngó dìk jeui-yit !
Kuàilè　rì,　　　kuàilè　rì,　　　Jiùzhǔ　xǐ jìng　　wǒ de　zuìniè!

He taught me how　to watch and pray And live, rejoic-　ing everyday;
心裡　　清潔，　極大　　歡喜　　　這　日　永遠　　　不能　　忘記
Sàm-léui chìng-git, gik-daai fùn-héi　Seun yat wíng-yún　bàt-nàng mòng-gei
Xīnlǐ　qīngjié,　　jídà　huānxǐ　　Zhè　rì　yǒngyuǎn　　bùnéng　wàngjì

Happy day,　　　Happy day,　　　When Jesus washed　my sins away!
快樂　日，　　　快樂　日，　　　救主　洗　淨　　我　的　罪孽　！
Faai-lok　yat ,　　Faai-lok　yat ,　　Gau-Jyú sái jing　ngó dìk jeui-yit !
Kuàilè　rì,　　　kuàilè　rì,　　　Jiùzhǔ　xǐ jìng　　wǒ de　zuìniè!

3 'Tis done, the great

救贖　大　恩

Gau-suk daai yàn

Jiùshú　dà　ēn

transaction's done

今 已　完成

gàm yí yùn-sìng

jīn yǐ wánchéng

I am my Lord's

救主　屬　我 ，

Gau-Jyú suk ngó ,

Jiùzhǔ　shǔ wǒ,

And He is mine.

我　亦　屬　主

ngó yik suk Jyú

wǒ　yì　shǔ Zhǔ

He drew me near

我　今　認　明

Ngó gàm ying mìng

Wǒ　jīn　rèn míng

and I followed on,

主　**溫柔　聲**

Jyú wàn-yàu sèng

Zhǔ wēnróu shēng

Charmed to confess

我　今　願意

Ngó gàm yun-yi

Wǒ　jīn　yuànyì

the voice divine.

緊　隨　恩　主 .

gán chèui yàn Jyú .

jǐn　suí　ēn Zhǔ,

[Refrain]

Philip Doddridge (1702-1751) wrote many hymns between 1730 and 1750, but few were published during his lifetime. Four years after his death, a collection of them was made and printed by his friend Job Orton,

63. O LITTLE TOWN OF BETHLEHEM

小　　伯利恆
Síu **Baak-lei-hàng**

Phillips Brooks (1868) * Micah 5:2

1 O little town of Bethlehem,　　　　　How still we see thee lie!
美　城　小　城　小　　伯利恆　，你　靜靜　地　休息
Méi sìng síu sìng síu Baak-lei-hàng，Néi jing-jing dei yàu sìk
Měi chéng xiǎo chéng xiǎo　Bólìhéng,　　Nǐ　jìng jìng de　xiū xī

Above thy deep and dreamless sleep　　The silent stars go by.
無　夢　無　驚，深深　睡著，明星　和平　進行　，
Mòu mung mòu gìng, sàm-sàm seui jeuk, mìng sìng wò-pìng jeun-hang,
Wú　mèng　wú　jīng,　shēn shēn shuìzhe, míng xīng hépíng　jinxing,

Yet in thy dark streets shineth　　　The everlasting Light;
在　你　漆黑　的　街　衢，　　　永遠　的　光照　啟
Joi　néi chàt-hàak dìk gàai kèui，Wíng-yún dìk gwòng-jiu kái
Zài　nǐ　qīhēi　de　jiē　qú,　　　yǒngyuǎn de　guāngzhào qǐ

The hopes and fears of all the years　　Are met in thee tonight.
萬世　希望　，眾　生　憂　驚，　今宵　中　等　你．
Maan sai hèi-mong，jung saang yàu gìng，gàm-sìu jung dáng Néi.
Wàn shì　xīwàng,　zhòng shēng yōu jīng,　jīnxiāo zhōng děng　Nǐ.

2 For Christ is born of Mary,　　　　And, gathered all above
因　馬利亞　誕生　聖嬰　，　天上　天　軍　齊集　，
Yàn Má-lei-a daan-sàang sing-yìng，tìnseung tìn gwàn chài-jaap，
Yīn Mǎlìyǎ　dànshēng shèng yīng,　tiānshàng tiān jūn　qíjí,

While mortals sleep,　the angels keep　Their watch of wond'ring love.
世界　眾生　，　酣睡　正深，天　軍　虔敬　守夜，
Sai-gaai jung-sàang，hàm-seui jing sàm，tìn gwàn kìn-ging sáu-ye，
shìjiè zhòngshēng,　hānshuì zhèng shēn, tiān jūn qiánjìng shǒuyè,

O morning stars, together
晨星 啊 同 來 頌揚 ，
Sàn-sìng a tùng lòi jung-yèung ，
chénxīng a tóng lái sòngyáng,

And praises sing to God the King,
同 來 感謝 至尊 上 主，
Tùng lòi gám-je ji-jyùn seung Jyú,
tóng lái gǎnxiè zhìzūn shàng Zhǔ,

Proclaim the holy birth,
同 來 禮拜 虔誠 ，
tùng lòi lái-baai kìn-sìng ，
tong lái lǐbài qiánchéng,

And peace to men on earth.
同 祝 世界 和平 ！
tùng jùk sai-gaai wò-pìng ！
tong zhù shìjiè hépíng!

3 How silently, how silently
宏 愛 上 主至 大 恩典 ，
Wàng oi seung Jyú ji daai yàn-dín ，
Hóng ài shàng Zhǔ zhì dà ēndiǎn,

So God imparts to human hearts
何等 莊嚴 ， 何等 安靜 ，
Hò-dáng jòng-yìm ， hò-dáng òn-jing ，
héděng zhuāngyán, héděng ānjìng,

No ear may hear His coming;
世界 正 惡貫滿盈 ，
Sai-gaai jin gok-gun-mún-yìng ，
shìjiè zhèng èguànmǎnyíng,

Where meek souls will receive Him, still
虔誠 謙恭 打開 心 門 ，
Kìn-sìng hìm-gùng dá-hòi sàm mùn ，
qiánchéng qiāngōng dǎkāi xīn mén,

The wondrous gift is given!
普 賜 信仰 的 人 ，
póu chi seun-yéung dìk yàn ，
pǔ cì xìnyǎng de rén,

The blessings of his heaven.
肉 耳 不能 聽聞 ，
yuk yí bàt-nàng tèng-màn ，
ròu ěr bùnéng tīngwén,

But in this world of sin,
救主 悄然 降生 ，
Gau-Jyú chíu-yìng ong-sàang ，
Jiùzhǔ qiǎorán jiàngshēng,

The dear Christ enters in.
救主 必定 降臨 。
Gau-Jyú bìt-ding gong-làm 。
Jiùzhǔ biding jiànglín.

Phillips Brooks (1835-1893) was an Episcopal minister who served as the preacher for Harvard University. While at Harvard, he became the first person to introduce Christianity to Helen Keller, the famous deaf-blind writer who became the first person to earn a B.A degree. Impressed with how God can use humble means to achieve greatness he wrote "O Little Town of Bethlehem," which had a population of only about 300 at the time Jesus was born, with fewer than 10 being under the age of one.

64. O LOVE THAT WILL NOT LET ME GO

不 忍 棄 我 偉大 的 愛
Bàt Yàn Hei Ngó Wái-daai dìk Oi

George Matheson (1842) * Lamentations 3:22-30

1 O love that will not let me go,   I rest my weary soul in Thee;
不 忍 棄 我 偉 大 的 愛,   疲勞 靈魂 因 祢 得 安;
Bàt yàn hei ngó wái-daai dìk oi ,   **pei-lou lìng-gwan yàn Néi dàk òn ;**
Bù rěn qì wǒ wěidà de ài,   píláo línghún yīn Mí dé ān;

I give Thee back the life I owe,   that in Thine ocean depths its
所賜 生命 我 今 歸還 ,   願 它 流入 恩典 深
só chi sàang-ming ngó gàm gwai-waan,   **yun ta lau-yap yàn-dín sam**
Suǒ cì shēngmìng wǒ jīn guīhuán,   yuàn tā liúrù ēndiǎn shēn

flow   May richer, fuller be.
洋 得 享 豐 盛 , 無 疆 .
yeung dàk heung fung sing , mòu geung .
yáng dé xiǎng fēng shèng, wú jiāng.

3 O Joy that seekest me through pain,   I cannot close my heart
救主 捨身, 罪 中 找 我 ,   我 又 何 能 關閉
Gau-Jyú sé-sàn , jeui jung jáau ngó ,   **ngó yau hò nàng gwàan-bai**
Jiùzhǔ shěshēn, zuì zhōng zhǎo wǒ,   wǒ yòu hé néng guānbì

to Thee;   I trace the rainbow through the rain,   And feel the promise
心 門 ; 我 在 雨中 瞻仰 彩虹 ,   知道 應許 不
sàm mùn; Ngó joi yú-jung jìm-yéung chói-hùng ,   **ji-dou ying-héui bàt**
xīn mén; Wǒ zài yǔzhōng zhānyǎng cǎihóng,   zhīdào yīngxǔ bù

is not vain   That morn shall tearless be.   A-men.
會 落空 , 天明 不留 , 淚痕 .   阿門 !
wui lok-hùng , Tìn-mìng bàt làu , leui-hàn .   **A-mùn !**
huì luòkōng, Tiānmíng bù liú, lèihén.   āmén!

65. ONE DAY!

一 日
Yat yat

J. Wilbur Chapman (1910) * Malachi 3:1-6

1 One day when heaven was filled with His praises, one day when
一 日 高 天上 , 充滿 頌 讚 歌 聲 , 一 日 人
Yat yat gou Tìn-seung , chùng-mùn jung jaan gò sing , yat yat yàn
Yī rì gāo tiānshàng, chōngmǎn song zàn gē shēng Yī rì rén

sin was as black as could be, Jesus came forth to be born of
罪惡 使 全 世 幽暗 ; 耶穌 來 塵 世 , 藉 童 女
jeui-ok si chyun sai yàu-am ; Yè-sòu lòi chan sai , jik tung neui
zuì'è shǐ quán shì yōu'àn; Yēsū lái chén shì, jí tóng nǚ

a virgin, dwelt among men, my example is He !
身 誕 降 , 居住 在 人 間 發 光 輝 燦爛 !
sàn daan gong , geui-jyú joi yàn gaan faat gwòng fai chaan-laan !
shēn dàn jiàng, jūzhù zài rén jiān fā guāng huī cànlàn!

Living, He loved me; dying, He saved me; buried,
降 世 祂 愛我 , 釘 死 祂 救 我 , 葬 埋
Gong sai Tà oi ngó , deng sei Tà gau ngó , jong maai
Jiàng shì Tā ài wǒ, dīng sǐ Tā jiù wǒ, Zàng mái

He carried my sins far away; Rising, He justified
祂 帶 去 我 一切 罪 愆 ; 復活 使 我 稱 義
Tà daai heui ngó yat-chai jeui hien ; Fuk-wut si ngó chìng yi
Tā dài qù wǒ yīqiè zuì qiān; Fùhuó shǐ wǒ chēng yì

freely forever: one day He's coming, oh glorious day!
永 說 罪 權勢 ; 一 日 祂 回來 , 我 得 福 無 邊 !
wíng tyut jeui kyun-sai ; yat yat Tà wui-lòi, ngó dàk fùk mòu bin !
yǒng tuō zuì quánshì; Yī rì Tā huílái, wǒ dé fú wú biān!

2 One day they led Him up Calvary's mountain,   One day they nailed Him to die

一　日　祂　被　帶　到　　各各他　　山　巔，一　日　祂　被　掛　在　十子

Yat yat Tà bei daai dou Gok-gok tà sàan dìn, yat yat Tà bei gwa joi sap-jí

Yī　rì　Tā　bèi　dài　dào　　Gègètā　shān diān,　yī　rì　Tā bèi　guà　zài　shízi

on the tree; Suffering anguish,   despised and rejected,   Bearing our

架　上　；　備　嘗　諸　痛苦，　　受　藐視，　遭　厭棄，　　　擔負　我

ga seung ; bei sèung jyù tung-fú, sau míu-si, jòu yim-hei, dàam-fu ngó

jià　shàng;　bèi　cháng　zhū　tòngkǔ,　shòu miǎoshì,　zāo　yànqì,　　dānfù　wǒ

sins, my Redeemer is He!   Living, He loved me;   dying, He saved me;

罪愆　祂　慈愛　　無量．　降　世　祂　愛我，　釘　死　祂　救　我，

jeui-hìn Tà chì-oi mòu-leung. Gong sai Tà oi ngó, deng sei Tà gau ngó,

zuìqiān　Tā　cí'ài　　wúliàng.　Jiàng　shì　Tā　ài　wǒ,　dīng　sǐ　Tā　jiù　wǒ,

buried, He carried   my sins far away;

葬　埋　祂　帶　　　去　我　　一切　罪　愆　；

jong maai Tà daai   heui ngó yat-chai jeui hien ;

Zàng　mái　Tā　dài　　qù　wǒ　yīqiè　zuì　qiān;

Rising, He justified   freely forever:

復活　使我　稱　義　　永　脫　罪　權勢　；

Fuk-wut si ngó ching yi   wíng tyut jeui kyun-sai ;

Fùhuó　shǐ　wǒ　chēng　yì　　yǒng　tuō　zuì　quánshì;

one day He's coming,   oh glorious day!

一　日　祂　回來　，　　我　得　福　無　邊！

yat yat Tà wui-lòi ,   ngó dàk fùk mòu bin !

Yī　rì　Tā　huílái,　　wǒ　dé　fú　wú　biān!

J. Wilbur Chapman (1859-1918), was a notable Presbyterian evangelists who converted thousands across North America and Asia. His first wife died shortly after giving birth to their daughter, and his second wife died while his ministry in North America was growing before he made plans to go to Asia. Although God did not save his family at that time, he realized that God did not save His own Son who came and died in order to save mankind from the curse of death for all times. He organized teams of missionaries to teach through the great hymns as they traveled throughout China as well as Korea, Japan and the Philippines..

66. PRAISE HIM! PRAISE HIM!

讚美 祂! 讚美 祂!
Jaan-méi Tà! Jaan-méi Tà!

Fanny J. Crosby (1869) * Psalm 22:22-26

1 Praise Him! Praise Him! Jesus our blessed Redeemer !　　　Sing, O earth,
　讚美 !　　讚美 !　耶穌 可 稱頌 的 救主 !　全 心 頌
Jaan-méi! Jaan-méi! <u>Yè-sòu</u> ho ching-jung dìk Gau-Jyú! Chyun sàm jung
Zànměi!　Zànměi!　Yēsū kě chēngsòn de Jiùzhǔ!　Quán xīn sòng

His wonderful love proclaim !　　　　Hail Him! Hail Him! Highest arch-
　揚 將 主 妙愛 傳 明 !　讚美 !　讚美 !　光明 中
yeung jeung Jyú miu oi chyun ming ! Jaan-méi, jaan-méi, Gwòng-ming jung
yáng jiāng Zhǔ miào ài chuan míng!　Zànměi!　Zànměi!　Guāngmíng zhōng

angels in glory ;　　　　Strength and honor give to His　　holy name !
　天使 長 歡呼 ;　權柄 榮耀 都 歸 與 主 聖 名 !
Tìn-si cheung fùn-fu ;　kyun-bing wìng-yiu dou gwai yú Jyú sing mèng !
tiānshǐ zhǎng huānhū;　Quánbǐng róngyào dōu guī yǔ Zhǔ shèng míng!

Like a Shepherd　　　Jesus will guard His children,　　in His arms He
　如 同 牧人 ,　耶穌 保護 祂 小 我 ,　在 祂 膀臂
Yù tung muk-yàn ,　<u>Yè-sòu</u> bou-wu Tà siu yeung ,　Joi Tà bong-bei
Rú tóng mùrén,　Yēsū bǎohù Tā xiǎo wǒ,　Zài Tā bǎngbì

carries them all day long;
　終日 懷抱 撫養 ;
jung-yat waai-pou fu-yeung ;
zhōngrì huáibào fǔyǎng;

[Refrain]   Praise Him! Praise Him!   Tell of His excellent greatness;

[副歌]   讚美！   讚美！   述說 祂 無比 的 大 愛；

[fugò]   **Jaan-mei, Jaan-mei !**   **Seut syut Tà mòu-bei dìk daai oi ;**

[fù gē]   Zànměi!   Zànměi!   Shù shuō Tā wúbǐ de dà ài;

                     Praise Him! Praise Him!   Ever in joyful song!

                     讚美！   讚美！   歡呼 直 到 萬 代！

                     Jaan-mei , Jaan-mei !   **Fùn-fu jik dou maan doi !**

                     Zànměi!   Zànměi!   Huānhū zhí dào wàn dài!

2 Praise Him! Praise Him! Jesus our blessed Redeemer!   For our

    讚美！   讚美！   耶穌 可 稱頌 的 救主！   為 我

    Jaan-méi ! Jaan-méi ! Yè-sòu hó ching-jung dìk Gau-Jyú ! Wai ngó

    Zànměi!   Zànměi!   Yēsū kě chēngsòng de Jiùzhǔ!   Wèi wǒ

sins He   suffered, and bled and died; He our Rock, our hope of eternal salvation,

眾 罪 受苦 流血 死亡；是 我，磐石，是 永 救 恩 的，

jung jeui sau-fú làu-hyut séi-mòng; si ngó, pùn-sek, si wíng gau yàn dìk,

zhòng zuì shòukǔ liúxuè sǐwáng; shì wǒ, pánshí, shì yǒng jiù ēn de,

    Hail Him!   Hail Him! Jesus the Crucified.

    讚美！   讚美！   耶穌 被 釘 君王，

    Jaan-méi ! Jaan-méi ! Yè-sòu bei dèng gwàn-wòng,

    Zànměi!   Zànměi!   Yēsū bèi dīng jūnwáng,

    Sound His praises!   Jesus who bore our sorrows;

    高 聲 讚美，   為 我 擔當 眾 憂傷；

    Gòu sìng jaan-méi, wai ngó dàam-dòng jung yàu-sèung ;

    Gāo shēng zànměi,   wèi wǒ dāndāng zhòng yōushāng;

    Love unbounded,   wonderful, deep amd strong;

    無比 大 愛，   奇妙 深厚 堅強 ；

    Mòu-béi daai oi , kèi-miu sàm-háu gìn-kèung ;

    Wúbǐ dà ài,   qímiào shēnhòu jiānqiáng;

[Refrain]

67. REVIVE US AGAIN

使 我 得 復 興
Si Ngó Dàk Fuk Hing

William P. MacKay (1863) * Psalm 85:6

1 We praise Thee, O God, for the Son of Thy love,   For Jesus who
讚美 我 天父　因 祂 如此 愛世　　顧意 差遣 獨
Jaan-méi ngó Tìn-fu　yàn Tà yù-chí oi sai　Yun-yi chàai-hín duk
Zànměi wǒ Tiānfù　yīn Tā rúcǐ ài shì　yuànyì chāiqiǎn dú

died and is now gone above.
生 子 為 罪人 受 死.
sàang Jí wai jeui yàn sau séi.
shēng Zǐ wèi zuìrén shòu sǐ.

[Refrain]　Hallelujah!　Thine the glory,　　Hallelujah!　Amen;
[副歌]　哈利路亞 ,　榮耀 歸 主　　哈利路亞 ,　阿門 !
[fugò]　**Há-lei-lou-a,　wìng-yiu gwài Jyú**　　**Há-lei-lou-a , A-mùn !**
[fù gē]　Hā lì lù yà,　róngyào guī Zhǔ　　Hā lì lù yà,　āmén!

Hallelujah!　Thine the glory;　　Revive us again.
哈利路亞 ,　榮耀 歸 主　　使 我 得 復興 .
Há-lei-lou-a,　wìng-yiu gwài Jyú　　**si ngó dàk fuk-hing .**
Hā lì lù yà,　róngyào guī Zhǔ　　shǐ wǒ dé fùxīng.

2 We praise Thee, O God, for Thy Spirit of light,
讚美 主 耶穌 ,　因 其 從 天 降下 ,
Jaan-méi Jyú Yè-sòu ,　yàn kèi chùng tìn gong-ha ,
Zànměi Zhǔ Yēsū,　yīn qí cóng tiān jiàngxià,

Who has shown us our Saviour and scattered our night,
甘受 逼迫 並羞 辱 , 釘 死 在 十 架.
gàm-sau bìk-bàak bing sau yuk , dèng séi joi sap ga .
gānshòu bīpò bìng xiū rǔ, dīng sǐ zài shí jià.

[Refrain]

4   Revive us again,   fill each heart with Thy love;
　　讚美　　主　　耶穌　　　今　　坐　　天父　　右邊
　　Jaan-méi Jyú <u>Yè-sòu</u>　　gàm　chó　Tìn-fu　yau-bìn
　　Zànměi　Zhǔ　Yēsū　　　jīn　zuò　Tiānfù　yòubiān

May each soul be rekindled   with fire from above.
　我　今　靠　主　的　功勞　，　罪愆　得　赦免 .
　ngó　gàm　kaau　Jyú dìk gùng-lòu , jeui-hìn　dàk　se-mín .
　wǒ　jīn　kào　Zhǔ de　gōngláo,　zuìqiān　dé　shèmiǎn.

[Refrain]

William Patton Mackay (1839-1885) was a medical doctor. While growing up he was given a Bible by his godly mother. When he left home at the age of 17, he sold his Bible to help make ends meet. Later as a medical doctor, he tended to a poor dying patient who was comforted by, to Mackay's surprise, the very same Bible which Mackay had sold earlier. He felt humbled by the testimony of the dying man's nurse that the poor man read the Bible regularly and always kept the Bible underneath his bed cover. Mackay decided to turn his life over to Jesus and become a minister of comfort. While reading Habakkuk 3:2, "O Lord, I have heard thy speech and was afraid; O Lord, revive thy work in the midst of the years…" He recalled a similar verse in Psalm 85:6, "Wilt thou not revive us again, that thy people may rejoice in thee?" Putting the two ideas together, he composed this hymn which became a popular revival song in many churches.

68. ROCK OF AGES

萬 古 磐 石
Maan Gu Pun-sek

Augustus M. Toplady (1776) * Daniel 2:31-35

1 Rock of Ages, cleft for me , let me hide myself in Thee ;
萬 古 磐 石 ， 為 我 開， 容 我 藏 身 在 主 懷；
Maan gu pun-sek , wai ngó hoi , yung ngó chong sàn joi Jyú waai ;
Wàn gǔ pánshí, wèi wǒ kāi, róng wǒ cáng shēn zài Zhǔ huái;

Let the water and the blood , from Thy wounded side which flowed .
願 因 主 流 水 和 血 ， 洗 我 一 生 諸 罪 孽 .
Yun yàn Jyú lau séui wò hyut , sái ngó yat sàang jyú jeui-yit .
Yuàn yīn Zhǔ liú shuǐ hé xuè, xǐ wǒ yī shēng zhū zuìniè.

Be of sin the double cure , save from wrath and make me pure .
使 我 免 干 主 怒 責， 使 我 污 濁 成 **清潔** .
Si ngó min gon Jyú nou jaak , si ngó wu-juk sing jing-git .
Shǐ wǒ miǎn gàn Zhǔ nù zé, shǐ wǒ wūzhuó chéng qìng jié.

3 While I draw this fleeting breath, When my eyes shall close in death,
當 我 此生 年 日 逝 當 我 臨終 閉 目 時
Dòng ngó chí-sàang nìn yat sai dòng ngó làm-jùng bai muk-sì
Dāng wǒ cǐshēng nián rì shì dāng wǒ línzhōng bì mù shí

When I rise to worlds unknown, And behold Thee on Thy throne.
當 我 飛 進 永世 聞 當 我 到 祢 寶座 前 .
Dòng ngó fèi jeun wíng-sai hàan dòng ngó dou Néi bóu-jo chìn .
dāng wǒ fēi jìn yǒngshì xián dāng wǒ dào Mí bǎozuò qián .

Rock of Ages, cleft for me, Let me hide myself in Thee. Amen.
永久 磐石 為 我 開 讓 我 藏身 在 祢 懷 . 阿門 .
Wíng-gáu Pùn-sek wai ngó hòi yeung ngó jong-sàn joi Néi wàai . A-mùn
Yǒngjiǔ Pánshí wéi wǒ kāi ràng wǒ cángshēn zài Mí huái. Āmén.

69. SAVIOR, LEAD ME LEST I STRAY

求 主 領 我
Kàu Jyú Ling Ngo

Frank M. Davis (1882) * Psalm. 27:11-14

1 Savior, lead me, lest I stray ,　　　gently lead me all the way ;
求 主 領 我 免 走 錯,　　體 恤 引導 我 全 路;
Kàu Jyú ling ngó min jáu cho ,　　**tai syut yan-dou ngó chyun lou ;**
Qiú Zhǔ lǐng wǒ miǎn zǒu cuò,　　tǐ xù yǐndǎo wǒ quán lù;

I am safe when by Thy side ,　　　　I would in Thy love abide .
主 在 身邊 極 安全 ,　　　願 在 主 愛 中 居住 .
Jyú joi sàn-bin gik òn-chyun ,　　**yun joi Jyú oi jung geui-jyú .**
Zhǔ zài shēnbiān jí ānquán,　　　yuàn zài Zhǔ ài zhōng jūzhù.

Lead me, lead me ,　　　　　　　Savior, lead me lest I stray…
領 我 , 領 我 ,　　　　　求 主 領 我 免 走 錯 .
Ling ngó , ling ngó ,　　　　**Kàu Jyú ling ngó min jáu cho .**
Lǐng wǒ, lǐng wǒ,　　　　　qiú Zhǔ lǐng wǒ miǎn zǒu cuò.

Gently down the stream of time ,　　lead me, Savior, all the way .
恩 領 我 安 渡 歲月 ,　　　直到 享受 天 家 樂 .
Yàn ling ngó òn dou seui-yut ,　　**jik-dou heung-sau tìn ga lok .**
Ēn lǐng wǒ ān dù suìyuè,　　　zhídào xiǎngshòu tiān jiā lè.

3 Saviour, lead me, then at last,　　When the storm of life is past.
求 主 至 終 引領 我 ,　　直到 今世 風暴 過 ,
Kàu Jyú ji jùng yán-líng ngó ,　　**jik-dou gàm-sai fùng-bou gwo ,**
Qiú Zhǔ zhì zhōng yǐnlǐng wǒ,　　zhídào jīnshì fēngbào guò,

To the land of endless day.　　　　Where all tears are wiped away.
使 我 安 抵 光明 所 ,　　再 無 眼淚 與 苦楚 .
Si ngó yiu dái gwòng-mìng só ,　　**joi mòu ngáan-leui yú fú-chó .**
Shǐ wǒ ān dǐ guāngmíng suǒ,　　zài wú yǎnlèi yǔ kǔchǔ.

Lead me, lead me ,
領 我 , 領 我 ,
Ling ngó , ling ngó ,
Lǐng wǒ, lǐng wǒ,

Gently down the stream of time ,
恩 領 我 安 渡 歲月 ,
Yàn ling ngó òn dou seui-yut ,
Ēn lǐng wǒ ān dù suìyuè,

Savior, lead me lest I stray…
求 主 領 我 免 走 錯 .
Kàu Jyú ling ngó min jáu cho .
qiú Zhǔ lǐng wǒ miǎn zǒu cuò.

lead me, Savior, all the way .
直到 享受 天 家 樂 .
jik-dou heung-sau tìn ga lok .
zhídào xiǎngshòu tiān jiā lè.

Frank Marion Davis (1839-1896) was born in New York. He became a teacher of voice and various musical instruments, and wrote both the text and tune to this song. Little else is known about him, but it is known that he wrote for Eden R. Latta's "Live For Jesus" and Mary Ann Kidder's "Is My Name Written There." His songs, "O Rock In The Desert" and "Some Day We Shall Be Satisfied" appeared in the *Christian Hymns* books published by Gospel Advocate. Some have suggested that he might have been related to Marion Davis, who edited several hymnbooks used among churches of Christ in the middle twentieth century, but this is uncertain.

70. SILENT NIGHT

平安 夜！
Pìng-òn Ye !

Joseph Mohr (1817) * Luke 2:8-9, 16

1 Silent Night! Holy Night! All is calm, all is bright 'round yon
平安 夜！ 聖 善夜！ 萬 晚 中 ， 光華 射 照著
Pìng-òn ye ! Sing sin ye ! Maan am jung , gwòng-wà se Jiu-jeuk
Píng'ān yè! Shèng shàn yè! Wàn wǎn zhōng, guānghuá shè Zhàozhe

virgin mother and child, Holy Infant so tender and mild,
聖母 也 照著 聖嬰 ， 多少 慈祥 也 多少 天 真，
Sing-mou yá jiu-jeuk Sing-Yìng , Do-siu chi-cheung yá do-siu tìn jàn ,
Shèngmǔ yě zhàozhe Shèng Yīng, duōshǎo cíxiáng yě duōshǎo tiān zhēn,

Sleep in heavenly peace, Sleep in heavenly peace.
靜 享 天賜 安眠 ， 靜 享 天賜 安眠 ，
Jing heung Tìn-chi on-min , Jing heung Tìn-chi on-min .
Jìng xiǎng tiāncì ānmián, jìng xiǎng tiāncì ānmián,

3 Silent night! Holy night! Son of God, love's pure light Radiant beams
平安 夜， 聖善 夜， 神 子愛， 光 皎潔 ， 救 贖 宏
Pìng-òn ye, sing-sin ye , Sàn Jí oi, gwòng gáau-git , Gau suk wàng
Píng'ān yè, shèngshàn yè, Shén Zi ài, guāng jiǎojié, Jiù shú hóng

from thy holy face, With the dawn of redeeming grace,
恩的 黎 明 來 到， 聖 容 發出 來 榮 光 普照，
yàn dìk lài mìng lòi dou , sing yùng faat chèut lòi wìng gwòng póu jiu ,
ēn de lí míng lái dào, shèng róng fā chū lái róng guāng pǔ zhào,

Jesus, Lord, at thy birth; Jesus, Lord, at thy birth. Amen.
耶穌 我 主 降 生 ， 耶穌 我 主 降 生 。 阿們 .
<u>**Yè-sòu**</u> **ngó Jyú gong sàang ,** <u>**Yè-sòu**</u> **ngó Jyú gong sàang . A-mùn.**
Yēsū wǒ Zhǔ jiàng shēng, Yēsū wǒ Zhǔ jiàng shēng . āmen.

71. SINCE JESUS CAME INTO MY HEART

自　耶穌　來　住在　我　心！

Ji　Yè-sòu　Lòi　Jyú-joi　Ngó　Sàm !

Rufus H. McDaniel (1914)　*　Revelation 3:20

1　What a wonderful change in my life has been wrought　　　since Jesus came into
　我　　生命　有　　何等　真　奇異　大　改變　　自　耶穌　來　住在
　Ngó　sàang-ming　yau　ho-dáng　jàn　kèi-yi　daai　goi-bin　　ji　Yè-sòu　lòi　jyú　joi
　Wǒ　shēngmìng　yǒu　héděng　zhēn　qíyì　　dà　gǎibiàn　　zì　Yēsū　lái　zhù zài

my heart!　I have light in my soul from which long I have sought,　　　　　since
我　心！　我　久　慕的　　亮光　　今　照耀　我　魂　間，自
ngó　sàm !　Ngó　gau　mou　dìk　leung-gwòng　gàm　jiu-yiu　ngó　wan　gaan,　ji
wǒ　xīn!　Wǒ　jiǔ　mù　de　liàngguāng　jīn　zhàoyào wǒ　hún　jiān,　zì

Jesus came into my heart!　　　Since Jesus came into my heart,　since Jesus came
　耶穌　來　住在我　心！自　耶穌　來　住在我　心，自　耶穌　來
Yè-sòu　lòi　jyú joi ngó　sàm !　Ji　Yè-sòu　lòi　jyú joi ngó　sàm,　ji　Yè-sòu　lòi
　Yēsū　lái　zhù zài wǒ　xīn!　Zì　Yēsū　lái　zhù zài wǒ　xīn,　zì　Yēsū　lái

into my heart,　　　　Floods of joy over my soul like the sea billows roll,
　住在　我　心，　喜樂　潮　溢　我　魂　如　海濤之　滾滾　　，
jyú joi ngó　sàm ,　Hei　lok　chiu yat ngó　wan　yù hoi to ji gwan-gwan ,
zhù zài　wǒ　xīn,　Xǐ　lè　cháo yì　wǒ　hún　rú hǎi tāo zhī　gǔngǔn ,

since Jesus came into my heart.
自　耶穌　來　住在　我　心 .
ji　Yè-sòu　lòi　jyú joi ngó　sàm .
zì　Yēsū　lái　zhù zài wǒ　xīn.

3　There's a light in the valley of death now for me,　　　　　　　since Jesus came
　我　今　有　大　盼望　，又　確實　又　穩固，自　耶穌　來
　Ngó　gàm　yau daai　paan-mong,　yau　kok-sat　yau　wán-gu ,　ji　Yè-sòu　lòi
　Wǒ　jīn　yǒu　dà　pànwàng,　yòu　quèshí　yòu　wěngù,　zì　Yēsū　lái

into my heart!   And the gates of the City beyond I can see,

住 在 我 心 .   無疑 雲 與 淒 霧 ， 來 遮蔽 我 道路 ，

jyu joi ngó sàm .   **Mòu-yì wàn yú chai mou , lòi jè-bai ngó dou-lou ,**

zhù zài wǒ xīn.   Wúyí yún yǔ qī wù, lái zhēbì wǒ dàolù,

since Jesus came into my heart!

自 耶穌 來 住 在 我 心 .

ji <u>Yè-sòu</u> lòi jyu joi ngó sàm .

zì Yēsū lái zhù zài wǒ xīn.

Since Jesus came into my heart,   since Jesus came into my heart,

自 耶穌 來 住 在 我 心 ，   自 耶穌 來 住 在 我 心 ，

Ji <u>Yè-sòu</u> lòi jyú joi ngó sàm ,   **ji <u>Yè-sòu</u> lòi jyú joi ngó sàm ,**

Zì Yēsū lái zhù zài wǒ xīn,   zì Yēsū lái zhù zài wǒ xīn,

Floods of joy over my soul like the sea billows roll,

喜 樂 潮 溢 我 魂 如 海 濤 之 滾滾 ，

Hei lok chiu yat ngó wan yù hoi to ji gwan-gwan ,

Xǐ lè cháo yì wǒ hún rú hǎi tāo zhī gǔngǔn,

since Jesus came into my heart.

自 耶穌 來 住 在 我 心 .

ji <u>Yè-sòu</u> lòi jyú joi ngó sàm .

zì Yēsū lái zhù zài wǒ xīn.

Rufus Henry McDaniel (1850-1940) was born in Ohio and grew up loving the Lord. By the age of 19 he was already preaching and eventually became a minister of the Christian Church of the Restoration Movement. After his youngest son died in1913, he sat down and wrote the words to this song as a reminder of maintaining joy, faith and hope in times of trial. He felt that there was no better way to honor his son than to write music about his faith. He wrote, "I feel in my soul that God has something for me to do in brightening the experiences of struggling souls. My chief desire is to be a blessing, if possible, to my fellow-men through these hymns and thereby glorify God in the name of his dear son 'whose I am and whom I serve.'" He wrote over 100 hymns over his lifetime.

72. STANDING ON THE PROMISES

站　應許　　上
Jaam　Ying-heui　Seung

R. Kelso Carter (1886) * 2 Corinthians 1:20

1　Standing on the promises　　of Christ my King,
　　站　在　耶穌　的　　　應許　我　的　　王，
　　Jaam　joi　Yè-sòu　dìk　　ying-héui　ngó　dìk　wòng,
　　Zhàn　zài　Yēsū　de　　　yīngxǔ　wǒ　de　wáng,

　　Through eternal ages　　　　　let his　　praises ring;
　　通過　　永恆　的　讓　他的　　讚美　　環；
　　Tùng-gwo　wíng-hàng　dìk　yeung　tà　dìk　　jaan-méi　wàan;
　　Tōngguò　yǒnghéng　de　rang　tā de　　zànměi　huán;

　　Glory in the highest,　　　　　　I will shout and　　sing,
　　榮耀　　中　最高　的，我　會　喊，　唱　，
　　Wìng-yiu　jung　jeui-gòu　dìk，ngó　wui　haam，　cheung，
　　Róngyào　zhōng　zuìgāo　de，wǒ　huì　hǎn，　chàng,

　　Standing on　　the promises　　of　　God.
　　立　在　真　　神　的　貝　應許　　上　。
　　Laap　joi　jàn　　Sàn　dìk　bui　ying-héui　seung。
　　Lì　zài　zhēn　Shén de　bèi　yīngxǔ　　shàng.

[Refrain]　Standing,　　standing,　　Standing on the promises of God　my Savior;
[副歌]　　站立，　　站立，　站　在　神　我　的　　救主　的　　應許；
[**Fugò**]　**Jaam-laap,　jaam-laap,　jaam　joi　Sàn　ngó　dìk　Gau-Jyú　dìk　ying-héui;**
[Fù gē]　Zhànlì,　　　zhànlì,　　zhàn　zài　Shén　wǒ　de　Jiùzhǔ　de　yīngxǔ;

　　　　Standing,　　standing,　　I'm　standing　　on the promises　of God.
　　　　站立，　　站立，　我　站　在　真　神　的　應許　。
　　　　Jaam-laap,　jaam-laap,　ngó　jaam　joi　　jàn　Sàn　dìk　ying-héui。
　　　　Zhànlì,　　　zhànlì,　　wǒ　zhàn　zài　zhēn　Shén　de　yīngxǔ.

2 Standing on the promises I cannot fall,
站 在 諾言， 我 不能 倒 下，
Jam joi nok-yìn， ngó bàt-nàng dóu ha，
Zhàn zài nuòyán， wǒ bùnéng dào xià，

Listening every moment to the Spirit's call,
聽著 每 一刻 的 精神 的 號召，
Tèng-jyu múi yat-hàak dìk jìng-sàn dìk hou-jiu，
Tīngzhe měi yīkè de jīngshén de hàozhào，

Resting in my Savior as my all in all,
在 我 的 救主 休息 我 的 一切 ，
Joi ngó dìk Gau-Jyú yàu-sìk ngó dìk yat-chai，
Zài wǒ de Jiùzhǔ xiūxí wǒ de yīqiè，

Standing on   the promises of God.
立 在 真 神 的 貝 應許 上 。
Laap joi jàn Sàn dìk bui ying-héui seung 。
Lì zài zhēn Shén de bèi yīngxǔ shàng.

[Refrain]

Russell Kelso Carter (1849-1928) was born in Maryland. He graduated from the Pennsylvania Military Academy (now Widener University) and became a professor of chemistry and natural sciences at the academy. He developed a series of serious health issues and sought faith healers in the Methodist Episcopal Church where he became a deacon and later ordained as a minister. He came to believe and teach that the Cross not only did away with the scourge of sin, but also that of illnesses as well to those who are faithful. But after years of investigation, he found that only a small percentage of people were healed in answer to prayer. He concluded that "healing by faith in this age is a matter of special favor from God," under the guidance of the Holy Spirit. When he became gravely ill with tuberculosis, he was healed through a new treatment of medicine which identified a bacterial cause for TB. He returned to school and became a physician in order to further healing through both medicine and prayer.

73. SWEET HOUR OF PRAYER

禱告　　良辰
Tóu-gou Lèung-sàn

William W. Walford (1845) * Psalm 65:2

1 Sweet hour of prayer!　　Sweet hour of prayer!　　That calls me from a world
禱告　　良辰　！　　禱告　　良辰　！　　召　我　離開　世俗
Tóu-gou lèung-sàn !　　**Tóu-gou lèung-sàn !**　　**Jiu ngó lèi-hòi sai-juk**
Dǎogào liángchén!　　Dǎogào liángchén!　　Zhào wǒ líkāi shìsú

of care,　　And bids me at my Father's throne　　Make all my wants and wishes
操心，　　令　我　到　父　寶座　之前，　　所需　所　願，　　一一　陳
chòu-sàm,　**Ling ngó dou Fu bóu-jo jì-chìn,**　　**só sèui só yun, yat-yat chàn**
cāoxīn,　　Lìng wǒ dào Fù bǎozuò zhīqián,　　suǒ xū suǒ yuàn,　　yīyī chén

known.　　In seasons of distress and grief,　　My soul has often found
明，　　每　在　痛苦　憂愁　時節，我　靈　常　蒙　主　恩
mìng,　　**Múi joi tung-fú yàu-sàu sì-jit,**　**ngó lìng sèung mùng Jyú yàn**
míng,　　Měi zài tòngkǔ yōuchóu shíjié,　　wǒ líng cháng méng Zhǔ ēn

relief,　　And oft escaped the tempter's snare,　　By thy return,
拯救　。　時時　脫離　試探　羅網，　　答謝　全　靠
chíng-gau 。　**Sì-sì tyut-lèi si-taam lò-móng ,**　　**daap-je chyùn kaau**
zhěngjiù.　　Shí shí tuōlí shìtàn luówǎng,　　dáxiè quán kào

sweet hour of prayer!
禱告　　良辰　！
tóu-gou lèung-sàn !
dǎogào liángchén!

2 Sweet hour of prayer!   Sweet hour of prayer!   Thy wings shall my peti-

禱告　　　良辰　！　　　禱告　　　良辰　！　　　如　有　雙　翼　向　主

Tóu-gou lèung-sàn !　　　Tóu-gou lèun-gsàn !　　　Yù yau sèung yik heung Jyú

Dǎogào　liángchén!　　　Dǎogào　liángchén!　　　Rú yǒu shuāng yì xiàng Zhǔ

tion bear.　　　To Him whose truth and faithfulness　　　Engage the wait-

飛昇　。　　　携　我　信賴　並　我　　誠心　，　　　企望　　恩賜　，

fèi-sìng 。　　　Kwài ngó seun-laai bing ngó sìng-sàm ,　　　kéi-mong yàn-chi ,

fēishēng.　　　Xié　wǒ　xìnlài　bìng　wǒ　chéngxīn,　　　qǐwàng　　ēncì,

ing soul to bless.　　　And since He bids me seek His face,　　　Believe

主　必　答應　，　　　自主　召　我　　觀見　　主　面　，　　　信　主

Jyú bìt daap-ying ,　　　Ji-jyú jiu ngó gan-gin Jyú min ,　　　seun Jyú

Zhǔ bì　　dāyìng,　　　Zìzhǔ zhào wǒ　jìnjiàn Zhǔ miàn,　　　xìn　Zhǔ

His Word and trust His grace,　　　I'll cast on Him my every care,

寶　訓　賴　主　宏　恩　。　　　靠　主　卸　下　所有　　　重擔　　，

bóu fan laai Jyú wàng yàn 。　　　Kaau Jyú se ha só-yau chúng-dàam ,

bǎo xùn lài Zhǔ hóng ēn.　　　Kào Zhǔ xiè xià suǒyǒu　zhòngdàn,

And wait for thee, sweet hour of prayer!

靜　待　向　主　禱告　　良辰　！

jing doi heung Jyú tóu-gou lèung-sàn !

jìng　dài　xiàng Zhǔ dǎogào　liángchén!

William W. Walford (1772-1850) was an obscure blind, uneducated preacher who lived in a small river town named Coleshill in England. He made his living by selling whittled wood trinkets and shoehorns in a small shop he owned. Little is known about him, except that he was a man with a strong mind and a good memory. It was claimed that he memorized most if not all of the Bible. His sermons were simple and Bible-based, which he quoted by giving book, chapter, and verse. Although blind, it was often said that he was closer to God than most people who had both their eyes intact but could not see the hand of God in life.

74. TAKE MY LIFE AND LET IT BE

獻 己 於 主

Hin Géi Yù Jyú

Frances R. Havergal (1874) * Romans 12:1

1 Take my life and let it be　　　　　　Consecrated, Lord, to Thee.
　　我　　一生　　求　主　管理，　　願　獻身　心　為　活祭，
　　Ngó yat-sàang kàu Jyú gún-léi, yun hin-sàn sàm wai wut jai,
　　Wǒ　yīshēng　qiú　Zhǔ　guǎnlǐ,　yuàn xiànshēn xīn wèi huó jì,

　Take my moments and my days,　　　　Let them flow in
　　光陰　　全　歸　主　用　，　　還　不夠　報
　　Gwòng-yàm chyùn gwài Jyú yung, wàan bàt-gau bou
　　Guāngyīn　quán　guī　Zhǔ yòng,　hái　bùgòu　bào

　endless praise.
　　主　思　寵　。
　　Jyú sì chúng 。
　　Zhǔ　sī　chǒng.

2 Take my hands and let them move　　　　At the impulse of
　　我　雙　手　為　主　作　工，　　因　被　主　慈愛
　　Ngó sèung sáu wai Jyú jok gùng, yàn bei Jyú chì-oi
　　Wǒ　shuāng shǒu　wéi　Zhǔ　zuò gōng,　yīn bèi Zhǔ cí'ài

　Thy love.　　Take my feet and let them be　　　　Swift and
　　感動　，　　使　我　腳　為　主　行路，　　快　如
　　gám-dung, Si ngó geuk wai Jyú hang-lou, faai yù
　　gǎndòng,　Shǐ wǒ jiǎo wéi Zhǔ xínglù,　kuài rú

　beautiful for Thee.
　　飛　從　主　吩咐　。
　　fèi chùng Jyú fàn-fu。
　　fēi　cóng　Zhǔ　fēnfù.

3 Take my voice and let me sing,

使 我 口 時常 頌揚 ，

Si ngó háu sì-sèung jung-yèung ，

Shǐ wǒ kǒu shícháng sòngyáng,

Always, only for my King.

讚美 我 榮耀 君王 ，

jaan-méi ngó wìng-yiu gwàn-wòng,

zànměi wǒ róngyào jūnwáng,

Take my lips and let them be

使 我 口 滿 有 主 言,

Si ngó háu mún yau Jyú yìn,

Shǐ wǒ kǒu mǎn yǒu Zhǔ yán,

Filled with messages from Thee.

各 處 宣講 在 人前 。

gok chyu syun-góng joi yàn-chìn。

gè chù xuānjiǎng zài rénqián.

Frances Ridley Havergal (1836-1879) was a religious poet and hymwriter born in England. In 1874 she was visiting the house of a friend for five days. Before she left, a group of ten people came and spent the day with her for her going-away party. By evening time, she noticed that the happiest among the group were those who were using their talents wisely. The most unhappy were those who seem to be aimlessly wasting their talent and time amidst many doubts. After the guests had gone, Frances retired to her room with the conviction that she must be like the first group and give her all to Jesus. In some hymnals, the words to this song are set to a tune from an 1821 work by the Austrian classical composer Wolfgang Amadeus Mozart (1756-1791).

75. TAKE TIME TO BE HOLY

成 聖 須 用 工夫
Sìng Sing Sèui Yung Gùng-fù

William D. Longstaff (1882) * 1 Peter 1:15-16

1 Take time to be holy,
　成　聖　須　用　　工夫　，
Sìng sing sèui yung gùng-fù,
Chéng shèng xū yòng gōngfū,

speak oft with thy Lord;
　常　做　醒　　禱告　；
sèung gíng síng tóu-gou;
cháng jǐng xǐng dǎogào;

Abide in Him always,
　常　與　恩　主　　交通　，
Sèung yú yàn Jyú gàau-tùng,
Cháng yǔ ēn Zhǔ jiāotōng,

and feed on His Word.
　常　　領受　主　道．
sèung líng-sau Jyú dou.
cháng lǐngshòu Zhǔ dào.

Make friends of God's children,
　與　神　兒女　為　友，
Yú Sàn yì néui wai yáu,
Yǔ Shén er nǔ wéi yǒu,

help those who are weak,
　幫助　　軟弱　　人。
bòng-jo yún-yeuk yàn。
bāngzhù ruǎnruò rén.

Forgetting in nothing
　無論　所　做　何事，
Mò-leun só jou hò-si,
Wúlùn suǒ zuò héshì,

His blessing to seek.
　莫　忘　求　主　恩　。
mok mòng kàu Jyú yàn。
mò wàng qiú Zhǔ ēn.

2 Take time to be holy,
　成　聖　須　用　　工夫　，
Sìng sing sèui yung gùng-fù,
Chéng shèng xū yòng gōngfū,

the world rushes on;
　世人　何　忙碌　；
sai-yàn hò mòng-lùk;
shìrén hé mánglù;

Spend much time in secret,
　在　密室　朝見　主，
Joi mat-sàt jìu-gin Jyú,
Zài mìshì cháojiàn Zhǔ,

with Jesus alone.
　領受　主　恩　福。
líng-sau Jyú yàn fùk。
lǐngshòu Zhǔ ēn fú.

By looking to Jesus,
注目　仰望　耶穌，
Jyu-muk yéung-mong Yè-sòu,
Zhùmù　yǎngwàng　Yēsū,

like Him thou shalt be;
你　就　必　像　主，
néi jau bìt yeung Jyú,
nǐ　jiù　bì　xiàng　Zhǔ,

Thy friends in thy conduct
親友　從　你　行為，
Chàn-yáu chùng néi hang-wai,
Qīnyǒu　cóng　nǐ　xíngwéi,

His likeness shall see.
能　看見　耶穌。
nàng hon-gin Yè-sòu。
néng　kànjiàn　Yēsū.

4 Take time to be holy,
成　聖　須　用　工夫，
Sìng sing sèui yung gùng-fù,
Chéng shèng　xū　yòng　gōngfū,

be calm in thy soul,
讓　主　引　你　路；
yeung Jyú yán néi lou;
rang　Zhǔ　yǐn　nǐ　lù;

Each thought and each motive
一路　與　主　同　走，
Yat-lou yú Jyú tùng jáu,
Yīlù　yǔ　Zhǔ　tong　zǒu,

beneath His control.
主　手　常　扶助．
Jyú sáu sèung fù-jo.
Zhǔ　shǒu　cháng　fúzhù.

Thus led by His Spirit
不論　是　福　或　苦，
Bàt-leun si fùk waak fú,
Bùlùn　shì　fú　huò　kǔ,

to fountains of love,
仍　要　跟隨　主，
yìng yiu gàn-chèui Jyú,
réng　yào　gēnsuí　Zhǔ,

Thou soon shalt be fitted
定睛　仰望　耶穌，
Ding-jìng yéung-mong Yè-sòu,
Dìngjīng　yǎngwàng　Yēsū,

for service above.
堅信　我　救主．
gìn-seun ngó Gau-Jyú.
jiānxìn　wǒ　Jiùzhǔ.

William Dunn Longstaff (1822-1894) was a sixty year old devout philanthropist in England. He once heard a sermon on 1 Peter 1:16 and Leviticus 11:44-45 about holiness. It dawned upon him that many of the emotional excesses he had witnessed in some churches were out of keeping with true Christian doctrine and living. "Since holiness is the life of God in the life of man, surely we need not scream and shout as if God were deaf."

76. THE FIRST NOEL

基督　　　降生

Gèi-dùk Gong-sàang

Traditional English carol (1871) * Genesis 3:14-15

1 The first Noel,   the angel did say   was to certain poor shepherds in

天使　初　報，　　　聖誕　　佳音　　　先　向　田　間　貧苦

Tìn-si cho bou ,   **sing-daan gaai-yàm**   **sìn heung tìn gaan pan-fu**

Tiānshǐ chū bào,   shèngdàn   jiāyīn   xiān xiān tián jiān pínkǔ

fields as they lay;   In fields where they lay keeping their sheeps,   On a

牧人　；　　　牧人　　正當　　看守　　養　群　，　　嚴　冬

muk-yàn ;   **muk-yàn jing-dong hon-sau yeung kwan ,**   **yim dung**

mùrén;   Mùrén zhèngdàng kānshǒu yǎng qún,   yán dōng

cold winter's night that was so deep.   Noel ,   Noel ,   Noel ,   Noel ,

方　冷　長　夜　已　深．　歡欣，　歡欣，　　歡欣，　歡欣，

fong laang cheung ye yí sam .   **Fùn-yan , fùn-yan ,**   **fùn-yan , fùn-yan ,**

fāng lěng   zhǎng yè yǐ shēn.   Huānxīn, huānxīn,   huānxīn, huānxīn,

Born is the King of Israel.

天國　　君王　　今日　　　降生　　．

Tìn-gwok Gwan-Wòng gàm-yat gong-sàang .

Tiānguó   Jūnwáng   jīnrì   jiàngshēng.

2 They looked up and saw a star   Shining in the East beyond them far,

牧人　抬頭　見　一　景　星，　遠　在　東方　　燦爛　晶　明　，

Muk-yàn tòi-tàu gin yat gíng sìng,   **yún joi dùng-fòng chan-laan jìng mìng,**

Mùrén   táitóu jiàn yī jǐng xīng, yuǎn zài dōngfāng   cànlàn   jīng míng,

And to the earth it gave great light,   And so it continued

發出　奇　光　照耀　世　塵，　不　分　晝夜

Faat-chèut kèi gwòng jiu-yiu sai chàn ,   **bàt fan jau-ye**

Fāchū   qí guāng zhàoyào shì chén,   bù fēn zhòuyè

both day and night.　　　Noel ,　　Noel ,　　　Noel ,　　Noel ,
光彩　　永恆　。　　歡欣 ,　歡欣 ,　　歡欣 ,　歡欣 ,
gwòng-chói wíng-hàng 。　**Fùn-yan , fùn-yan ,　fùn-yan , fùn-yan ,**
guāngcǎi　yǒnghéng.　　Huānxīn, huānxīn,　　huānxīn, huānxīn,

Born is the King of Israel.
天國　　君王　　今日　　降生　　.
Tìn-gwok Gwan-Wòng gàm-yat gong-sàang .
Tiānguó　Jūnwáng　jīnrì　jiàngshēng.

4 This star drew nigh to the north-west.　　Over Bethlehem it took its rest,
景　星　導　引渡　漠　越　荒 ,　　到　伯利恆　　停留　其　上 ,
Gíng sìng dou yán-dou mok yut fòng,　dou Ba-lei-hàng tìng-lau kèi seung ,
Jǐng　xīng dǎo　yǐndù　mò　yuè huāng,　dào　Bólìhéng　tíngliú　qí　shàng,

And there it did both stop and stay,　　　Right over the place where Jesus
景　星　射照　馬　棚　　光芒　　,　　嬰孩　耶穌　馬　槽　為
Gíng sìng se jiu má pàang gwòng-mòng ,　yìng-hàai Yè-sòu má chou wai
Jǐng　xīng shè zhào mǎ　péng　guāngmáng,　yīnghái　Yēsū　mǎ　cáo　wèi

lay.　　　Noel ,　　Noel ,　　Noel ,　　Noel ,
床　.　　歡欣 ,　歡欣 ,　歡欣 ,　歡欣 ,
chòng .　Fùn-yan , fùn-yan , fùn-yan , fùn-yan ,
chuáng.　Huānxīn, huānxīn,　huānxīn, huānxīn,

Born is the King of Israel.
天國　　君王　　今日　　降生　　.
Tìn-gwok Gwan-Wòng gàm-yat gong-sàang .
Tiānguó　Jūnwáng　jīnrì　jiàngshēng.

77. THE LORD BLESS YOU

顧 主 賜 福
Yun Jyú Chi Fùk

Peter C. Lutkin (1900) * Numbers 6:24-26

The Lord bless you and keep you,   The Lord lift His   countenance
願主　賜福　與 保護 你　願 主 臉 上 榮 光照
Yun Jyú chi fùk　yú bóu-wu néi　Yun Jyú lím seung wìng gwòng-jiu
Yuànzhǔ　cì fú　yǔ bǎohù　nǐ　yuàn Zhǔ liǎn shàng róng guāngzhào

upon you,　and give you peace,　and give you peace,　The Lord
向 你,　賜 你 平安　賜 你 平安　願 主
heung néi,　chi néi pìng-òn　chi néi pìng-òn　Yun Jyú
xiàng nǐ,　cì nǐ píng'ān　cì nǐ píng'ān　yuàn Zhǔ

make His face to shine upon you,　And be gracious unto you,
臉 上 榮 光照 向 你 心,　常 賜 恩愛 向 你 心,
lím seung wìng gwòng-jiu heung néi sàm,　sèung chi yàn-oi heung néi sàm,
liǎn shàng róng guāngzhào xiàng nǐ xīn,　cháng cì ēn'ài xiàng nǐ xīn,

The Lord be gracious,　gracious unto you. Amen.
願 主 常 賜 恩 賜 恩 向 你 心. 阿們.
Yun Jyú sèung chi yàn　chi yàn　heung néi sàm . A-mùn.
Yuàn Zhǔ cháng cì ēn　cì ēn　xiàng nǐ xīn. Āmen.

Amen,　Amen,　Amen,　Amen,
阿們, 阿們,　阿們, 阿們,
A-mùn. A-mùn.　A-mùn. A-mùn.
Āmen,　Āmen.　Āmen,　Āmen.

A-men,　Amen.
阿們,　阿們,
A-mùn.　A-mùn.
Ā men.　Āmen.

78. THE OLD RUGGED CROSS

古 舊 十架
Gú Gau Sap-ga

George Bennard (1913) * Isaiah 53:4-6

1 On a hill far away   stood an old rugged cross,
   各各他　山　嶺　上 ，   孤 立 古 舊 十架 ，
   Gok-gok-tà sàan líng seung ，   **Gù laap gú gau sap-ga ，**
   Gè gè tā　shān　lǐng　shàng,   gū　lì　gǔ　jiù　shí jià,

   the emblem of suffering and shame;   and I love that old cross
   這 乃 是 羞辱　痛苦　記號：   神 愛 子 主　耶穌 ，
   Jé náai si sàu-yuk tung-fú gei-hou ；   **Sàn oi Jí Jyú Yè-sòu ，**
   Zhè nǎi shì xiūrù　tòngkǔ　jìhào;   Shén ài Zi Zhǔ　Yēsū,

   where the dearest and best   for a world of lost sinners was slain.
   為　世 人 被　釘死   這 十架 為 我 最 愛 最 寶 .
   Wai sai-yàn bei dèng-séi   **Jé sap-ga wai ngó jeui oi jeui bóu .**
   Wèi　shìrén　bèi　dīng sǐ   zhè shí jià wèi wǒ zuì ài zuì bǎo.

[Refrain] [副歌] [fugò] [fù gē] :

   So I'll cherish the old rugged cross   till my trophies at last I lay down;
   故 我 愛 高舉 十字 寶 架 ，   直到 在　主台前　見　主 面 ，
   Gu ngó oi gòu-géui sap-ji bóu ga ，   **Jik-dou joi jyú-tòi-chìn gin Jyú min ，**
   Gù wǒ ài gāojǔ shízì bǎo jià,   zhídào zài zhǔ tái qián jiàn Zhǔ miàn,

   I will cling to the old rugged cross   and exchange it some day for a crown.
   我　一生 要 背負 十字架 ，   此 十架 可 換 公 義 冠冕 .
   Ngó yat-sàang yiu bui-fu sap-ji-ga ， **Chí sap-ga hó wun gùng yi gun-mín .**
   Wǒ yīshēng yào bèifù shízìjià,   cǐ shí jià kě huàn gōng yì guānmiǎn.

2 Oh, that old rugged cross, so despised by the world,   Has a wondrous attraction

在　世人　　光　中，十字架　是　羞　辱，　　於　我　卻　是　榮耀

Joi sai-yàn gwòng jung , sap-ji-ga si sau yuk,   yù ngo keuk si wing-yiu

Zài　shìrén　guāng zhōng, shízìjià shì xiū rǔ,   yú wǒ què shì róngyào

for me;   For the dear Lamb of God   left His glory above

徽號　　　我　的　　心像　　鐵石，　　愈　久　愈　發　剛　　硬

fài-hou   Ngó dìk sàm-jeung tit-sek ,   yu gáu yu faat gòng ngaang

huīhào　　　wǒ　de　xīnxiàng tiěshí,   yù jiǔ yù fā gāng yìng

To bear it to dark Calvary.

惟　愛心　如　烈火　熔化　我 .

wài oi-sàm yù lit-fó yùng-fa ngó .

wéi　àixīn　rú lièhuǒ rónghuà wǒ.

[Refrain]

4 To the old rugged cross   I will ever be true,

故我　樂意　背負 ，　　　　　榮耀　十字　寶　架，

Gu-ngó lok-yi bui-fu ,   wìng-yiu sap-ji bóu ga ,

Gùwǒ　lèyì　bèifù,　　　　róngyào shízì bǎo jià,

Its shame and reproach gladly bear;

甘受　　世人　輕視　　辱罵 ，

Gàm-sau sai-yàn hìng-si yuk-ma ,

Gānshòu　shìrén qīngshì rǔmà,

Then He'll call me some day   to my home far away,

他 日 救 主 再 臨 ，　　　天使 號 聲　　洪亮 ，

Tà yat gau Jyú joi làm ,   tìn-si hou sìng hùng-leung,

Tā rì jiù Zhǔ zài lín,　　　tiānshǐ hào shēng hóngliàng,

Where His glory forever I'll share.

救主　笑容　接我　回天　家 .

Gau-Jyú siu-yùng jip ngó wùi tìn gà .

Jiùzhǔ　xiàoróng jiē wǒ huí tiān jiā.

[Refrain]

79. THERE IS A FOUNTAIN

有 一 活 泉 充滿 寶 血
Yau Yat Wut Chyun Chùng-mùn Bou Hyut

William Cowper (1771) * Zechariah 14:8

1 There is   a fountain filled   with blood   drawn from   Immanuel's veins ;
有 一 活 泉 充滿 寶 血 從 主 肋 旁 流 下;
Yau yat wut chyun chùng-mùn bou hyut   chùng Jyú   laat pong lau ha;
Yǒu yī huó quán chōngmǎn bǎo xuè   cóng Zhǔ   lē páng liú xià;

And sinners, plunged beneath   that flood ,   lose all   their guilty stains :
罪人 只要 在 此   一 洗,   必 能 潔淨 無 暇:
Jeui-yàn ji-yiu joi chi   yat sái ,   bìt nàng git-jing mòu ha :
Zuìrén zhǐyào zài cǐ   yī xǐ,   bì néng jiéjìng wú xiá:

Lose all   their guilty   stains ,   lose all   their guilty   stains ;
必 能 潔淨 無 暇,   必 能 潔淨 無 暇:
Bìt nàng git-jing mòu ha ,   bìt nàng git-jing mòu ha ;
Bì néng jiéjìng wú xiá,   bì néng jiéjìng wú xiá:

And sinners, plunged beneath   that flood ,   lose all   their guilty stains .
罪人 只要 在 此   一 洗,   必 能 潔淨 無 暇.
Jeui-yàn ji-yiu joi chi   yat sái ,   bìt nàng git-jing mòu ha .
Zuìrén zhǐyào zài cǐ   yī xǐ,   bì néng jiéjìng wú xiá.

2 The dying thief rejoiced   to see   That fountain, in his day;
臨死 一 賊 得 見 此 泉 心 喜 求 主 紀念
Làm-séi yat chaak dàk gin   chí chyùn   sàm héi kàu Jyú gei-nim
Línsǐ yī zéi dé jiàn   cǐ quán   xīn xǐ qiú Zhǔ jìniàn

And there may I, though vile   as he   Wash all   my sins away,
我 罪 雖然 比 祂 更深 主 能 洗 我 完全
Ngó jeui sèui yìn béi Tà   gang-sàm   Jyú nàng sái ngó yùn-chyùn
Wǒ zuì suīrán bǐ Tā   gēngshēn   Zhǔ néng xǐ wǒ wánquán

Wash all   my sins away,   wash all   my sins away.
主　能　洗　我　　完全　，　　　主　能　洗　我　　　完全　，
Jyú nàng sái ngó yùn-chyùn ,   **Jyú nàng sái ngó yùn-chyùn ,**
Zhǔ néng xǐ wǒ   wánquán,   Zhǔ néng xǐ wǒ   wánquán,

And there may I, though vile   as he,   wash all   my sins away.
我　罪　雖然　比　祂　　　更深　　　主　能　洗　我　　完全　．
Ngó jeui sèui yìn béi Tà   gang-sàm   Jyú nàng sái ngó yùn-chyùn .
Wǒ zuì suīrán bǐ Tā   gēngshēn   Zhǔ néng xǐ wǒ   wánquán.

A-men .
阿們 .
A-mùn.
Āmen.

William **Cowper** (1731-1800) was born in England, the son of an Anglican minister. When his mother died when he was six years old and his father sent him to a boarding school, he felt emotionally abandoned and suffered periodic bouts of depression in which he believed that God had predistined him to doom. Later, while studying law, he fell in love with his cousin and became engaged to her, but later her father forbade their marriage. They never saw each other again, but remained in correspondence, and she sent him money whenever he was in need.   When he was called to take his bar examination before the House of Lords he was so terrified that he suffered a mental breakdown. After he attempted suicide several times, he was committed to an asylum that was tended by Dr. Nathaniel Cotton, a medical doctor who specialized in mental disorders. Cotton was also a kind evangelist who when he discovered that Cowper had never accepted Jesus as his Lord and Savior, left a Bible on a garden bench hoping that Cowper would find it.   Cowper found the Bible and through reading it, finally found peace at the age of 33. After his release, he went to live with the family of a minister friend, Morley Unwin, and then later, with the family of another friend, John Newton, who later wrote the song "Amazing Grace".   To occupy his mind, Newton regularly took Cowper along on visitations and Mrs. Unwin encouraged him to write poetry. Cowper enjoyed good health for the next twenty years. "There Is A Fountain" first appeared in *A Collection of Psalms and Hymns from Various Authors, 2nd Ed.* (R. Conyers, 1772) and the famous *Olney Hymns* collection (J. Newton/W. Cowper, 1779).

80. THIS IS MY FATHER'S WORLD

這 是 天父　世界
Jé si Tìn-Fu sai-gaai

Maltbie D. Babcock (1901) * Psalm 8

1 This is my Father's world:
這 是 天父　世界 ，
Jé si Tìn-Fu sai-gaai ,
Zhè shì TiānFù shìjiè,

And to my listening ears
　我們　側 耳 靜　聽 ，
Ngó-mùn jàk yí jing tèng ,
　wǒmen　cè ěr jìng tīng,

All nature sings,　　and round me rings
宇 宙　唱歌 ， 四 圍　響應 ，
Yú jau cheung-gò , sei wài héung-ying ,
Yǔ zhòu chànggē, sì wéi xiǎngyìng,

The music of the spheres
星辰　作 樂 同 聲 .
Sìng-sàn jok lok tùng sèng .
xīngchén zuò lè tóng shēng.

This is my Father's world
這 是 天父　世界 ，
Jé si Tìn-Fu sai-gaai ,
Zhè shì TiānFù shìjiè,

I rest me in the thought
　我 心 滿 有　安寧 ，
Ngó sàm mún yau òn-nìng,
　wǒ xīn mǎn yǒu ānníng,

Of rocks and trees,　of skies and seas,
花 草　樹木 ， 穹蒼　碧海 ，
Fà chóu syu-muk , kùng-chòng bìk hói ,
Huā cǎo shùmù, qióngcāng bì hǎi,

His hand the wonders wrought
述 說 天父 奇 能 ！
Seut syut Tìn-Fu kèi nàng !
shù shuō TiānFù qí néng!

3 This is my Father's world, O let me never forget
這 是 天父　世界 ； 求 主 叫 我 不 忘 ，
Jé si Tìn-Fu sai-gaai ; kàu Jyú giu ngó bàt mòng ,
Zhè shì TiānFù shìjiè ; Qiú Zhǔ jiào wǒ bù wàng,

That though the wrong seems often strong,   God is the Ruler yet.

靠　惡　雖然　　好像　　得勝　，　天父　卻　仍　　掌管　．

Kaau ok sèui-yìn hou-jeung dàk-sing , Tìn-Fu keuk yìng jéung-gún .

Kào è suīrán hǎoxiàng déshèng, TiānFù què réng zhǎngguǎn.

This is my Father's world   The battle is not done;

這 是 天父　　世界 ，　　　　　我　心　不必　　憂傷　；

Jé si Tìn-Fu sai-gaai ,   Ngó sàm bàt-bìt yàu-sèung ;

Zhè shì TiānFù shìjiè,   Wǒ xīn bùbì yōushāng;

Jesus who died   shall be satisfied,

上帝　　是　王 ，　天　地　同　　唱　，

Seung-Dai si wòng , Tìn dei tùng cheung,

ShàngDì shì wáng, tiān de tóng chàng,

And earth and heaven be one.   A-men.

歌聲　　充滿　　萬　方　．　阿們 ．

gò-sìng chùng-mún maan fòng . A-mùn.

gēshēng chōngmǎn wàn fāng. Āmen.

Maltbie Davenport Babcock (1858-1901) was a remarkable and talented young man. He was a musician and a champion college swimmer and baseball player who loved to share the Gospel with others. He became a gifted preacher who was known for his kindness and patience in counseling and enthusiasm for college ministries. He loved to take a jog in the early morning in New York to a hillside where he could see the dawn break and the beauty of nature unfold before him. He was inspired to write this hymn as a result. He was often heard to say, "This world is the best for us, and we must make the most of it and do our best for it." With a burning desire to travel to Egypt and Palestine and to bring back stories to inspire others, he died of a rather mysterious fever on his return voyage. His wife, collected his writings and published a volume entitle "Thoughts For Every Day Living" to continue his work of inspiring others even after his death.

81. TO GOD BE THE GLORY

榮耀　歸　於　天父
Wìng-yiu gwai yù Tìn-Fu

Fanny J. Crosby (1875) * Habakkuk 2:14

1 To God be the glory,　　　great things he has done, So loved He the world that
　榮耀　　歸　於　天父，祂哀憐普世，為救　我們　　罪人
Wìng-yiu gwai yù Tìn-Fu, Tà ngoi lin pou sai , Wai gau ngó-mùn jeui-yàn
Róngyào　guī　yú TiānFù, Tā　āi　lián pǔ shì, wèi jiù　wǒmen　zuìrén

He gave us His Son,　　　Who yielded　His life an atonement for sin,
　賜下　獨　生　子,主也甘心情願為　我們　　捨命，
Chi ha duk sàang Ji , Jyú yá gam sàm chìng yun wai ngó-mùn se-meng ,
cì xià dú shēng Zi, Zhǔ yě gān xīn qíng yuà wèi wǒmen shěmìng,

And opened the life-gate that all may go in.　　　Praise the Lord,
　要　開　一個　恩　門　使我們　得　生 .　　讚美　主，
yiu hoi yat-go yàn mùn si ngó-mùn dàk sàang .　　Jaan-méi Jyú ,
Yào kāi　yīgè　ē　mén shǐ wǒmen　dé　shēng.　　Zànměi　Zhǔ ,

praise the Lord,　let the earth hear His voice!　　Praise the Lord,
　讚美　主，　全　地　聆聽　主　聲！　　讚美　主，
jaan-méi Jyú ,　chyun dei ling-tèng Jyú sing !　Jaan-méi Jyú ,
zànměi Zhǔ,　quán　de língtīng Zhǔ shēng!　　Zànměi Zhǔ,

praise the Lord,　let the people rejoice!　　O come to the
　讚美　主，　萬　民　都　當　歡欣 !　　藉　著　聖子
jaan-méi Jyú ,　maan man dou dong fùn-yan !　Jik jeuk Sing-Ji
zànměi Zhǔ,　wàn　mín dōu dāng huānxīn!　　Jí　zhe ShèngZǐ

Father, through Jesus the Son,　And give Him the glory, great things He has done.
　耶穌　可親　近　天父，祂已　成功　已贖　榮耀　歸　天父 .
Yè-sòu ho-chan gan Tìn-Fu, Tà yí sing-gung gau-suk wìng-yiu gwai Tìn-Fu.
Yēsū　kě qīn　jìn TiānFù, Tā yǐ chénggōng yǐ shú　róngyào guī TiānFù.

3 Great things He has taught us, great things He has done,　And great our rejoicing

救主　恩　訓導　我　學　公道　　正義　　使我　雖在　　世上

Gau-Jyú yàn fan-dou ngó hok gùng-dou jing-yi　　**Si ngó sèui joi sai-seung**

Jiùzhǔ　ēn　xùndǎo　wǒ　xué　gōngdào　zhèngyì　　Shǐ wǒ suī zài shìshàng

through Jesus the Son;　But purer, and higher, and greater will be

安樂　如在　天　　直　等　我　的　　眼睛　　得　見　主　榮　面

òn-lok yù joi tìn　　**jik dáng ngó dìk ngáan-jìng dàk gin Jyú wìng min**

ānlè　rú zài tiān　　zhí děng wǒ de　　yǎnjīng　dé jiàn Zhǔ róng miàn

Our wonder, our transport, when Jesus we see.

那　時　我　的　福　樂　更　　無窮　　無限

Ná sì ngó dìk fùk lok gang mòu-kùng mòu-haan

Nà shí wǒ de　fú　lè　gèng　wúqióng　　wúxiàn

Praise the Lord,　praise the Lord,　　let the earth hear His voice!

讚美　主，　　讚美　主，　　全　地　聆聽　主　聲！

Jaan-méi Jyú,　jaan-méi Jyú,　　**chyun dei ling-tèng Jyú sing !**

Zànměi Zhǔ,　zànměi Zhǔ,　　quán de　língtīng Zhǔ shēng!

Praise the Lord,　praise the Lord,　　let the people rejoice!

讚美　主，　　讚美　主，　　萬　民　都　當　歡欣！

Jaan-méi Jyú,　jaan-méi Jyú,　　**maan man dou dong fùn-yan !**

Zànměi Zhǔ,　zànměi Zhǔ,　　wàn　mín　dōu　dāng　huānxīn!

O come to the Father, through Jesus the Son,

藉　著　聖子　耶穌　可親　近　天父，

Jik jeuk Sing-Ji Yè-sòu ho-chan gan Tìn-Fu,

Jí　zhe ShèngZǐ Yēsū　kě qīn　jìn TiānFù,

And give Him the glory, great things He has done.

祂　已　成功　已贖　榮耀　歸　天父．

Tà yí sing-gung gau-suk wìng-yiu gwai Tìn-Fu .

Tā yǐ chénggōng yǐ shú　róngyào　guī TiānFù.

82. TRUST AND OBEY

信　靠　順　服
Seun Kaau Seun Fuk

J. H. Sammis (1877) * Hebrews 5:9

1 When we walk with the Lord In the light of His Word,
在 主 真 道光 中 , 我 與 救 主 同行 ,
Joi Jyú jàn dou-gwòng jung , **ngó yú gau Jyú tùng-hang ,**
Zài Zhǔ zhēn dàoguāng zhōng, wǒ yǔ jiù Zhǔ tóngxíng,

What a glory He sheds on our way! While we do His goodwill,
何等 榮耀 照亮 我 路程 , 只要 遵 主 旨意,
Hò-dáng wìng-yiu jiu leung ngó lou-chìng , **Jí-yiu jèun Jyú jí-yi ,**
Héděng róngyào zhào liàng wǒ lùchéng, Zhǐyào zūn Zhǔ zhǐyì,

He abides with us still, And with all who will trust and obey.
主 肯 與 我 同行 , 信 靠 順服 , 主 必 肯 同行 .
Jyú háng yú ngó tùng-hang, seun kaau seun-fuk, Jyú bìt háng tùng-hang .
Zhǔ kěn yǔ wǒ tóngxíng, Xìn kào shùnfú, Zhǔ bì kěn tóngxíng.

[Refrain] Trust and obey, for there's no other way
[副歌] 信 靠 順服 , 此外 不能 蒙 福 ,
[Fu gò] **Seun kaau seun-fuk ,** **chí-ngoi bàt-nàng mùng fùk ,**
[Fù gē] Xìn kào shùnfú, cǐwài bùnéng méng fú,

To be happy in Jesus, but to trust and obey.
若 要 得主 裏 喜樂 , 只要 信 靠 順服 .
yeuk yiu dàk-Jyú léui héi-lok , **jí-yiu seun kaau seun-fuk .**
Ruò yào déZhǔ lǐ xǐlè, zhǐyào xìn kào shùnfú.

2 Not a shadow can rise,　　　　Not a cloud in the skies,

　　沒　有　黑　影　遮蔽，　　　也　無　雲霧　迷漫　，

　　Mut-yau hàak yíng jè-bai ,　　**yá mòu wàn-mou mài-maan ,**

　　Méiyǒu hēi yǐng zhēbì,　　　yě wú yúnwù mímàn,

But His smile quickly drives it away;　　Not a doubt nor a fear,

　　因　主　笑容　使　雲霧　消散　；　　沒有　疑惑　畏懼　，

　　Yàn Jyú siu-yùng si wàn-mou sìu-saan ;　　**Mut-yau yì-waak wai-geui ,**

　　Yīn Zhǔ xiàoróng shǐ yúnwù xiāosàn;　　Méiyǒu yíhuò wèijù,

Not a sigh nor a tear,　　　　Can abide while we trust and obey.

　　沒有　眼淚　憂慮　，　　信　靠　順服，　憂懼　自　消除　.

　　mut-yau ngáan-leui yàu-leui ,　　**seun kaau seun-fuk, yàu-geui ji sìu-chèui .**

　　méiyǒu yǎnlèi yōulǜ,　　　Xìn kào shùnfú, yōujù zì xiāochú.

[Refrain]

3 Not a burden we bear,　　　　Not a sorrow we share,

　　除非　我　將　一切　　奉獻　救主　腳　前　，

　　Chèui-fèi ngó jeung yat-chai　　**fung-hin Gau-Jyú geuk chìn ,**

　　Chúfēi wǒ jiāng yīqiè　　　fèngxiàn JiùZhǔ jiǎo qián,

But our toil He doth richly repay;　　Not a grief nor a loss,

　　主　豐滿　慈愛　才能　　體驗　；　　因　主　一切　恩惠　，

　　Jyú fùng-mún chì-oi chòi-nàng tái-yim ;　　**Yàn Jyú yat-chai yàn-wai ,**

　　Zhǔ fēngmǎn cí'ài cáinéng tǐyàn;　　　Yīn Zhǔ yīqiè ēnhuì,

Not a frown nor a cross,　　　　But is blest if we trust and obey.

　　一切　喜樂　榮美　，　　乃　為　信　靠　順服　者　預備　.

　　yat-chai héi-lok wìng-méi ,　　**náai wai seun kaau seun-fuk jé yu-bei .**

　　yīqiè xǐlè róngměi,　　　nǎi wéi xìn kào shùnfú zhě yùbèi.

[Refrain]

83. WE GATHER TOGETHER

我們 　同心 　聚集 　祈求 　主
Ngó-mùn Tùng-sàm Jeui-jaap Kèi-kàu Jyú

Adrianus Valerius (1597) * Deuteronomy 31:12

1 We gather together to ask the Lord's blessing;　　　　He chastens

我們 　同心 　聚集 　祈求 　主賜 福氣 　　主 用 各
Ngó-mùn tùng-sàm jeui-jaap kèi-kàu Jyú chi fùk-hei　Jyú yung gok
Wǒmen tóngxīn jùjí qíqiú Zhǔ cì fúqi　　Zhǔ yòng gè

and hastens His will to make known;　　The wicked oppressing now cease

樣 　方法 　將 旨意 　顯明 　　罪勢 不再 壓制 痛苦
yeung fòng-faat jèung jí-yi hín-mìng　jeui sai bàt joi ngaat-jai tung-fú
yàng fāngfǎ jiāng zhǐyì xiǎnmíng　zuì shì bù zài yāzhì tòngkǔ

from distressing,　Sing praises to His name;　He forgets not His own.

憂傷 停止 歌頌 讚美 主 名 主 不 忘 祂子民．
yàu-sèung tìng-jí gò-jung jaan-méi Jyú mìng Jyú bàt mòng Tà jí màn.
yōushāng tíngzhǐ gēsòng zànměi Zhǔ míng Zhǔ bù wàng Tā zi mín.

2 Beside us to guide us, our God with us joining,　　　　Ordaining,

主 是 我們 前導 常 與 我們 同行 主任 命
Jyú si ngó-mùn chìn-dou sèung yú ngó-mùn tùng-hang Jyú-yam ming
Zhǔ shì wǒmen qiándào cháng yǔ wǒmen tóngxíng Zhǔrèn mìng

maintaining His kingdom divine;　　So from the beginning the fight

使 祂 聖潔 國度 永存 　　爭戰 之 始 已知 勝利
si Tà sing-git gwok-dou wíng-chyùn　jàang-jin jì chí yí ji sing-lei
shǐ Tā shèngjié guódù yǒngcún　zhēngzhàn zhī shǐ yǐ zhī shènglì

we were winning;　　Thou Lord, was at our side, all glory be Thine!

屬於 我們 　有 主 親自 同 在 榮耀 歸 至高 神．
suk-yù ngó-mùn　yau Jyú chàn-ji tùng joi wìng-yiu gwài ji-gòu Sàn.
shǔyú wǒmen　yǒu Zhǔ qīnzì tóng zài róngyào guī zhìgāo Shén.

3 We all do extol Thee, Thou Leader triumphant,　　And pray that Thou still our

爭戰　之　始　已　知　勝利　　屬於　　　我們　，　　有　主　　親自　　同　在

Jàang-jin jì chí yí ji sing-lei suk-yù ngó-mùn，　　**yau Jyú chàn-ji tùng joi**

Zhēngzhàn zhī shǐ yǐ zhī shènglì shǔyú　wǒmen　　yǒu Zhǔ　qīn zì　tóng zài

Defender will be.　　Let Thy congregation　　escape tribulation:

榮耀　　至高　神．　　願主　　施行　　　拯救　使我　免受　災害

wìng-yiu ji-gòu Sàn.　　**Yun-Jyú sì-hang chíng-gau si ngó mín sau jòi-hoi**

róngyào　zhìgāo Shén.　　Yuànzhǔ　shīxíng　zhěngjiù shǐ wǒ miǎn shòu zāihài

Thy Name be ever praised!　　O Lord, make us free!　　A-men.

永遠　　讚美　主　名！　　主　使我　得　自由！　　阿們．

Wíng-yún jaan-méi Jyú mìng！　　**Jyú si ngó dàk ji-yàu！**　　**A-mùn.**

Yǒngyuǎn　zànměi Zhǔ míng!　　Zhǔ shǐ wǒ dé　zìyóu!　　Āmen.

Adrianus Valerius (1575-1625) was born and raised in Middleburg in south-western Netherlands at a time when it was the center of lens crafting during the Golden Age of Dutch science and technology (the invention of the microscope and telescope is often credited to Middleburg spectacle-makers). Valerius moved to the nearby town of Veere where he became a notary, active civic leader and poet. Unlike other members of the *rederijkerskamer* (chamber of eloquent speakers) of Veere, Valerius only wrote religious texts. He wrote a number of Dutch hymns and collected folk poems and melodies on the Dutch Wars of Independence from Catholic Spain (1555–1625) in *Nederlandtsche gedenck-clanck,* which was published posthumously by his son in 1631. It gained instant popularity and was studied widely in many churches and homes as a reminder to cherish religious liberty and devotion to God. The collection contained 76 songs printed in musical notation, which was unusual for the time. Valerius' compendium served as a mirror reflecting back on times of religious persecutions and is a reminder to be always thankful. It helped preserve Dutch nationalism and pride during the German occupation of the Netherlands in World War II.

"We Gather Together" was based upon an old Dutch Thanksgiving prayer and was brought to America by Dutch settlers in New Amsterdam (New York). In the United States, it is popularly associated with Thanksgiving Day and is often sung at religious services and family meals.

84. WE THREE KINGS OF ORIENT

東方　三　博士

Dùng-fòng Sam Bok-si

John H. Hopkins, Jr. (1857) * Matthew 2:1-2. This song was written in three sections to be sung as if by the three supposed Magi (the actual number is unknown).

1 (All)　We three kings of Orient are;　　Bearing gifts we traverse afar,
　　東方　博士　朝見　救主　,　千里　跋涉　奉獻　供物
　　Dùng-fòng bok-si jìu-gin Gau-Jyú ,　chìn-léi bat-sip fung-hin gùng-mat
　　Dōngfāng bóshì cháojiàn Jiùzhǔ,　qiānlǐ báshè fèngxiàn gōngwù

　　Field and fountain, moor and mountain,　　Following yonder star.
　　越過　荒山　,　跨過　溪澗　,　景　星　帶領　旅途
　　Yut-gwo fòng-sàan ,　kwa-gwo kài-gaan ,　gíng sìng daai-líng léui-tòu
　　Yuèguò huāngshān,　kuàguò xījiàn,　jǐng xīng dàilǐng lǚtú

[Refrain]
　　O star of wonder, star of night,　　Star with royal beauty bright,
　　啊,照　徹　黑夜　燦爛　星　,　光輝　晶瑩　君王　星
　　A, jiu chit hàak-ye chan-laan sìng,　gwòng-fài jìng-yìng gwàn-wòng sìng
　　A, zhào chè hēiyè cànlàn xīng,　guānghuī jīngyíng jūnwáng xīng

　　Westward leading, still proceeding,　　Guide us to thy perfect light.
　　指向　西方　,　不斷　發光　,　領　我　進入　光明　中
　　Jí-heung sài-fòng, bàt-dyun faat-gwòng,　líng ngó jeun-yap gwòng-mìng jung
　　Zhǐxiàng xīfāng,　bùduàn fāguāng,　lǐng wǒ jìnrù guāngmíng zhōng

2 (Gaspard)　Born a King on Bethlehem's plain　Gold I bring to crown Him again,
　　恭敬　獻　上　黃金　冠冕　,　君王　生　在　猶太　平
　　Gùng-ging hin seung wòng-gàm gun-mín, gwàn-wòng sàang joi yàu-taai pìng-
　　Gōngjìng xiàn shàng huángjīn guānmiǎn, jūnwáng shēng zài yóutài ping-

　　King forever,　　ceasing never,　　Over us all to reign.
　　原　,　降臨　世上　,　永　為　君王　,　在　天下　永　掌權
　　-yùn, Gong-làm sai-seung, wíng wai gwàn-wòng, joi tìn-ha wíng jéung-kyùn
　　yuán, Jiànglín shìshàng, yǒng wèi jūnwáng, zài tiānxià yǒng zhǎngquán

[Refrain]

3 (Melchior) Frankincense to offer have I;   Incense owns a Deity nigh;
恭敬　獻上　乳香　敬拜，　歡慶　真神　降　尊　而來
Gùng-ging hin seung yú-hèung ging baai,　**fùn hing jàn-sàn gong jyùn yì lòi**
Gōngjìng xiàn shàng rǔxiāng jìng bài,　huān qìng zhēnshén jiàng zūn ér lái

Prayer and praising,　voices raising,　Worshiping God on high.
萬　人　讚美　，　禱告　不　息　，　頌　他　配　受　擁戴　.
Maan yàn jaan-méi，tóu-gou bàt sìk，jung Tà pui sau yúng-daai.
Wàn rén zànměi，dǎogào bù xī，sòng Tā pèi shòu yōngdài.

[Refrain]

4 (Balthazar) Myrrh is mine, its bitter perfume   Breathes a life of gathering gloom;
奉獻　沒藥，預表　痛苦，　陰　晦暗　淡　籠罩　我　主
Fung-hin mut yeuk, yu bíu tung-fú, yàm fui-am daam lùng-jaau ngó Jyú
Fèngxiàn mò yào, yù biǎo tòngkǔ, yīn huì'àn dàn lóngzhào wǒ Zhǔ

Sorr'wing, sighing,　bleeding, dying,　Sealed in the stone cold tomb.
嘆息　悲傷　，　流血　身亡　，　葬　於　冷酷　的　墓
Taan-sìk bèi-sèung，làu-hyut sàn-mòng，jong yù láang-huk dìk mou
Tànxí bēishāng，liúxuè shēnwáng，zàng yú lěngkù de mù

[Refrain]

5 (All) Glorious now behold Him arise;   King and God and sacrifice;
他　已　復活　，　獲得　尊　位　，　君王　真神　，　贖罪　的　祭
Tà yí fuk-wut, wok-dàk jyùn wai，Gwàn-Wòng jàn-Sàn，suk-jeui dìk jai
Tā yǐ fùhuó, huòdé zūn wèi, JūnWáng zhēnShén, shúzuì de jì

Alleluia,　Alleluia,　Sounds through the earth and skies.
哈利路亞！　哈利路亞！　頌歌　響　徹　天地　.
Há-lei-lou-a！　Há-lei-lou-a！　Jung-gò héung chit tìn-dei.
Hā lì lù yà!　Hā lì lù yà!　Sònggē xiǎng chè tiāndì.

[NOTE: This was the first Christmas carol originating from the United States to
achieve widespread popularity.]

85. WHAT A FRIEND

耶穌　恩友
Yè-sòu Yàn Yau

Joseph M. Scriven (1855) * Proverbs 18:24

1 What a Friend we have in Jesus,　　　all our sins and griefs to bear!
耶穌 是 我 親愛 　 朋友 ，　　擔 擔 我 罪 與 憂愁 ！
Yè-sòu si ngó chan-oi pang-yau ,　daam dong ngó jeui yú yàu-sau !
Yēsū shì wǒ qīn'ài péngyǒu,　　dān dān wǒ zuì yǔ yōuchóu!

What a privilege to carry　　　　　　everything to God in prayer!
何等 權利 能 將 萬事 帶 到 主 恩 座 前 求 ！
Ho-dáng kyun-lei nàng jeung maan si　daai dou Jyú yàn jo chìn kàu !
Héděng quánlì néng jiāng wàn shì　dài dào Zhǔ ēn zuò qián qiú!

O what peace we often forfeit,　　　O what needless pain we bear,
多少 平安 屢屢 失去 ，　　多少 痛苦 白白 受 ，
Do-siu pìng-òn leui-leui sat-heui ,　Do-siu tung-fu baak-baak sau ,
Duōshǎo píng'ān lǚlǚ shīqù,　　duōshǎo tòngkǔ báibái shòu,

All because we do not carry　　　everything to God
皆 因 未 將 各樣 事情 帶 到 主 恩
Gaai yàn mei jeung gok-yeung si-chìng daai dou Jyú yàn
Jiē yīn wèi jiāng gè yàng shìqíng dài dào Zhǔ ēn

in prayer!
座 前 求 ！
jo chìn kàu !
zuò qián qiú!

2 Have we trials and temptations?　　Is there trouble anywhere?
或 遇 試煉 或 遇 引誘 　　或 有 煩惱 壓 心頭
Waak yu si lin waak yu yán-yáu　waak yau fàan-nóu ngaat sàm-tàu
Huò yù shì liàn huò yù yǐnyòu　huò yǒu fánnǎo yā xīntóu

We should never be discouraged.
切　莫　灰　心切　莫　　喪膽
chit mok fùi sàm-chit mok song-dáam
qiè　mò　huī xīnqiè　mò　　sàngdǎn

Can we find a friend so faithful
何　處　得　此　忠心　　朋友
hò chyu dàk chí jùng-sàm pàng-yáu
hé　chù　dé　cǐ　zhōngxīn　péngyǒu

Jesus knows our every weakness,
耶穌　深　知　我們　　軟弱
<u>**Yè-sòu**</u> **sàm ji ngó-mùn yún-yeuk**
Yēsū　shēn zhī wǒmen　　ruǎnruò

Take it to the Lord in prayer.
來　到　主　恩座　前來
lòi dou Jyú yàn jo chìn lòi
lái dào Zhǔ ēn zuò qián lái

Who will all our sorrows share?
分擔　　一切　苦與憂
fan-tàam yat-chai fú yú yàu
fēndān　　yīqiè kǔ yǔ yōu

Take it to the Lord in prayer.
來　到　主　恩座　前　來
lòi dou Jyú yàn jo chìn lòi
lái dào Zhǔ ēn zuò qián lái

Joseph Medicott Scriven (1819-1886) was an Irish poet, tutor, and lay preacher born of prosperous parents in Ireland. He graduated from Trinity College in Dublin, and migrated to Ontario, Canada when he was 25. After his fiancé died from a drowning accident the day before their marriage, he was moved to explore his faith further. He came to believe in full immersion in baptism and joined the Plymouth Brethren which taught the absolute authority of the Scriptures. He travelled to the Middle East and like Saul of Tarsus, found inspiration on the street called Straight in Damascus. There he is said to have written the first line, "What a Friend we have in Jesus," as a poem. On his return to England, he stayed in Plymouth where he fell in love with a young lady, only to lose her to another suitor (the three remained good friends). He fell in love again, but his second fiancé came down with pneumonia and died. Joseph dedicated his life to helping the less fortunate and would often chop wood and serve those who were poor and infirm. He returned to Canada where he continued his benevolent Christian ministry of service to the less fortunate. When he heard that his mother in Ireland was ill, he added further words to the poem which he wrote earlier and sent it to her. That poem later became the hymn "What a Friend We Have in Jesus."

86. WHAT CHILD IS THIS?

是 何　嬰孩 ？
Si Ho Yìng-haai ?

William C. Dix (1865) * Isaiah 7:14

1 What child is this, who laid to rest　　on Mary's lap is sleeping ?
是何　嬰孩　躺臥　安睡　　在 馬利亞 的　懷 內 ？
Si-ho yìng haai tong-ngo òn seui　　**joi Ma-lei-a dìk waai noi ?**
Shì hé yīng hái tǎng wò ān shuì　　zài Mǎlìyǎ de huái nèi?

Whom angels greet with anthems sweet ,　　while shepherds watch are keeping?
牧人　正在　看守　群　羊 ,　天使　歌唱　是 為　誰 ？
Muk-yàn jing-joi hon-sau kwan yeung ,　　**Tìn-si go-cheung si wai seui ?**
Mùrén zhèngzài kānshǒu qún yáng,　tiānshǐ gēchàng shì wèi shuí?

This, this is Christ the King ,　　whom shepherds guard and angels sing :
祂, 是 基督　我　王 ,　　天使　歌唱　牧人　歡欣 :
Tà, si Gèi-dùk ngó Wòng ,　　**Tìn-si go-cheung muk-yàn fùn-yan :**
Tā , shì Jīdū wǒ Wáng,　　tiānshǐ gēchàng mùrén huānxīn:

"Haste, haste to bring Him laud ,　　the Babe, the Son of Mary."
快 , 來　向　祂　頌揚 ,　　救主 ,　基督　至　聖嬰 .
Faai , lòi heung Tà jung-yeung ,　　**Gau-Jyú , Gèi-dùk ji Sing-Yìng .**
Kuài , lái xiàng Tā sòngyáng,　　Jiùzhǔ,　Jīdū zhì ShèngYīng.

3 So bring Him incense, gold and myrrh,　　Come, peasant, King to own Him;
奉獻　黃金　乳香 , 沒 藥 ,　萬民　承認　祂 為　王 ;
Fung-hin wòng-gàm yú-hèung, mut yeuk, maan-màn sìng-ying Tà wai wòng;
Fèngxiàn huángjīn rǔxiāng, mò yào,　wànmín chéngrèn Tā wèi wáng;

The King of kings salvation brings,　　Let loving hearts enthrone Him.
萬　王 之 王 賜 下　救贖 ,　心靈　當 尊 祂 為　王 .
Maan wòng jì wòng chi ha gau-suk,　　**sàm-lìng dòng jyùn Tà wai wòng .**
Wàn wáng zhī wáng cì xià jiùshú,　　xīnlíng dāng zūn Tā wèi wáng.

This, this is Christ the King ,
祂 ， 是 基督 我 王 ，
Tà , si Gèi-dùk ngó Wòng ,
Tā , shì Jīdū wǒ Wáng,

whom shepherds guard and angels sing :
天使 歌唱 牧人 歡欣 ：
Tìn-si go-cheung muk-yàn fùn-yan :
tiānshǐ gēchàng mùrén huānxīn:

"Haste, haste to bring Him laud ,
快 ， 來 向 祂 頌揚 ，
Faai , lòi heung Tà jung-yeung ,
Kuài , lái xiàng Tā sòngyáng,

the Babe, the Son of Mary."
救主 ， 基督 至 聖嬰 ．
Gau-Jyú , Gèi-dùk ji Sing-Yìng .
Jiùzhǔ, Jīdū zhì ShèngYīng.

Amen .
阿們 ．
A-mùn .
Āmen.

William Chatterton Dix (1837-1898) was born in Bristol, England, the son of a surgeon. At the time of composing this song, Dix worked as an insurance company manager and had been struck by a severe, near fatal illness. While recovering, he underwent a spiritual renewal that led him to read the Bible carefully and often. He was so inspired by his readings that he was moved to write several hymns. The words to this hymn is his own modification of a poem that he had written entitled "The Manger Throne." There are two differences in the text between hymnals. Some hymnals divide into three verses and a chorus, while other hymnals make the chorus an extension of each verse. The tune to this hymn is from *Greensleeves*, a traditional English medieval folk song named for the character Lady Green Sleeves.

87. WHEN WE ALL GET TO HEAVEN

當 聖徒 回 到 天家
Dòng Sing-tòu wù Dou Tìn gà

Eliza Edmunds Hewitt (1898) * 1 Thessalonians 4:16-18

1 Sing the wondrous love of Jesus,　　Sing His mercy and His grace;
讚美　耶穌　奇妙　恩惠，　　天家恩門　為我　開，
Jaan-méi Yè-sòu kèi-miu yàn-wai,　　**tìn gà yàn mùn wai ngó hòi,**
Zànměi　Yēsū　qímiào　ēnhuì,　　tiān jiā ēn mén wèi wǒ kāi,

In the mansions bright and blessed　　He'll prepare for us a place.
在那　光明　榮耀　福地，　　預備　燦爛的　住宅．
Joi ná gwòng-mìng wìng-yiu fùk-dei,　　**yu-bei chan-laan dìk jyu-jaak .**
Zài nà　guāngmíng róngyào　fúdì,　　yùbèi　cànlàn de　zhùzhái.

[Refrain] When we all　　get to heaven,　　What a day of rejoicing that will be!
[副歌]　　當　聖徒　回　到天家，　　那日期　真　歡喜　快樂，
[fugò]　　**Dòng sing-tòu wù dou tìn gà,**　　**ná yat-kèi jàn fùn-héi faai-lok,**
[fù gē]　　Dāng shèngtú　huí dào tiān jiā,　　nà　rìqí zhēn huānxǐ　kuàilè,

When we all see Jesus,　　We'll sing and shout the victory!
見　主面　頌　耶穌，　　永遠　要高　唱　得勝歌．
Gin Jyú min jung Yè-sòu ,　　**wíng-yún yiu gòu cheung dàk-sing gò .**
Jiàn Zhǔ miàn sòng Yēsū,　　yǒngyuǎn yào gāo chàng　déshèng gē.

2 While we walk the pilgrim pathway,　　Clouds will overspread the sky;
我　今真　像　旅客　行路，滿天黑雲佈　前途；
Ngó gàm jàn yeung léui-haak hang-lou,　　**mún tìn hàak wàn bou chìn-tòu;**
Wǒ　jīn zhēn xiàng　lǔkè　xínglù,　　mǎn tiān hēi yún bù　qiántú;

But when trav'ling days are over,   Not a shadow, not a sigh.

等　我　行　到　榮美　天　家 ，　嘆息　愁苦　就　消逝 ．

Dáng ngó hang dou wìng-méi tìn gà ，　taan-sìk sàu-fú jau sìu-sai ．

Děng　wǒ　xíng　dào　róngměi　tiān　jiā，　tànxí　chóukǔ　jiù　xiāoshì.

[Refrain]

3 Let us then be true and faithful,   Trusting, serving every day;

為　主　做　工務　要　忠誠 ，　時常　謹慎　我　路程 ，

Wai Jyú jou gùng-mou yiu jùng-sìng ，　sì-sèung gán-san ngó lou-chìng ，

Wéi　Zhǔ　zuò　gōngwù　yào zhōngchéng，　shícháng　jǐnshèn　wǒ　lùchéng，

Just one glimpse of Him in glory   Will the toils of life repay.

高舉　耶穌　榮歸　主　名 ，　奔跑　直進　向　天城 ．

Gòu-géui Yè-sòu wìng-gwài Jyú mìng ，　bàn-páau jik-jeun heung tìn-sìng ．

Gāojǔ　Yēsū　róngguī　Zhǔ míng，　bēnpǎo　zhíjìn　xiàng tiānchéng.

[Refrain]

Eliza Hewitt (1851-1920) had three great loves in her life: her love for God and worship, God's children and their education in Sunday Schools, and God's creation, the great out-of-doors. She was born in Philadelphia and spent her entire life serving the city of Brotherly Love. In her home the Bible was read daily and songs of praise were sung by memory. She graduated Valedictorian of her class and entered a career as a public school teacher. A painful spinal malady put an end to her public school teaching career, but did not deter her from dedicating her life to organizing and improving Sunday School instructions. It also created the time for her to discover that God had endowed her with the gift of being able to write beautiful and meaningful poems and hymns. She wrote many songs, including "More About Jesus," "Sunshine In My Soul," and "When We All Get to Heaven."

88. WONDERFUL WORDS OF LIFE

生命　之道
Sàang-ming Jì-dou

Phillip P. Bliss (1874) * Psalm 119:18; John 6:63

1　Sing them over again to me,　　　　　Wonderful Words of life;
　　請　再　為　我　歌唱　傳　講　　　奇妙　生命　之道
　　Chíng joi wai ngó gò-cheung chyùn góng　**kèi-miu sàang-ming jì dou**
　　Qǐng　zài wèi wǒ　gēchàng chuán jiǎng　qímiào　shēngmìng zhī dào

Let me more of their beauty see,　　　　Wonderful Words of Life.
使 我 見 祂 美麗　榮光　　　　　奇妙　生命　之道
Si ngó gin Tà méi-lai wìng-gwòng　**kèi-miu sàang-ming jì dou**
shǐ wǒ jiàn Tā měilì　róngguāng　qímiào　shēngmìng zhī dào

Words of life and beauty,　　　　　　Teach me faith and duty;
　美哉　生命　之道　　　　　教　我　忠誠　信　靠
　Méi-jòi sàang-ming jì dou　　**gaau ngó jùng-sìng seun kaau**
　Měizāi　shēngmìng zhī dào　　jiào wǒ zhōngchéng xìn　kào

[Refrain]　Beautiful words,　　wonderful words,　Wonderful words of life;
[副歌]　美哉　主道，　奇哉　主　道　　生命　之道　奇妙
[fugò]　**Méi-jòi Jyú dou ,**　**kèi jòi Jyú dou**　**sàang-ming jì dou kèi-miu**
[fù gē]　Měizāi Zhǔ dào,　qí zāi Zhǔ dào　shēngmìng zhī dào qímiào

Beautiful words,　　wonderful words,　Wonderful words of life;
美哉　主道，　奇哉　主　道　　生命　之道　奇妙
Méi-jòi Jyú dou ,　**kèi jòi Jyú dou**　**sàang-ming jì dou kèi-miu**
Měizāi Zhǔ dào,　qí zāi Zhǔ dào　shēngmìng zhī dào qímiào

2 Christ, the Blessed One, gives to all   Wonderful words of life;
　　基督　　耶穌　為　人　捨命　　　　奇妙　　　生命　之　道
　　Gèi-dùk <u>Yè-sòu</u> wai yàn sé-ming　　**kèi-miu sàang-ming jì dou**
　　Jīdū　　Yēsū　wéi rén shěmìng　　　qímiào　shēngmìng zhī dào

Sinner, list to the loving call,　　　　Wonderful words of life.
　　呼召　罪人　得　新　　生命　　　　奇妙　　　生命　之　道
　　fù jiu jeui-yàn dàk sàn sàang-ming　**kèi-miu sàang-ming jì dou**
　　hū zhào zuìrén　dé　xīn shēngmìng　qímiào　shēngmìng zhī dào

All so freely given,　　　　　　　　Wooing us to Heaven:
　　白白　　得　著　救　恩，　　　　　白白　　得　上　　天堂　：
　　Baak-baak dàk jyu gau yàn,　　　**Baak-baak dàk seung Tìn-Tòng:**
　　Báibái　　dé zhe jiù　ēn,　　　　báibái　　dé　shàng TiānTáng:

[Refrain]

Philip Paul Bliss (1838-1876) was born in a log cabin in Pennsylvania from a Methodist background and became a schoolmaster and travelling music teacher. Later he formed an association with D. L. Moody and became a full time evangelist. He wrote many songs, including "Almost Persuaded" and "I Will Sing of My Redeemer." On December 29, 1876, he and his wife were killed in a railroad accident that set several cars on fire. He crawled out of the wreckage only to return and die amidst the blaze while searching for his wife. When his trunk, which was mistakenly placed on another train, arrived several days later, his friends opened it and found the words of a new poem when he had just completed. It was the words to "Wonderful Words of Life."

THE LORD'S MY SHEPHERD

主　耶和華　是　我　牧者

Jyú Yè-wò-wà si Ngó Muk-jé

Old Scottish Psalter (1650); John Campbell (1854) * Psalm 23

1 The Lord's my Shepherd, I'll not want;　　He makes me down to lie
　主　耶和華　是　我　牧者　　　　　我　必　不　至　缺乏
　Jyú Yè-wò-wà si ngó Muk-jé　　　**Ngó bìt bàt ji kyut-fat**
　Zhǔ Yē hé huá shì wǒ Mù zhě　　　wǒ bì bù zhì quēfá

In pastures green;　　He leadeth me
使我　躺　臥　　在　青草　地
Si ngó tóng ngo　joi chìng-chóu dei
Shǐ wǒ tǎng wò　zài qīngcǎo dì

In pastures green;　　He leadeth me　　The quiet waters by.
使我　躺　臥　　在　青草　地　領　我　安歇　水　邊.
Si ngó tóng ngo　joi chìng-chóu dei　Líng ngó òn-hit séui bìn .
Shǐ wǒ tǎng wò　zài qīngcǎo dì　lǐng wǒ ānxiē shuǐ biān.

2 My Soul He doth　　restore again;　　and me to walk doth make
祂 使我 靈 得　著　甦醒　　為著　自己　的　名
Tà si ngó lìng dàk　jeuk sòu-síng　wai-jyu ji-géi dìk mìng
Tā shǐ wǒ líng dé　zháo sūxǐng　wèizhe zìjǐ de míng

Within the paths　　of righteousness,
祂　引導　我　　行走　義路
Tà yán-dou ngó　hang-jáu yi lou
Tā yǐndǎo wǒ　xíngzǒu yì lù

Within the paths　　of righteousness,　　E'en for His own name's sake.
祂　引導　我　　行走　義路　　引導　我　行義　路.
Tà yán-dou ngó　hang-jáu yi lou　yán-dou ngó hang-yi lou .
Tā yǐndǎo wǒ　xíngzǒu yì lù　yǐndǎo wǒ xíngyì lù.

3 Yea, though I walk through   death's dark vale,   Yet will I fear no ill;

雖然　　行過　死　　蔭　幽谷　　　　　　我　也　不怕　遭　害

Sèui-yìn hang-gwo séi　　yam yàu-gùk　　　　ngó yá bàt-pa jòu hoi

Suīrán　xíngguò　sǐ　　yīn　yōugǔ　　　　wǒ　yě　bùpà　zāo　hài

For Thou art with me, and Thy rod   [repeat] , And staff me comfort still.

祢　杖　祢　竿　都　安慰　我　　[重複]，因　祢　與　我　同　在．

Néi jeung Néi gòn　dòu òn-wai ngó [chùng-fùk] **yàn Néi yú ngó tùng joi.**

Mí　zhàng　Mí　gān　dōu　ānwèi　wǒ　[chóngfù]，yīn　Mí　yǔ　wǒ　tong zài.

4   My table Thou   has furnished   In presence of my foes;

在　敵　面前　祢　又　為　我　　　　　　擺設　　美好　筵席

Joi dik min-chìn Néi　yau wai ngó　　　　Báai-chit méi-hou yù-jik

Zài　dí　miànqián　Mí　yòu　wèi　wǒ　　　bǎishè　měihǎo　yánxí

My head Thou dost with oil anoint,   [repeat] , And my cup overflows.

祢　用　油　膏　膏　我　的　頭　　[重複]，使　我　福　杯　滿　溢．

Néi yung yàu gòu gòu ngó dìk tàu [重複]，**Si ngó fùk bùi mún yat.**

Mí　yòng　yóu　gāo　gāo　wǒ　de　tóu　　shǐ　wǒ　fú　bēi　mǎn　yì.

5   Goodness and mercy   all my life   Shall surely follow me;

我　主　恩惠　我　　主　慈愛　　　　　一生　　一世　不離

Ngó Jyú yàn-wai ngó　Jyú chì-oi　　　yat-sàang yat-sai bàt-lèi

Wǒ　Zhǔ　ēnhuì　wǒ　Zhǔ　cí'ài　　　yīshēng　yīshì　bùlí

And in God's house   forevermore   [repeat] , My dwelling place shall be.

我　必　居住　　在　主　殿中　　[重複]，直到　　永永遠遠　　　．

Ngó bìt gèui-jyu　joi Jyú din-jung [重複]，**Jik-dou wíng-wíng-yún-yún.**

Wǒ　bì　jūzhù　　zài　Zhǔ　diànzhōng　zhídào　yǒng yǒngyuǎn yuǎn.

    Amen．

    阿們．

    A-mùn.

    Āmen.

THERE ARE SO MANY MIRACLES!

有 這麼 多 奇蹟! Yau jé-mò dò kèi-jìk! ＊ *Job 42:1-3*

by Loan Quyen Thi Jang (notes by Chen Tiow; 1 = C 3/4).

A popular musical notation system is the "gaan-po" (簡譜) "simplified notation" system.
1=Do (C), *2*=Re (D), *3*=Mi (E), *4*=Fa (F), *5*=So (G), *6*=La (A), *7*=Ti (B) ; a plain number = quarter
note; an underlined number = 8th note; a dash after the number = half note.

```
     1    1    2  | 3-  2    3  | 2  1  0  6 | 5-  4    5  | 4  3   0
```
1. There are so   ma-ny mi- ra-cles that I don't un- derstand ,
```
     C    C    D  | E   D    E  | D  C   A   | G   F    G  | F  E
```

上帝 的 神蹟 是 無 數的， 太 難以 掌握 .

Seung-dai dìk sàn-jìk si mòu sou dìk, taai nàan-yí jéung-àk.

Shàngdì de shén jī shì wú shǔ de, tài nányǐ zhǎngwò.

```
     1  | 3   3-  | 2    3    2   1  | 5   6-  | 5   4  | 0
```
But I al- ways trust in God to lead my life
```
     C  | E   E   | D    E    D   C  | G   A   | G   F  |
```

但 我 總是 相信 上帝 帶領 我

Daan ngó júng si sèung-seun Seung-dai daai-líng ngó

Dàn wǒ zǒng shì xiāngxìn ShàngDì dàilǐng wǒ

```
     1  1    2   | 3  3  3   2   1  | 5  6  5      0
```
So that some day I can see God face-to-face.
```
     C  C    D   | E  D  E   D   C  | G  A  G
```

將來 我 將 面對面 地 看 到 他.

Jèung-lòi ngó jèung min-deui-min dei hon dou Tà .

Jiānglái wǒ jiāng miànduìmiàn de kàn dào Tā.

```
     3  | 1  3  3   2  | 3 2  1  5 | 6   5    6  5 4   | 0
```
2. God sent Je-sus, His on-ly Son, to   wash our sins a-way...
```
     E  | C  E  E   D  | E D  C  G | A   G    A  G F   |
```

耶穌 來臨 ， 為了 洗 去 我們 的 罪 而死

Yè-sòu lòi-làm, wai-líu sái heui ngó-mùn dìk jeui yì séi

Yēsū láilín， wèile xǐ qù wǒmen de zuì ér sǐ

```
     3  3  | 3  2  3  2  1 | 5   6    5   4  0
```
The Spi- rit to com-fort us and Words to guide,
```
     E  E  | E  D  E  D  C | G   A    G   F
```

聖靈　安慰　我們，　聖經　引導　我們。

Sing-Lìng òn-wai ngó-mùn, Sing-Gìng yán-dou ngó-mùn。

ShèngLíng ānwèi wǒmen, ShèngJīng yǐndǎo wǒmen.

3 | 3 1 2 | 3 2 3 2 1 |

It's because He cares and loves us so,

E | E C D | E D E D C |

因為　他　關心　　並　愛　我們

Yàn-wai Tà gwàan-sàm bing oi ngó-mùn

Yīnwèi Tā guānxīn bìng ài wǒmen

4 1 2 | 3 2 3 2 | 3 3 2 1- | 0

He says "Come, don't worry, I will provide."

F C D | E D E D | E E D C |

他　說 "別　擔心　，　我　會　照顧　你"

Tà syut "Bit dàam-sàm, ngó wùi jiu-gu néi"

Tā shuō "Bié dānxīn, wǒ huì zhàogù nǐ"

1 1 2 | 3- 2 3 | 2 1 6 | 5- 4 5 | 4 3 0

3. All these won- der-ful mi- ra-cles do proves He loves me so,

C C D | E D E | D C A | G F G | F E

他　創造了　奇蹟　來　證明　他　如此　愛我，

Tà chong-jou-líu kèi-jìk lòi jing-mìng Tà yù-chí oi ngó,

Tā chuàngzàole qíjī lái zhèngmíng Tā rúcǐ ài wǒ,

1 | 3 3- | 2 3 2 1 | 5 6- | 5 4 |

I know I can trust in Him to be my Guide

C | E E | D E D C | G A | G F |

我　可以　相信　他　是　我的　　嚮導

Ngó hó-yí sèung-seun Tà si ngó-dìk heung-dou

Wǒ kěyǐ xiāngxìn Tā shì wǒ de xiàngdǎo

1 1 2 | 3 2 3 2 1 | 5 6 5 |

And know some day I 'll see Him face-to-face.

C C D | E D E D C | G A G |

有　一天　我　會　很　高興　見　到　他

Yau yat-tìn ngó wùi hán gòu-hing gin dou Tà

Yǒu yītiān wǒ huì hěn gāoxìng jiàn dào Tā

A BRIEF HISTORY OF MUSICAL WORSHIP, HYMNODY, AND CHINESE OUTREACH

Introduction

Music in the church has had a fascinating history, reflecting a story of faith and adaptation down through the ages. When we examine the Old Testament, we find references to instrumental music being used for entertainment or celebration (Genesis 31:27) to call an assembly together (Numbers 10:1ff), give a command in battle (Joshua 6:4), played as a soothing therapy (1 Samuel 16:23), played to give honor to the king (1 Kings 1:34), for personal devotion (many Psalms), to publicly worship God in the sanctuary of the tabernacle and/or temple (Psalm 150), and the worship of false gods (Daniel 3:5). As an expression of one's emotions, worship music can range from being spontaneous and personal on the one hand, to being highly intentional and regulated for public worship on the otherhand. It is difficult for it to be truly both at the same time because the music which captures a singer's mood in words and melody in one social setting may be considered inappropriate or out-of-place in a different setting.

For most of its history, the church employed what is called *a cappella* "Scripture singing", the singing of Scriptures, paraphrases of Scriptures, or Bible "story-telling" in songs without musical instrumental accompaniment. "Scriptural" songs praise God using words that are consistent with the Bible as a means to teach and remind their listeners of various biblical truths. Since the church from the very beginning worshipped without the use of musical instrumental accompaniment, the term "*a cappella*" came to be used to differentiate it from secular music. *A cappella* is a Latin phrase that literally means "in the manner of the church" (i.e., church music). The entry for "*A Capella*" in the *Harvard Dictionary of Music, 2nd ed. Rev.*, reads: "Historians of the 19th century believed that all 'early music'[in church] – i.e., music before 1600—was *a cappella*" (editor Willi Apel, Harvard University Press, 1972, p. 3).

Patriarchal Age (from Creation to the time of Moses)

During the Patriarchal Period, when God dealt directly with the heads of the households, we find only a few references to music: Genesis 4:21-24; 31:27; Exodus

15:1-21. The first of these mentions that Jubal, an offspring of Cain was *"...the father of all those who play the harp and flute."* Thus, we have the beginning of instrumental music recorded for us. This verse also mentions a song about revenge killing that has nothing to do with worship. The second verse mentions instrumental music being used for social merriment. Exodus 15 is the only reference to praise "to the LORD".

Mosaical Age - Pre-Davidic (from the time of Moses to before David)

When God gave the Law of Moses, we find a shift in setting…like when we visit someone's house for the first time and are given a set of instructions for what may or may not be done within that house. God, for example, gave specific instructions on how we were to worship Him. When He gave instructions for the fashioning of trumpets (Numbers 10:1-10, 31:6), He stated that it was for signaling the moving of the camp, sounding battle alarms, and announcing holy days and sacrifices. It was not authorized, however, to be "played" as worship music to Him.

In Deuteronomy 31:19-22, we have the command for the Israelites to learn a specific song to sing as a memorial and as a "witness" or testimony for God. This passage gives us insight into one of the purpose of singing, which is to remind the people of its message. Even though the Israelites would eventually become corrupt, they would still continue to teach their children this song, providing a teaching tool to remind future generations to learn to glorify God (Deuteronomy 31:30-31; 52).

Between the giving of the Law of Moses and David's reign, the only references made to worship music is to sing (e.g., sing praises to God and Deborah, Judges 5:1-31).

Monarchical Period (from the time of David to the end of the Old Testament)

The first reference to instrumental music being used to praise God during this period was in 1 Chronicles 13 when David organized a huge procession to bring the ark of covenant to the capital. David consulted with his advisors, officials, and the leaders of the people, assuming that if they approved of his actions that it would signify God's approval (1 Chronicles 13:2). He did not, however, actually consult with God. This resulted in the ark being transported incorrectly on a new ox cart and led to the death of Uzza, one of the transporters. After David inquired of the Lord, he chastised the Levites for their failure to follow God's "proper order" (1 Chronicles 15:1-13), since they had previously been instructed that the ark had to be transported on special poles carried on their shoulders. Then David ordained some of the Levites to sing in choirs, while others were assigned the responsibility for playing instrumental music in the tabernacle (1 Chronicles 16:1-42). This was all done in accordance with God's will as communicated through His prophets (2 Chronicles 29:25-28).

All the Levitical duties eventually became transferred from David's tabernacle to temple worship (Nehemiah 10:28, 39; 11:22; 12:45). Over 50 references to instrumental music are found in the remainder of the Old Testament.

Alfred Edersheim, the great 19ᵗʰ century Jewish/Christian Biblical scholar, noted that "The musical instruments used by the Levites were deposited in two rooms" (i.e., blessed and dedicated solely for Temple use). "Properly speaking, the real service of praise in the Temple was only with the voice. This is often laid down as a principle by the Rabbis. What instrumental music there was, served only to accompany and sustain the song. The blasts of the trumpets, blown by priests only, formed—at least in the second Temple—no part of the instrumental music of the service, but were intended for quite different purposes. On ordinary days the priests blew 7 times, each time 3 blasts...symbolically to proclaim the Kingdom of God, Divine Providence, and the final judgment....when the great gates of the Temple were opened....the drink-offering was poured out,...summoned the people...[and] commencement." (*The Temple: Its Ministry and Services*. 1874. "Chapter 3 Temple Order, Revenues, and Music")

Dr. P. Masters (Minister, Metropolitan Baptist Tabernacle, London) wrote in *Pop-Idiom Music in Worship and Evangelism*, Sect. 11a Restrictions in the Temple...*"we are immediately struck by the very limited range of instruments permitted and the strict rules about who should play them, and when. In both 1 Chronicles 16:4-6 and 1 Chronicles 25, David, acting under the inspiration of the Spirit of God appointed those who would play in the Temple...instruments to be used (only by certain Levites) were the harp...psaltry (or lyre),...cymbals and horn. These were...approved for use...No other instruments were permitted. It is clear that this restriction was...a binding rule because when King Hezekiah revived the true pattern of worship in 715 B.C., he meticulously followed the arrangement established by David....It should be noted that in the two further...restoration of Temple worship....the four instrument rule was scrupulously adhered to (Ezra 3:10 and Nehemiah 12:27, 36), thus confirming over many centuries that the rule was clear and binding. The orchestra...was not for use in the synagogues." In *Section 11b.*, he wrote, "it is repeatedly being stated...that... instruments...were also constantly used to liven up the...synagogues worship of the ancient Israelites. This is certainly not true."

Instrumental music in the corporate worship of ancient Israel was restricted to the "sanctuary," which according to *Hasting's Dictionary of the Bible* were (A) the Tabernacle in the Wilderness (Exodus 25:8-9; Leviticus 19:30; 21:10-12), (B) the Temple in Jerusalem (1 Chronicles 22:19; 2 Chronicles 29:21), or (C) the Holy and

Most Holy places inside the Tabernacle and Temple (Leviticus 4:5-6; 1 Kings 6:14f). Whenever the temple was destroyed, the Jews ceased using instruments of music to praise God in congregational worship (Psalm 137:2-4). After the temple was finally destroyed by Titus and the Roman Legion in 72 AD, on up until the present time, synagogue worship has been largely limited to *acappella* music.

The New Testament Church

Only singing is mentioned in the New Testament as being practiced by the early church (Matthew 26:30, Mark 14:26; Acts 16:25; Romans 15:9; 1 Corinthians 14:15; Ephesians 5:19; Colossians 3:16; Hebrew 2:12; James 5:13). Community worship was characterized by orderliness, reverence and instrospection (1 Corinthians 14:40, Acts 7:33).

Some have pointed out that the Greek word in Ephesians 5:19 for "making melody" is *psallo* which means *to pluck*, as if plucking a string or instrument. In 1888, John L. Girardeau, a professor at the Presbyterian Columbia Theological Seminary, wrote *Instrumental Music in the Public Worship of the Church* to explain to his students why the Presbyterian church did not use instrumental music in worship. He wrote that "psallo never occurs in the New Testament, in its radical signification, to strike or play upon an instrument" (*Music in the Church*, pp.116-118). In other words, the word "psallo" was used figuratively and was not meant to be taken literally.

The Early Church (100-500 AD)

Songs were an effective means to memorize instructions. The Christians used Psalms (Old Testament songs) and hymns and spiritual songs (Christian songs) to (1) teach, (2) express praise and thanks to God, and (3) set forth exemplary behavior by the confessing of faith and communal identity with the church.

Lyman Coleman, a Bible scholar and professor at Princeton, points out that "the primitive Christians employed no instrumental music in their religious worship…Such music accompaniments were gradually introduced…" (*The Apostolic and Primitive Church: Popular in its Government and Simple in its Worship*. 1844, p. 370-371, 377)

Clement of Alexandria, 2nd century, wrote: "The one instrument of peace, the word alone by which we honor God is what we employ. We no longer employ the ancient psaltery, the cymbal, the flute..." He explained that true worship involves singing.

Paprus 1786, the oldest known Christian hymn (c. 260 AD), was discovered in 1918 in Oxyrhynchus, an ancient Egyptian city located about 100 miles southwest of Cairo. It was written in Greek and contained both lyrics and musical notations. It is the earliest example of how Christians in the early Church praised the Lord in music. The emphasis was to calm the emotions, note what God has done, then praise Him.

"Let it be silent
Let the Luminous stars not shine,
Let the winds and all the noisy rivers die down;
And as we hymn the Father, the Son and the Holy Spirit,
Let all the powers add "Amen Amen"
Empire, praise always, and glory to God.
The sole giver of good things. Amen Amen."

"O Gladsome Light" is a hymn which may be older than the Oxyrhuchus Hymn. It is still sung for Vespers (sunset evening services) in the Eastern Orthodox Church.

Wisdom! Let us attend!
O Gladsome Light of Thy Holy Glory of the immortal Father,
And Heavenly, Holy, Blessed Jesus Christ,
Now that we have come to the setting of the sun,
And behold the light of evening,
We praise God Father, Son, and Holy Spirit.
For meet it is at all times to worship Thee with voices of praise.
O Son of God and Giver of Life,
therefore all the world glorifies Thee.

A century later, Eusebius of Caesarea, considered to be the greatest early church historian, wrote, "We render our hymn with a living psalterion [voice] with spiritual songs. The unison voices of Christians would be more acceptable to God than any musical instrument. Accordingly in all the churches of God, united in soul and attitude, with one mind and in agreement of faith and piety we send up a unison melody in the words…" *(Comments on Psalm 91, vss. 2-3).*

The Church History Institute, in its 5 part DVD series, *A History of Christian Worship: Part 4 The Music*, said, "What is missing in the music of the early church is any hint or mention of musical instruments being used in worship. Quite the opposite is true. Clement of Alexandria and later Chrysostom and Augustine all wrote of the lack of instruments in worship." Augustine said, "When we sing, we pray twice."
According to the *Dictionary of Christian Antiquities.* v. II, "Whatever evidence is forthcoming, is to the effect that the early Christians did not use musical instruments." (1880, p. 1365).

The Middle Ages (Medieval Period, 500-1500 AD) and the Outreach to China

The earliest recorded Christian outreach to China is believed to be that of the Nestorians in the seventh century, during the Tang Dynasty (618-907). An ancient stele testifies to "the Luminous Religion" being warmly received by the Emperor Tai-tsung. The Nestorian Church was named after Nestorius, the Patriarch of Constantinople, who was condemned at the Third Ecumenical Council held at Ephesus in AD 431. He was condemned for holding that the two natures (human and divine) of Jesus Christ were joined by will rather than nature, and that Mary was Christotokos ("bearer of Christ", or his human nature), not theotokos ("bearer of God", or his divine nature).

This Nestorian tune is considered to be one of the earliest Chinese hymn. It was discovered by the Sinologist Paul Pelliot in 1908 from the Tun Huang Cave (敦煌石窟) in Kansu province. Here are the lyrics (from Calida Chu, *The Evolution of Hymns of Universal Praise: A Reflection on the Contextualisation of Chinese Hymnology in the Last Century*):

1. 無上諸天深敬歎，　　　　All heaven worships in great awe.
   大地重念普安和，　　　　All men long for earth's accord,
   人元真性蒙依止，　　　　Man's true nature is assured,
   三才慈父阿羅訶。　　　　Gracious, three powered Yahweh, Lord.

2. 一切善眾至誠禮，　　　　Righteous men show true respect,
   一切慧性稱頌歌；　　　　All with wisdom sing Your praise,
   一切含真盡歸仰，　　　　All the truthful yield in trust,
   蒙聖慈光救離魔。　　　　Saved by You from evil ways.

3. 難尋無及正真常，　　　　You are peerless, constant, true,
   慈父明子淨風王，　　　　Father, Son and Spirit, one,
   於諸帝中為帝師，　　　　Master of all other Lords,
   於諸世尊為法皇。　　　　Through all time true sovereign Son.

Worship in the Eastern and Western churches during the Middle Ages were reverent in tone and, with few exceptions, *acappella*. Thomas Aquinas wrote in 1250 AD, "Our church does not use musical instruments as harps and psalteries to praise God..." *(Summa Theologica;* "Music," *The Catholic Encyclopedia, X:651).* Dr. James R. Hart,

President of the Institute for Worship Study, said that although singing the songs of the church without accompaniment "allows for greater concentration of the text....By the late 12th century, the use of organ music emerged as a method of accompaniment."

The Reformation (1517-1648 AD)

The organ was the first, and for a long time the sole, instrument used to accompany the chant. "While it is certain that as early as the 15th century instruments besides the organs were used...At all events the instruments served at best only as a reinforcement...for the human voices and had no independent function in our modern sense." "Another event which was destined to exercise a momentous influence, not only on the growth of the use of instruments but also on the future development of liturgical music itself, was the birth of opera with the first performance (1594)...in Florence. This new art form...soon gained an enormous popularity....It was but a short time before the spirit and forms of the theatre, instruments and all, found their way into the Church....It was natural that the people should like to hear in church the forms of composition which delighted them so much in the theatre....The Church has never encouraged, and at most only tolerated, the use of instruments. She holds up as her ideal the unaccompanied...*a capella* style. The Sistine Chapel has not even an organ." *Instrumental Music in Worship—Catholic Encylopedia* (1997).

Many Protestant reformers such as John Calvin (the founder of Presbyterianism) and John Wesley (the founder of Methodism) rejected the use of instrumental music in formal worshap. Zwingli and his followers had the use of images, Latin and the organs removed as Catholic innovations and had them "replaced with congregational singing of psalms and hymns in the vernacular." (Philip Schaff, *Church History, vol.8*. 1890.)

Most early Lutherans worshipped acappella, although Martin Luther himself felt uncertain about the use of instrumental music. Lutheran historian Johann Lorenz von Mosheim wrote: "The Christian worship consisted in hymns, prayers, the reading of Scriptures, a discourse addressed to the people, and concluded with the celebration of the Lord's Supper" (*Ecclesiastical History*, I:303, published AD 1755).

The Oldest Songbook in the World still in continuous use is *The Ausbund*, used by Anabaptist fellowships such as the Mennonite, Brethren, and Amish churches (Benuel S. Blank, *The Amazing Story of the Ausbund*. 2001, p. 3). *The Ausbund* was first printed in 1564 with 51 songs, but has been added to over the years with over 100 songs and additional verses and variations. Ausbunds do not contain musical notes for they were considered unnecessary. A song leader sings the opening notes of each line, after which the rest of the congregation joins in "with human voices blending together in sounds of praise" (p. 119). God's people were expected to be a joyful, singing people who would carry the tunes with them throughout the week. Anabaptists believe that what God desires in His children is to worship with simplicity, singing with sincerity as "music for the soul, rather than music for the ear'" (p. 50).

The "Golden Era" of Christian Hymnody

Most of the cherished hymns found in present day hymnals were written from the 18th to the 20th centuries. These included hymns written by Isaac Watts (1674-1748), John Henry Newton (1725-1807), Henry Francis Lyte (1793-1847), Philip Paul Bliss (1838-1876), and the two most prolific hymn writers of all time, Charles Wesley (1707-1788) and Fanny Crosby (1820-1915).

Alexander Campbell (1788-1866) became influential in what has become known as the "Restoration Movement". He was deeply grieved over the divisions brought about by denominational innovations. He advocated a return to original Christian teachings and practices, including *a cappella* worship. (*Millennial Harbinger*, October 1851, p.582).

In 1885, Charles H. Spurgeon, considered by many to be the greatest Baptist preacher, wrote: "But in these days, when Jesus gives us spiritual food, one can make melody without strings and pipes. We do not need them. They would hinder rather than help our praise. Sing unto Him! This is the sweetest and best music. No instrument is like the human voice...." (*The Treasury of David, comment on Psalm 42:4*).

The Development of a Chinese Hymnal in the 19th Century

Christian missionaries to China in the 19th century faced a linguistic problem in translating classic English Christian hymns into Chinese. The main problem was that many Chinese words do not match syllables with its corresponding English word. For example, the English words *we/us*, *praise*, and *Christ* each have one syllable, but their Chinese equivalences each have two syllables: *ngó-mùn*, *jaan-méi* and *Gèi-dùk* (*wǒ-men*, *zàn-měi*, and *Jīdū* in Mandarin). So translators sometimes select a similar but different Chinese word to translate that would match the same number of syllables in the English tune, but which may impart a slightly different meaning than the English original. As a result, it is not uncommon to find two or three or more different Chinese versions of the same English hymn.

Early Chinese Christian Hymnals.

Unlike modern day hymn books which may well have over 1,100 songs with musical notations, the early hymn books used by Christian missionaries to China had far fewer songs and fewer verses to facilitate easier memorization. Most lacked musical notations or provided only rudimentary notations. The average hymnal used in China during the 19th century had only about 66-70 hymns. These included *Hymn Book* by A. B. Cabaniss (Shanghai, 1800) with 24 hymns, *Hymn Book* by Dr. Robert Morrison, "Father of Anglo-Chinese Literature" (Shanghai, 1802) with 30 hymns, *Hymn Book* by the pioneering American Protestant missionary to China, John Livingstone Nevius (Shanghai, 1802) which had 110 hymns, and *Hymn-book* by Rudolph Lechler (Hong Kong, 1851) with 62 hymns.

Sacred Music in the 20th and the Rise of Chinese Hymnals

Pope Pius X, in "Motu proprio" on church music (11/22/1903), paragraph IV, "Although the music proper to the Church is purely vocal music, music with the accompaniment of the organ is also permitted. In some special cases, within due limits...other instruments may be allowed, but never without the special license...according to the...'Caeremoniale Episcoporum'. As the chant should always have the first place,...instruments should merely sustain and never suppress it."

The Free Methodist denomination did not use instrumental music until the 1940's. The Church of the Brethren largely worshipped accappella until the 1950's. The Primitive Baptist church did not use instrumental music until the latter part of the 20th century. Some Presbyterian church bodies still worship accappella. Pentecostalism, which emerged in the early 20th century, have always made the use of instrumental music an important part of their congregational worship.

Christian worship in China has faced several generational, political, and practical problems. In the pre-Cultural Revolution (1969-1979) period, the majority of songs employed in Chinese Christian worship were the old traditional English hymns translated into a Chinese dialect. Thus, instrumental renditions of these tunes were familiar to many Chinese Christians. Since then, many indigenous Chinese Christians composed their own songs and tunes. These tunes would sound unfamiliar to most in the West, just as many instrumental renditions of popular contemporary Christian English songs would be unrecognizable to many Chinese Christians.

The China Christian Council (CCC) was founded in 1980 to unite and provide services for Protestant churches in China after the persecution of the Cultural Revolution had subsided. It is headquartered together with the Three-Self Patriotic Movement branch of the Chinese Communist Party, which is officially atheistic, in Shanghai. One of the first action of the CCC was to standardize a Christian hymnal to be used in all member churches. In 1983 the *New Hymnal* (also known as *The Chinese New Hymnal* or the *New Chinese Hymnal*) was published by the CCC. It contained 400 hymns, with the addendum of 40 "short songs" and songs written by the Chinese people. *The New Hymnal* has been adopted by most Three-Self (government sanctioned) churches.

In the Chinese Underground Church (those churches that refuse to be registered with the CCC), estimated to be more than 70% of all Christians in China, a 19 year old Hui peasant woman named Lu Xiaomin, or "Sister Ruth", converted out of Islam and became known as the "Chinese Fanny Crosby". Although she had dropped out of elementary school and neither she nor anyone in her family had any musical education or knowledge of either Western or Chinese musical notations, she became China's most prolific hymn writer. She first started to write hymns in 1990 and has since written close to 1,700 hymns. These hymns have been collected in a hymnal entitled *Canaan Hymns* or *Songs of Canaan* which many house churches considers its "official hymnal". Most of these songs are Biblically based, have few verses, are written at a simple reading level, are easy to memorize and can be sung without instrumental accompaniment, and resemble Chinese folk songs.

It is estimated by "underground Church" observers that approximately ¾ of all underground churches of all denominational stripes worship without the use of instrumental music accompaniment. Most are not opposed to the use of instrumental accompaniment, but sees it as being unnecessary. This reminds me of a story shared by Mel Pownall, a Professor of Missions at Pepperdine University, in 1971. He told of a Christian mission that worked among the mountain tribal people of Burma in the early 20th century. They worshipped without the use of instrumental music. Finally, they were able to raise enough money to buy an organ and to pay for its shipment to Burma. Using local labor and beasts of burdens pulling a wooden cart with the heavy organ up the narrow winding mountainous road, they slowly made their way up. But mid-way up a mishap occurred and the organ toppled over a cliff and was destroyed. Rather than bemoaning their misfortune, the sentiment of the local Christians were "Well, we were worshipping just fine without it before, so it's okay."

Looking Forward and Looking Back

The manner of corporate worship today may be classified as traditional or contemporary. The more traditional services typically sing *a cappella* or offer instrumental musical accompaniment with an organ or piano off to the side. The music tends to be reverent (i.e., God-directed) with a focus on the words or lyrics (e.g., "Scripture singing"). Contemporary worships typically incorporate a larger range of musical instruments or a band, tends to be louder, and make use of a greater range of songs of praise, including "non-Scriptural songs" (songs of general praise without reference to any particular Biblical events).

Dr. John Wilson, Professor Emeritus of Religion at Pepperdine University, has lectured on the evolution of Christian worship down through the ages. He noted that worship in ancient Israel centered around the altar. After Jesus paid the ultimate price and became the Perfect Lamb sacrifice, no altar sacrifice would ever be needed again. To commemorate that sacrifice, the center of worship shifted to the Lord's Table (i.e., the Eucharist, Holy Communion, or the Lord's Supper) which have served as the focus of worship for the greater part of church history. Near the turn of the 21st century, some churches have replaced the Lord's Table with a rock-and-roll band on center stage. Many observers noted that with an increase in the use and loudness of instrumental music in church worship, congregant participation in singing usually diminished.

The Hymn Society is a not-for-profit organization founded in 1922 to promote congregational singing. They have branch offices in the United States, Canada, and Great Britain and Ireland. They produce a scholarly journal, *The Hymn*, conducts an annual week-long conference in both North America and the United Kingdom, and sponsors the annual *A Cappella Sunday* (the first Sunday in Lent) when worshiping communities from across the world commit to singing *a cappella* in their worship services. Major supporters include Roman Catholic, Anglican, Lutheran, Methodist, Episcopal, Presbyterian, Christian, and Community churches. Their goal is to "connects us to the history of the church. For thousands of years, *a cappella* singing was the mainstay of the church's song. By recognizing this and exploring this way of music-making, we are acknowledging and honoring the saints of the past." It also "connects us to many Christian denominations, traditions, and regions of the world that continue to use *a cappella* music as their primary mode of music-making in corporate worship."

Appendix B.

SCRIPTURE INDEX

(*Italicized Bible references* listed are not found in the companion
Abbreviated Ping-yam Bibles: C-YAB, C-YAOT, C-YANT)

GENESIS 3:14-15　創世 記　**Chong-sai Gei**　Chuàngshì jì

[14] Yahweh God said to the serpent, "Because you have done this, cursed are you
[14] 耶和華　神　對 蛇 說 : 你 既 作了 這事, 就 必 受 咒詛, 比
Yè-wò-wà Sàn deui sè syut : Néi gei jok-líu jé si , jau bìt sau jau jo , béi
Yē hé huá Shén duì shé shuō: Nǐ jì zuòle zhè shì, jiù bì shòu zhòu zǔ, bǐ

above all cattle and beast of the field; upon your belly shall you go, and life long shall you
　一切　 的　　牲畜　 野獸 更 甚 。 你 必用 肚子 行走 ,　終身
yat-chai dìk sàang-chùk yé-sau gang sam。 Néi bìt-yung tóu-jí hang-jáu, jùng-sàn
yīqiè de shēngchù yěshòu gèng shén. Nǐ bìyòng dùzi xíngzǒu, zhōngshēn

eat dust:　[15] and I will put hatred between you and the woman, and between your seed
吃 土 .　[15] 我 又 要 叫 你 和 女人　 彼此　 為　 仇 ; 你的　 後裔
hek tóu .　Ngó yau yiu giu néi wò néui-yàn béi-béi wai chàu ; néi-dìk hau-yeui
chī tǔ.　Wǒ yòu yào jiào nǐ hé nǔrén bǐcǐ wèi chóu; nǐ de hòuyì

and her seed: this hatred .　　　　　　　　　The woman's seed shall
和 女人 的　 後裔 也 彼此 為 仇 。 女人 的　 後裔 要
wò néui-yàn dìk hau-yeui yá béi-béi wai chàu。 Néui-yàn dìk hau-yeui yiu
hé nǔrén de hòuyì yě bǐcǐ wèi chóu. Nǔrén de hòuyì yào

bruise your head, and you shall bruise his heel."
　傷 你的　 頭 ; 你 要 傷 他的　 腳跟　。
sèung néi-dìk tàu ; néi yiu sèung tà-dìk geuk-gàn。
shāng nǐ de tóu; nǐ yào shāng tā de jiǎogēn.

GENESIS 17:1　創世 記　Chong-sai Gei
[1] And when Abram was ninety-nine years old, Yahweh appeared to Abram, and said to him,
[1] 亞伯蘭　 年 九十九　 歲的 時候 , 耶和華 向 他 顯現 , 對 他
A-ba-làan nìn gáu-sap-gáu seui dìk sì-hau, Yè-wò-wà heung tà hín-yin , deui tà
Yàbólán nián jiǔshíjiǔ suì de shíhòu, Yē hé huá xiàng tā xiǎnxiàn, duì tā

I am God Almighty; walk before me, and be blameless.

說： 我 是 全能 的 神。 你 當在我 面前 作 完全 人，

syut ; Ngó si chyùn-nàng dìk Sàn。 Néi dòng joi ngó min-chìn jok yùn-chyùn yàn.

shuō: Wǒ shì quánnéng de shén. Nǐ dāng zài wǒ miànqián zuò wánquán rén,

GENESIS 31:49 創世記 Chong-sai Gei

[49] and Mizpah, for he said, "Yahweh watch between me and you,

[49] 又 叫 米斯巴，意思 說： 我們 彼此 離別 以後， 願 耶和華

yau giu Mái-sì-bà, yi-sì syut : Ngó-mùn béi-chí lèi-bit yí-hau, yun Yè-wò-wà

yòu jiào Mǐsībā, yìsi shuō: Wǒmen bǐcǐ líbié yǐhòu, yuàn Yē hé huá

when we are absent one from another."

在 你我 中間 鑒 察。

joi néi-ngó jung-gàan gaam chaat。

zài nǐwǒ zhōngjiān jiàn chá.

EXODUS 3:11-12 出埃及記 Chèut Òi-kap Gei Chū āijí jì

[11] And Moses said to God, Who am I, that I should go to Pharaoh, and that I should bring

[11] 摩西 對 神 說： 我 是 甚麼 人， 竟 能 去見 法老， 將

Mò-sài deui Sàn syut : Ngó si sam-mò yàn, gíng nàng heui gin Faat-lóu, jeung

Móxī duì shén shuō: Wǒ shì shénme rén, jìng néng qù jiàn Fǎlǎo, jiāng

forth the children of Israel out of Egypt? [12] He said, Certainly I will be with you;

以色列 人 從 埃及 領 出來 呢？[12] 神 說： 我 必 與你 同在．

Yí-sìk-lit yàn chùng Òi-kap líng chèut-lòi nè？ Sàn syut : Ngó bìt yú néi tùng-joi．

Yǐsèliè rén cóng āijí lǐng chūlái ne? Shén shuō: Wǒ bì yǔ nǐ tong-zài.

when you have brought the people out of Egypt, you shall serve God upon this

你 將 百姓 從 埃及 領 出來 之後， 你們 必在 這

néi jeung baak-sing chùng Òi-kap líng chèut-lòi jì-hau, néi-mùn bìt joi jé

nǐ jiāng bǎixìng cóng āijí lǐng chūlái zhīhòu, nǐmen bì zài zhè

mountain, and this shall be the token to you, that I have sent you.

山上 事奉 我 ；這 就是 我 打發 你 去的 證據 。

sàan-seung si fung ngó ; jé jau-si ngó dá-faat néi heui dìk jing-geui。

shānshàng shì fèng wǒ; zhè jiùshì wǒ dǎfā nǐ qù de zhèngjù.

EXODUS 20:11   出埃及記   Chèut Òi-kap Gei

¹¹ for in six days Yahweh made heaven and earth, the sea, and all that in them is, and

¹¹ 因為　六　日　之　內，　耶和華　造天，地，海，和　其中　的　　萬物　，

yàn-wai luk yat jì noi， Yè-wò-wà jou tìn， dei， hói， wò kèi-jung dìk maan-mat，

yīnwèi liù rì zhī nèi, Yē hé huá zào tiān, de, hǎi, hé qízhōng de wànwù,

rested the 7th day: wherefore Yahweh blessed the sabbath day, and hallowed it.

　第七　　日　便　安息，　所以　耶和華　　賜福　與　　安息日，　定　為　聖日．

dai-chàt yat bin òn-sìk， só-yí Yè-wò-wà chi-fùk yú òn-sìk-yat， ding wai sing yat．

dìqī rì biàn ānxí, suǒyǐ Yē hé huá cì-fú yǔ ānxírì, dìng wèi shèng rì.

EXODUS 32:26   出埃及記   Chèut Òi-kap Gei

²⁶ then Moses stood in the gate of the camp, and said, Whosoever is on Yahweh's side, *let*

²⁶ 就　　站在　營　門　中，　說：凡　屬　耶和華　的，　都　要

jau jaam joi yìng mùn jung， syut：Fàan suk Yè-wò-wà dìk， dòu yiu

jiù zhàn zài yíng mén zhōng, shuō: Fán shǔ Yē hé huá de, dōu yào

him come to me. And all the sons of Levi gathered themselves together to him.

　到　我　這裡　來！　於是　利未　的　子孫　都　到　他　那裡　　聚集　。

dou ngó jé-léui lòi！ Yù-si Lei-mei dìk jí-syùn dòu dou tà ná-léui jeui-jaap。

dào wǒ zhèlǐ lái! Yúshì Lì-wèi de zǐsūn dōu dào tā nàlǐ jùjí.

NUMBERS 6:24-26   民數記   **Màn-sou Gei**   Mín shù jì

²⁴ 'Yahweh bless you, and keep you:　　　　　　²⁵ Yahweh make his face to shine upon

²⁴ 願　耶和華　　賜福　給　你，　保護　你。²⁵ 願　耶和華　使　他的　臉　光

Yun Yè-wò-wà chi-fùk kàp néi， bóu-wu néi。 Yun Yè-wò-wà si tà-dìk lím gwòng-

Yuàn Yē hé huá cì fú gěi nǐ, bǎohù nǐ. Yuàn Yē hé huá shǐ tā de liǎn guāng

you, and be gracious to you: ²⁶ Yahweh lift His countenance upon you, and give you peace.'

照你，賜　恩　給　你。²⁶ 願　耶和華　向　你　仰　臉，賜你　平安　。

jiu néi， chi yàn kàp néi。 Yun Yè-wò-wà heung néi yéung lím， chi néi pìng-òn。

zhàonǐ, cì ēn gěi nǐ. Yuàn Yē hé huá xiàng nǐ yǎng liǎn, cì nǐ píng'ān.

[27] The eternal God is *your* dwelling-place, And underneath are the everlasting arms.

[27]　永生　的　神是你的　居所；他　永久　的　膀臂　在　你　以下．

wíng-sàang dìk Sàn si néi dìk gèui-só ; tà wíng-gáu dìk pòng-bei joi néi yí-ha .

yǒngshēng de Shén shì nǐ de　jūsuǒ; tā yǒngjiǔ de　bǎngbì zài nǐ yǐxià.

And he thrust out the enemy from before you, And said, Destroy.

他 在 你　前面　攆　出　仇敵　，　說： 毀滅　罷。

Tà joi néi chìn-min lín chèut chàu-dik , syut : Wái-mit ba 。

Tā zài nǐ qiánmiàn niǎn chū　chóudí,　shuō: Huǐmiè bà.

JUDGES 6:11-22　士師記　**Si-sì Gei**　Shì shī jì

[11] And the angel of Yahweh came, and sat under the oak which was in Ophrah, that pertained

[11]　耶和華 的　使者　到了　　俄弗拉　，　坐 在　亞比以謝　族人

Yè-wò-wà dìk si-jé dou-líu Ngó-fàt-làai , chó joi A-béi-yí-je juk-yàn

Yē hé huá de shǐzhě dàole　　éfúlā,　　zuò zài Yǎ bǐ yǐ xiè zúrén

to Joash the Abiezrite: and his son Gideon was beating out wheat in the winepress,

約阿施 的　　橡樹　下。　約阿施 的 兒子 基甸　正在 酒醡那裡 打

Yeuk-a-sì dìk jeung-syu ha。 Yeuk-a-sì dìk yì-jí Gèi-din jing-joi jáu ja ná-léui dá

uē ā shī de　xiàngshù xià.　Yuē a shī de　érzi Jīdiān zhèngzài jiǔ zhà nàlǐ　dǎ

to hide it from the Midianites.　　　　[12] And the angel of Yahweh appeared to him,

麥子，為 要　防備　米甸 人 。[12] 耶和華 的　使者　向　基甸　顯現　，

mak-jí , wai yiu fòng-bei Mái-din yàn。　Yè-wò-wà dìk si-jé heung Gèi-din hín-yin,

màizi, wèi yào fángbèi　mǐdiān rén.　Yē hé huá de shǐzhě xiàng　Jīdiān xiǎnxiàn,

and said, You mighty man of valor, Yahweh is with you.　　　　[13] And Gideon

對 他 說：大　能 的　勇士 啊，耶和華 與 你　同在 ![13] 基甸　說：

deui tà syut : Daai nàng dìk yung-si a , Yè-wò-wà yú néi tùng-joi ! Gèi-din syut :

duì tā shuō: Dà néng de yǒngshì a, Yē hé huá yǔ nǐ　tóng zài! Jīdiān shuō:

said, "Oh, my lord, if Yahweh is with us, why then has all this happened

主 啊，耶和華　若 與 我們　同在 ，我們 何 至 遭遇 這 一切 事

Jyú a , Yè-wò-wà yeuk yú ngó-mùn tùng-joi, ngó-mùn hò ji jòu-yu jé yat-chai si

Zhǔ a, Yē hé huá　ruò yǔ　wǒmen tóng zài,　wǒmen hé zhì zāoyù zhè　yīqiè　shì

to us? Our fathers told us, saying, 'Did not Yahweh bring us up from

呢？ 我們 的 列祖 不是 向 我們 說 耶和華 領 我們 從

nè？ Ngó-mùn dìk lit-jóu bàt-si heung ngó-mùn syut Yè-wò-wà líng ngó-mùn chùng

ne? Wǒmen dì liè zǔ bùshì xiàng wǒmen shuō Yē hé huá lǐng wǒmen cóng

Egypt?' Where are His wondrous works? but now Yahweh has cast us off,

埃及 上來 麼？ 他 那樣 奇妙 的 作為 在 哪裡 呢？ 現在 他

Òi-kap seung-lòi mò？ Tà ná-yeung kèi-miu dìk jok wai joi nà-léui nè？ Yin-joi Tà

āijí shànglái me? Tā nàyàng qímiào de zuò wèi zài nǎlǐ ne? Xiànzài Tā

and we will be delivered into the hand of Midian."　　　　　　　[14] Yahweh

卻 丟棄 我們， 將 我們 交 在 米甸 人手 裡。[14] 耶和華

keuk diu-hei ngó-mùn，jeung ngó-mùn gàau joi Mái-din yàn-sáu léui。　Yè-wò-wà

què diūqì wǒmen, jiāng wǒmen jiāo zài Mǐdiān rénshǒu lǐ.　 Yē hé huá

looked upon him, and said, "Go in thy might, and…save Israel:…."

觀看 基甸， 說：你 靠著 你這 能力 去 拯救 以色列 人，

gùn-hon Gèi-din，syut；Néi kaau-jeuk néi jé nàng-lik heui chíng-gau Yí-sìk-lit yàn，

guānkàn Jīdiān, shuō: Nǐ kàozhe nǐ zhè nénglì qù zhěngjiù Yǐsèliè rén,

[15] And he said to Him, "Oh, Lord, how shall I save Israel? behold, my family is the

[15] 基甸 說：主啊， 我 有 何能 拯救 以色列 人 呢？ 我家 在

Gèi-din syut：Jyú a，ngó yau hò-nàng chíng-gau Yí-sìk-lit yàn nè？ Ngó-gà joi

Jīdiān shuō: Zhǔ a, wǒ yǒu hé néng zhěngjiù Yǐsèliè rén ne? Wǒjiā zài

poorest in Manasseh, and　　　　　　　　 I am the least in my father's house."

瑪拿西 支派 中是 至 貧窮 的。 我 在 我 父家是 至 微小 的。

Má-nà-sài jì-paai jung si ji pàn-kùng dìk。 Ngó joi ngó fu gà si ji mèi-síu dìk。

Mǎnáxī zhīpài zhōng shì zhì pínqióng de.　 Wǒ zài wǒ fù jiā shì zhì wéixiǎo de.

[16] And Yahweh said to him, Surely I will be with you, and you shall strike the Midianites as

[16] 耶和華 對他 說：我 與 你 同在， 你 就 必擊 打 米甸 人，如

Yè-wò-wà deui tà syut：Ngó yú néi tùng-joi，néi jau bìt gìk dá Mái-din yàn，yù

Yē hé huá duì tā shuō: Wǒ yǔ nǐ tóng zài, nǐ jiù bì jī dǎ Mǐdiān rén, rú

as one man.　　　　　　 [17] And he said to him, If now I have found favor in your sight,

擊 打 一 人 一樣 。[17] 基甸 說：我 若 在 你 眼 前 蒙 恩，

gìk dá yat yàn yat-yeung。 Gèi-din syut；Ngó yeuk joi néi ngáan chìn mùng yàn，

jī dǎ yī rén yīyàng .　 Jīdiān shuō: Wǒ ruò zài nǐ yǎn qián méng ēn, then show me a sign that it is you that is talking with me.

求 你 給 我 一個 證據， 使 我 知道 與 我 說話 的 就是 主。

kàu néi kàp ngó yat-go jing-geui， sì ngó ji-dou yú ngó syut-wa dìk jau-si jyú。

qiú nǐ gěi wǒ yīgè zhèngjù， shǐ wǒ zhīdào yǔ wǒ shuōhuà de jiùshì zhǔ.

[18] Depart not hence, I pray, until I come to you, and bring forth my present, and lay it

[18] 求 你 不要 離開 這裡， 等 我 歸回 將 禮物 帶 來 供 在

Kàu néi bàt-yiu lèi-hòi jé-léui， dáng ngó gwài-wùi jèung lái-mat daai lòi gùng joi

Qiú nǐ bùyào líkāi zhèlǐ， děng wǒ guīhuí jiāng lǐwù dài lái gōng zài

before you. And he said, I will wait until you come a gain.　　[19] Gideon went in, and prepared

你 面前 。 主 說：我 必 等 你 回來。 [19] 基甸 去 預備 了

néi min-chìn。 Jyú syut：Ngó bìt dáng néi wùi-lòi。 Gèi-din heui yu-bei-líu

nǐ miànqián. Zhǔ shuō：Wǒ bì děng nǐ huílái. Jīdiān qù yùbèile

a young goat, and unleavened cakes of an ephah of meal: the flesh he

一 隻 山 羊羔 ， 用 一 伊法 細麵 做 了 無酵餅 ， 將 肉

yat jek sàan yèung-gòu， yung yat yì faat sai min jou líu mòu-gaau-bíng， jèung yuk

yī zhǐ shān yánggāo， yòng yī yī fǎ xì miàn zuò liǎo wú jiào bǐng， jiāng ròu

put in a basket, and he put the broth in a pot, and brought it out to him under the oak,

放 在 筐 內， 把 湯 盛 在 壺 中， 帶 到 橡樹 下， 獻

fong joi kwaáng noi， bá tòng sing joi wù jung， daai dou jeung-syu ha， hin

fàng zài kuāng nèi， bǎ tāng shèng zài hú zhōng， dài dào xiàngshù xià， xiàn

and presented it. 　　[20] The angel of God said to him, Take the flesh and unleavened

在 使者 面前 。 [20] 神 的 使者 吩咐 基甸 說： 將 肉 和 無酵

joi si-jé min-chìn。 Sàn dìk si-jé fàn-fu Gèi-din syut： Jèung yuk wò mòu-gaau-

zài shǐzhě miànqián。 Shén de shǐzhě fēnfù jīdiān shuō：Jiāng ròu hé wú jiào

cakes and lay them upon this rock, and pour out the broth. And he did so.

餅 放 在 這 磐石 上 ， 把 湯 倒 出來 。 他 就 這樣 行了 .

bíng fong joi jé pùn-sek seung， bá tòng dóu chèut-lòi。 Tà jau jé-yeung hang-líu.

bǐng fàng zài zhè pánshí shàng， bǎ tāng dào chūlái. Tā jiù zhèyàng xíngle.

[21] Then the angel of Yahweh put forth the end of the staff that was in his hand, and touched

[21] 耶和華 的 使者 伸 出手 內的 杖 ， 杖 頭 挨了

Yè-wò-wà dìk si-jé sàn chèut-sáu noi dìk jeung， jeung tàu aài-líu

Yē hé huá de shǐzhě shēn chūshǒu nèi de zhàng， zhàng tóu āile

the flesh and the unleavened cakes; and there went up fire out of the rock, and consumed

肉　和　　無酵餅　，　就　有　火　從　磐石　中　出來　，　燒　盡了

yuk wò mòu-gaau-bíng , jau yau fó chùng pùn-sek jung chèut-lòi , sìu jeun-líu

ròu hé　wú jiào bǐng,　jiù yǒu huǒ cóng　pánshí zhòng chūlái,　shāo jǐnle

the flesh and the unleavened cakes; and the angel of Yahweh departed out of his sight.

肉　和　　無酵餅　　。　耶和華　的　使者也　就　　不見了　。

yuk wò mòu-gaau-bíng 。 <u>Yè-wò-wà</u> dìk si-jé yá jau bàt-gin-líu。

ròu hé　wú jiào bǐng.　Yē hé huá de　shǐzhě yě jiù　bùjiànle.

²² And Gideon saw that he was the angel of Yahweh; and Gideon said, Alas, O Lord Yahweh!

²² 基甸　見他是　耶和華　的　使者,　就　　說：哀哉！主　耶和華　啊,

<u>Gèi-din</u> gin tà si <u>Yè-wò-wà</u> dìk si-jé , jau syut : òi jòi ! Jyú <u>Yè-wò-wà</u> a ,

Jīdiān　jiàn tā shì Yē hé huá de shǐzhě, jiù shuō: Āi zāi! Zhǔ Yē hé huá a,

forasmuch as I have seen the angel of Yahweh face to face.

我　不好了　，　因為　我　覿面　看見　　耶和華　的　使者。

ngó bàt-hou-líu , yàn-wai ngó dik-min hon-gin <u>Yè-wò-wà</u> dìk si-jé。

Wǒ　bù hǎole,　yīnwèi　wǒ　dí miàn kànjiàn Yē hé huá de shǐzhě.

---

1 Samuel 7:12　撒母耳 記 上　**_Saat-móu-yí Gei Seung_**　_Sāmǔ'ěr jì shàng_

¹² Then Samuel took a stone, and set it between Mizpah and Shen, and called the

¹²　撒母耳　將　一塊　石頭　立在　米斯巴　和　善　的　　中間　，　給 石

Saat-móu-yí jèung yat-faai sek tàu laap joi <u>Mái-sì-bà</u> wò <u>Sin</u> dìk jung-gàan, kàp sek

Sāmǔ'ěr　jiāng yīkuài shí tóu lì zài Mǐsībā　hé Shàn de zhōngjiān, gěi shí

name of it Ebenezer, saying, Here has Yahweh helped us.

頭　起名　叫　以便以謝　，　說：到　如今　耶和華　都　幫助　我們　.

tàu héi-mìng giu <u>Yí-bin-yí-je</u> , syut; Dou yù-gàm <u>Yè-wò-wà</u> dòu bòng-jo ngó-mùn.

tóu　qǐmíng jiào Yǐbiàn yǐ xiè, shuō: Dào rújīn Yē hé huá dōu bāngzhù wǒmen.

---

1 KINGS 19:11-13　列王 紀上　**Lit-wòng Gei Seung**　Liè wáng jì shàng

¹¹ And he said, Go forth, and stand upon the mount before Yahweh.

¹¹ 耶和華　說：你　出來　站在　山上　，　在我　面前　。

<u>Yè-wò-wà</u> syut : Néi chèut-lòi jaam joi sàan-seung , joi ngó min-chìn。

Yē hé huá shuō: Nǐ chūlái zhàn zài shānshàng, zài wǒ miànqián.

And, behold, Yahweh passed by, and before him a great and strong wind tore in,
那 時 耶和華 從 那裡 經過 ， 在 他 面前 有 烈風 大作 ，
Ná sì Yè-wò-wà chùng ná-léui gìng-gwo , joi tà min-chìn yau lit-fùng daai-jok ,
Nà shí Yē hé huá cóng nàlǐ jīngguò, zài tā miànqián yǒu lièfēng dàzuò,

and broke in pieces the rocks; but Yahweh was not in the wind: after the wind an earthquake,
崩山 碎石 ， 耶和華 卻 不在 風中 ； 風後 地震 ，
bàng-sàan seui sek , Yè-wò-wà keuk bàt-joi fùng jung ; fùng hau dei-jan ,
bēngshān suì shí, Yē hé huá què bùzài fēng zhōng; fēng hòu dìzhèn,

but Yahweh was not there: [12] after the earthquake a fire; but Yahweh
耶和華 卻 不在 其中 ； [12] 地震 後 有 火 ， 耶和華 也
Yè-wò-wà keuk bàt-joi kèi-jung ; dei-jan hau yau fó , Yè-wò-wà yá
Yē hé huá què bùzài qízhōng; dìzhèn hòu yǒu huǒ, Yē hé huá yě

was not in the fire: and after the fire a still small voice. [13] When Elijah heard it,
不在 火 中 ； 火 後 有 微小 的 聲音 。 [13] 以利亞 聽見 ，
bàt-joi fó jung ; fó hau yau mèi-síu dìk sìng-yàm。 Yí-lei-a tèng-gin ,
bùzài huǒ zhōng; huǒ hòu yǒu wéixiǎo de shēngyīn. Yǐlìyǎ tīngjiàn,

he wrapped his face in his mantle, and went out, and stood in the entrance of the cave.
就 用 外衣 蒙上臉 ， 出來 站 在 洞口 。
jau yung ngoi-yì mùng seung lím , chèut-lòi jaam joi dung-háu 。
jiù yòng wàiyī méng shàng liǎn, chūlái zhàn zài dòngkǒu.

And, behold, there came a voice to him, and said, Elijah, what are you doing here?
有 聲音 向 他 說 ： 以利亞 啊 ， 你 在 這裡 做 甚麼 ？
Yau sìng-yàm heung tà syut : Yí-lei-a a , néi joi jé-léui jou sam-mò ?
Yǒu shēngyīn xiàng tā shuō: Yǐlìyǎ a, nǐ zài zhèlǐ zuò shénme?

JOB 38:7 約伯記 **Yeuk-ba Gei** Yuē bó jì

[7] "When the morning stars sang together, And all the sons of God shouted for joy?
[7] 那時 ， 晨星 一同 歌唱 ； 神的 眾 子也 都 歡呼 。
Ná-sì , sàn-sìng yat-tùng gò-cheung ; Sàn dìk jung jí yá dòu fùn-fù 。
Nà shí, chénxīng yītóng gēchàng; Shén de zhòng zi yě dōu huānhū.

JOB 42:1-3　約伯 記　Yeuk-ba Gei

¹ Job answered Yahweh, and said,
¹ 約伯　　回答　　耶和華　　說；
Yeuk-ba wùi-daap Yè-wò-wà syut；
Yuēbó　huídá　Yē hé huá shuō:

² "I know that You can do all things,
² 我　知道，　你　萬事　都　能　做；
Ngó ji-dou, Néi maan-si dòu nàng jou；
Wǒ zhīdào, Nǐ wànshì dōu néng zuò;

Your purpose cannot be restrained.
你的　旨意　不能　　攔阻　。
Néi-dìk jí-yi bàt-nàng làan-jó。
Nǐ de zhǐyì bùnéng　lánzǔ.

³ Who is this that hides counsel without knowledge?
³ 誰　用　　無知　的　言語　使　你的　旨意
Sèui yung mòu-ji dìk yìn-yú si néi-dìk jí-yi
Shéi yòng wúzhī de yányǔ shǐ nǐ de zhǐyì

I therefore have uttered that which I understood not, Things too wonderful for me,
　隱藏　　呢？ 我　所　說　的　是我　　不明白　　的　；這些　事太　　奇妙，
yán-jong nè？ Ngó só syut dìk si ngó bàt-mìng-baak dìk；jé-sè si taai kèi-miu,
yǐncáng ne？ Wǒ suǒ Shuō de shì wǒ　bù míngbái　de; zhèxiē shì tài qímiào,

which I knew not."
是我　　不知道　的　。
si ngó bàt-ji-dou dìk。
shì wǒ　bù zhīdào de.

PSALM 8　詩篇　**Sì-pìn**　Shīpiān

¹ O Yahweh, our Lord, How excellent is Your name in all the earth, You have set
¹ 耶和華　－　我們　的　主啊，你的　　名　在　　全　地　何　其　美！你　　將
Yè-wò-wà －ngó-mùn dìk Jyú a, néi-dìk mèng joi chyùn dei hò kèi méi！Néi jeung
Yē hé huá － wǒmen　de zhǔ a, nǐ de　míng zài quán de hé qí měi! Nǐ jiāng

your glory above the heavens!
你的　　榮耀　　彰顯　於天　。
néi dìk wing-yiu jèung-hín yù tìn。
nǐ de róngyào zhāngxiǎn yú tiān.

² For Your enemies' sake, out of the mouth of babes
² 你　因　敵人　的　緣故　，　從　嬰孩
Néi yàn dik-yàn dìk yùn-gu, chùng yìng-hàai
Nǐ yīn dírén de yuángù, cóng yīnghái

and sucklings You established strength, That You might silence the enemy and the
和　吃　奶　的　口中　，　建立了　　能力　，使　仇敵　和　報仇　的
wò hek náai dìk háu-jung, gin-laap-líu nàng-lik, si chàu-dik wò bou-chàu dìk
hé chī nǎi de kǒuzhōng,　jiànlìle　nénglì, shǐ chóudí hé bàochóu de

avenger. ³ When I consider Your fingers made heavens, the

閉口　　無言。 ³ 我　　觀看　你　指頭　所造的　天，並　你　所　　陳設　的

bai-háu mòu-yìn。 **Ngó gùn-hon néi jí-tàu só jou dìk tìn, bing néi só chàn-chit dìk**

bìkǒu　　wúyán.　　Wǒ guānkàn　nǐ zhǐtou suǒ zào de tiān,　bìng nǐ suǒ chénshè de

moon and stars, which You have ordained; ⁴ What is man, that You are mindful

月亮　　　星宿， ⁴ 便　說：人　算　甚麼，　你　竟

yut-leung sìng-sùk， **bin syut: Yàn syun sam-mò, Néi gíng**

yuèliàng　xīngsù,　　　biàn shuō: rén suàn shénme, Nǐ jìng

of him, and the son of man, that You care for him? ⁵ You made him a

顧念　他？　世人　算　甚麼，　你　竟　眷顧　他？ ⁵ 你　叫　他　比

gu-nim tà？ Sai-yàn syun sam-mò, Néi gíng gyun-gu tà？ **Néi giu tà béi**

gùniàn　tā?　Shìrén　suàn shénme, Nǐ jìng juàngù tā?　　　Nǐ jiào tā bǐ

little lower than the angels, And gave him glory and honor to crown. ⁶ You made

天使　微小　一點，　並　賜　他　榮耀　　尊貴　為　冠冕。 ⁶ 你　派

tìn-si mèi-síu yat-dím, bing chi tà wing-yiu jyùn-gwai wai gun-mín。 **Néi paai**

tiānshǐ wéixiǎo yīdiǎn,　bìng cì tā róngyào　zūnguì　wèi guānmiǎn.　　Nǐ pài

him to have dominion over the works of Your hands; ⁷ All

他　管理　你　手　所造的，使　　萬物， [vss 7 & 8 are combined with v 6 in CUV] 就是　一切

tà gún-léi Néi sáu só jou dìk, si maan-mat, **jau-si yat-chai**

tā　guǎnlǐ Nǐ shǒu suǒ zào de, shǐ　wànwù,　　　　　　　Jiùshì　yīqiè

sheep and oxen, and the beasts of the field, ⁸ The birds of the heavens, the fish of the sea,

的　牛　羊，　田野的　獸，　　空中　的　鳥，　　海裡　的　魚，

dìk ngàu yèung，tìn-yé dìk sau， **hùng-jung dìk níu，** **hói-léui dìk yù，**

de　niú　yáng, tiányě de shòu,　　kōngzhōng de niǎo,　　hǎilǐ　de yú,

Whatsoever passes through the paths of the seas, all things are subject under his feet.

凡　經　行　海道的，都　服　在　他的　腳下　。

fàan gìng hang hói-dou dìk，dòu fuk joi tà-dìk geuk-ha。

fán jīng xíng hǎidào de,　dōu fú zài tā de jiǎoxià.

⁹ O Yahweh, our Lord, How excellent is Your name in all the earth!

⁹ 耶和華 — 我們　的　主啊，　你的　名　在　全　地　何其　美！

<u>Yè-wò-wà</u> — ngó-mùn dìk Jyú a，néi-dìk mèng joi chyùn dei hò-kèi méi！

Yē hé huá — wǒmen de zhǔ a,　nǐ de míng zài quán de héqí měi!

PSALM 16:8-11　詩篇　Sì-pìn

[8] I have set Yahweh always before me: Because he is at my right hand, I shall

[8] 我　　將　　耶和華　　常　擺　在　我　　面前　，因　他　在　我　　右邊　，　我

Ngó jeung Yè-wò-wà sèung báai joi ngó min-chìn， yàn tà joi ngó yau-bìn， ngó

Wǒ jiāng Yē hé huá cháng bǎi zài wǒ miànqián, yīn tā zài wǒ yòubiān, wǒ

not be moved.　　[9] Therefore my heart is glad, and my spirit *(original is glory)*

便　不致　　搖動　。[9] 因此　，　我的　心　歡喜，　我的　靈　（　原文　[b]是

bin bàt-ji yìu-dung。　Yàn-chí， ngó dìk sàm fùn-héi， ngó dìk lìng （yùn-màn si

biàn bùzhì yáodòng . Yīncǐ， wǒ de xīn huānxǐ, wǒ de líng （yuánwén shì

rejoices; My flesh also shall dwell in safety.　　　　[10] For You will not leave

榮耀　）　快樂　；　我的　　肉身　也　要　安然　　居住　。[10]　因為　你　必　不

wìng-yiu） faai-lok ； ngó dìk yuk-sàn yá yiu òn-yìn gèui-jyu。　Yàn-wai néi bìt bàt-

róng yào ） kuàilè; wǒ de ròushēn yě yào ānrán jūzhù.　Yīnwèi nǐ bì bù

my soul to Sheol; Neither will You allow Your Holy One to see corruption.

將　我的　靈魂　撇在　陰間　，也　不叫　你的　聖者見　朽壞　.

jeung ngó dìk lìng-wàn pit joi yàm-gàan， yá bàt-giu néi-dìk sing jé gin yáu-waai.

jiāng wǒ de línghún piē zài yīnjiān， yě bù jiào nǐ de shèng zhě jiàn xiǔhuài.

[11] you will show me the path of life:　　　　　In your presence is fullness

[11] 你　必　將　　生命　的　道路　指示　我　。在　你　面前　有　滿足

Néi bìt jeung sàang-meng dìk dou-lou jí-si ngó。 Joi néi min-chìn yau mún-jùk

Nǐ bì jiāng shēngmìng de dàolù zhǐshì wǒ. Zài nǐ miànqián yǒu mǎnzú

of joy; In your right hand there are pleasures for evermore.

的　喜樂　；在　你　右手　中　有　永遠　的　福樂　。

dìk héi-lok ； joi néi yau-sáu jung yau wíng-yún dìk fùk lok。

de xǐlè; zài nǐ yòushǒu zhōng yǒu yǒngyuǎn de fú lè.

PSALM 22:22-26　詩篇　Sì-pìn

[22] I will declare your name to my brethren: In the midst of the assembly will I praise

[22] 我　要　將　你的　名　傳　與　我的　弟兄　，在　會中　我　要　讚

Ngó yiu jeung néi-dìk mìng chyùn yú ngó-dìk dai-hìng, joi wùi-jung ngó yiu jaan-

Wǒ yào jiāng nǐ de míng chuán yǔ wǒ de dìxiōng, zài huì zhōng wǒ yào zàn you. ²³ you who fear Yahweh, praise him; All the seed of Jacob,

美 你。 ²³ 你們　　敬畏　耶和華 的 人 要　讚美 他！ 雅各 的 後
méi néi。　Néi-mùn ging-wai Yè-wò-wà dìk yàn yiu jaan-méi tà！ Ngá-gok dìk hau-
měi Nǐ。　Nǐmen　jìngwèi　Yē hé huá de　rén　yào zànměi　tā！　Yǎgè　de　hòu

glorify him; And stand in awe of him, all you offspring of Israel. ²⁴ For

裔　都 要　榮耀　他！ 以色列 的　後裔 都 要　懼怕 他！ ²⁴ 因為
yeui dòu yiu wìng-yiu tà！ Yí-sìk-lit dìk hau-yeui dòu yiu geui-pa tà！　Yàn-wai
yì　dōu yào róngyào tā！　Yǐsèliè de　hòuyì dōu yào jùpà tā！　Yīnwèi

he has not despised nor abhorred the affliction of the afflicted; Nor hid his face from him; But

他 沒有　藐視 憎 惡 受苦 的 人，也　沒有　　向 他 掩 面；那
tà mut-yau míu-si jàng ok sau-fú dìk yàn，yá mut-yau heung tà yím min；ná
tā méiyǒu miǎoshì zēng è shòukǔ de　rén，yě méiyǒu xiàng tā yǎn miàn；nà

when he cried to him, he heard. ²⁵ I in the great assembly shall praise

受苦 之 人　呼籲 的　時候，他 就　垂 聽。 ²⁵ 我 在　大會　中　讚
sau-fú jì yàn fù-yu dìk sì-hau，tà jau séui tèng。　Ngó joi daai-wùi jung jaan-
shòukǔ zhī rén hūyù de shíhòu，tā jiù chuí tīng。　Wǒ zài dàhuì zhōng zàn

the word from you: I will before those that fear him

美 你的 話 是 從 你 而 來的；我 要 在 敬畏 耶和華 的 人
méi néi-dìk wa si chùng néi yì lòi dìk；ngó yiu joi ging-wai Yè-wò-wà dìk yàn
měi Nǐ de huà shì cóng nǐ ér lái de；wǒ yào zài jìngwèi Yē hé huá de rén

pay my vows. ²⁶ The meek shall eat and be satisfied; Those who seek

面前　還 我的　願。 ²⁶ 謙 卑 的 人 必 吃 得　飽 足；尋求
min-chìn wàan ngó-dìk yun。　Hìm bèi dìk yàn bìt hek dàk báau jùk；chám-kàu
miànqián hái wǒ de yuàn．　Qiān bēi de rén bì chī dé bǎo zú；xúnqiú

after him shall praise Yahweh: Let your heart live for ever.

耶和華 的 人 必　讚美 他。 願 你們 的 心　永遠　活著！
Yè-wò-wà dìk yàn bìt jaan-méi tà。 Yun néi-mùn-dìk sàm wíng-yún wut-jeuk！
Yē hé huá de rén bì　zànměi tā。 Yuàn nǐmen de xīn yǒngyuǎn huózhe！

PSALM 23:2-3　詩篇　Sì-pìn
² He makes me to lie down in green pastures; He leads me beside still waters.

² 他 使我 躺 臥 在　青草　地上，領 我 在 可 安歇 的　水 邊．
Tà si ngó tóng ngo joi chìng-chóu dei-seung，líng ngó joi hó òn-hit dìk séui bìn．
Tā shǐ wǒ tǎng wò zài qīngcǎo dìshàng，lǐng wǒ zài kě ānxiē de shuǐ biān．

3 He restores my soul: for His name's sake, He guides me in the righteous paths.

3 他 使 我 的 靈魂 甦醒 ，為 自己 的 名 引導 我 走 義 路。

Tà si ngó-dìk lìng-wàn sòu-síng, wai ji-géi dìk mèng yán-dou ngó jáu yi lou。

Tā shǐ wǒ de línghún sūxǐng, wèi zìjǐ de míng yǐndǎo wǒ zǒu yì lù.

PSALM 27:11-14   詩篇   Sì-pìn

11 Teach me Your way, O Yahweh; And because of my enemies,

11 耶和華 啊，求 你 將 你的 道 指教 我 ，因 我 仇敵 的

Yè-wò-wà a, kàu néi jeung néi-dìk dou jí-gaau ngó, yàn ngó chàu-dik dìk

Yē hé huá a, qiú nǐ jiāng nǐ de dào zhǐjiào wǒ, yīn wǒ chóudí de

lead me in a plain path.   12 Deliver me not over to the will

緣故 引導 我 走 平坦 的 路。 12 求 你 不要 把 我 交 給

yùn-gu yán-dou ngó jáu pìng-táan dìk lou。 Kàu néi bàt-yiu bá ngó gàau kàp

yuángù yǐndǎo wǒ zǒu píngtǎn de lù. Qiú nǐ bùyào bǎ wǒ jiāo gěi

of my adversaries: For false witnesses and such as breathe out cruelty

敵人 ， 遂 其 所 願； 因為 妄 作 見證 的 和 口 吐 凶言

dik-yàn, seui kèi só yun; yàn-wai móng jok gin-jing dìk wò háu tou hùng-yìn

dírén, suì qí suǒ yuàn; yīnwèi wàng zuò jiànzhèng de hé kǒu tǔ xiōng yán

are risen up against me.   13 Unless I had believed to see in the land of the living the

的 ， 起來 攻 擊 我 。 13 我 若 不信 在 活 人 之 地 得 見

dìk, héi-lòi gùng gìk ngó。 Ngó yeuk bàt-seun joi wut yàn jì dei dàk gin

de, qǐlái gōng jī wǒ. Wǒ ruò bùxìn zài huó rén zhī de dé jiàn

grace of Yahweh, I would have been discouraged.   14 Wait for Yahweh:

耶和華 的 恩惠 ， 就 早已 喪膽 了 。 14 要 等候 耶和華 ！

Yè-wò-wà dìk yàn-wai, jau jóu-yí song-dàam-líu。 Yiu dáng-hau Yè-wò-wà !

Yē hé huá de ēnhuì, jiù zǎoyǐ sàngdǎnle. Yào děnghòu Yē hé huá !

Be strong, and let your heart take courage; Yes, wait for Yahweh.

當 壯膽 ， 堅固 你的 心！ 我 再說 ， 要 等候 耶和華 ！

Dòng jong-dàam, gìn-gu néi-dìk sàm！ Ngó joi-syut, yiu dáng-hau Yè-wò-wà !

Dāng zhuàngdǎn, jiāngù nǐ de xīn! Wǒ zàishuō, yào děnghòu Yē hé huá !

PSALM 31:3 詩篇 Sì-pìn

3 For You are my rock and my fortress;   Therefore for Your
3 因為 你是 我的 巖石 , 我的 山寨 ; 所以 , 求 你 為你
Yàn-wai néi si ngó-dìk ngàam-sek , ngó-dìk sàan-jai ; só-yí , kàu néi wai néi
Yīnwèi nǐ shì wǒ de yánshí, wǒ de shānzhài; suǒyǐ, qiú nǐ wèi nǐ

name's sake lead me and guide me.
名 的 緣故 引導 我 , 指點 我 。
mèng dìk yùn-gu yán-dou ngó , jí-dím ngó 。
míng de yuángù yǐndǎo wǒ, zhǐdiǎn wǒ.

Psalm 35:28 詩篇 *Sì-pìn*

28 And my tongue shall talk of thy righteousness *And* of thy praise all the day long.
28 我 的 舌 頭 要 終日 論說 你的 公義 , 時常 讚美 你 。
Ngó dìk sit tàu yiu jùng-yat leun-syut néi dìk gùng-yi , sì-sèung jaan-méi néi 。
Wǒ de shé tóu yāo zhōngrì lùnshuō nǐ de gōngyì, shícháng zànměi nǐ.

Psalm 65:2 詩篇 *Sì-pìn*

2 O you that hears prayer, Unto you shall all flesh come.
2 聽 禱告 的 主啊 , 凡 有 血氣 的 都 要 來 就你 。
Tèng tóu-gou dìk Jyú a , fàan yau hyut-hei dìk dòu yiu lòi jau néi 。
Tīng dǎogào de Zhǔ a, fán yǒu xuèqì de dōu yào lái jiù nǐ.

PSALM 69:13-18 詩篇 Sì-pìn

13 But as for me, my prayer is to you, O Yahweh, in an acceptable time: O God, in the
13 但 我 在 悅 納的 時候 向 你一 耶和華 祈禱 。神啊 , 求 你 按
Daan ngó joi yut naap dìk sì-hau heung néi —Yè-wò-wà kèi-tóu。 Sàn a , kàu néi on
Dàn wǒ zài yuè nà de shíhòu xiàng nǐ —Yē hé huá qídǎo. Shén a, qiú nǐ àn

abundance of your lovingkindness, Answer me in the truth of your salvation.   14 Deliver
你 豐盛 的 慈愛 , 憑 你 拯救 的 誠實 應允 我 ! 14 求 你
néi fùng-sing dìk chì-oi , pàng néi chíng-gau dìk sìng-sat ying-wán ngó ! Kàu néi
nǐ fēngshèng de cí'ài, píng nǐ zhěngjiù de chéngshí yìngyǔn wǒ! Qiú nǐ

me out of the mire, and let me not sink: Let me be delivered

搭救　我　出　離　淤泥，　不叫　我　陷　在　其中　；　求　你　使　我

daap-gau ngó chèut lèi yù-nài, bàt-giu ngó haam joi kèi-jung ; kàu néi si ngó

dājiù　wǒ　chū　lí　yūní,　bù jiào　wǒ　xiàn zài qízhōng;　qiú nǐ shǐ wǒ

from them that hate me, and out of the deep waters.　[15] Let not the waterflood

說離　那些　恨　我的　人，使我　出　離　深水　。[15] 求　你　不容　大

tyut-lèi ná-sè han ngó-dìk yàn, si ngó chèut lèi sàm-séui。 Kàu néi bàt-yùng daai

tuōlí　nàxiē hèn　wǒ de rén, shǐ wǒ chū lí shēnshuǐ. Qiú nǐ bùróng dà

overwhelm me, Neither let the deep swallow me up; And let not the pit shut its

水　漫過　我　，　不容　深淵　吞滅　我　，　不容　坑　坎　在　我

séui yìm-gwo ngó, bàt-yùng sàm-yùn tàn-mit ngó, bàt-yùng hàang hám joi ngó

shuǐ mànguò wǒ,　bùróng shēnyuān tūnmiè wǒ,　bùróng kēng kǎn zài wǒ

mouth upon me.　[16] Answer me, O Yahweh; for your lovingkindness

以上　合口　。[16] 耶和華啊，求　你　應允　我　！　因為　你的　慈愛

yí-seung hap-háu。 Yè-wò-wà a, kàu néi ying-wán ngó ! Yàn-wai néi-dìk chì-oi

yǐshàng　hékǒu.　Yē hé huá a,　qiú nǐ yìngyǔn wǒ! Yīnwèi nǐ de cí'ài

is good: According to the multitude of your tender mercies turn to me.

本　為　美好　；　求　你　按　你　豐盛　的　慈悲　回轉　眷顧　我　！

bún wai méi-hou ; kàu néi on néi fùng-sing dìk chì-bèi wùi-jyun gyun-gu ngó !

běn wèi měihǎo; qiú nǐ àn nǐ fēngshèng de cíbēi huízhuǎn juàngù wǒ!

[17] And do not hide your face from your servant; For I am in distress; answer me

[17] 不要　掩　面　不顧　你的　僕人　；我　是　在　急難　之　中　，　求　你

Bàt-yiu yím min bàt-gu néi-dìk buk-yàn ; ngó si joi gàp-naan jì jung , kàu néi

Bùyào yǎn miàn bùgù Nǐ de pú rén; wǒ shì zài jínàn zhī zhōng, qiú nǐ

speedily.　[18] Draw near to my soul, and redeem it: Ransom me

速速　地　應允　我　！[18] 求　你　親近　我，救贖　我　！求　你

chùk-chùk dei ying-wán ngó ! Kàu néi chàn-gan ngó, gau-suk ngó ! Kàu néi

sù sù　de yìngyǔn wǒ! Qiú nǐ qīnjìn wǒ, jiùshú wǒ! Qiú nǐ

because of my enemies.

因　我的　仇敵　把　我　贖　回　！

yàn ngó-dìk sàu-dik bá ngó suk wùi !

yīn wǒ de chóudí bǎ wǒ shú huí!

Psalm 85:6　詩篇　*Sì-pìn*

⁶ Wilt thou not quicken us again, That thy people may rejoice in thee?

⁶你　不　再　將　我們　救　活，使你的　　百姓　靠　你　歡喜　麼？

Néi bàt joi jèung ngó-mùn gau wut , si néi dìk baak-sing kaau néi fùn-héi mò？

Nǐ bù zài jiāng wǒmen jiù huó, shǐ nǐ de bǎixìng kào nǐ huānxǐ me?

PSALM 119:2-3　詩篇　Sì-pìn

² Blessed are they that keep his testimonies, That seek him with the whole heart.

²　遵守　他的　法度，　一心　尋求　他的，這人　便　為　有福！

Jèun-sáu tà-dìk faat-dou , yat-sàm chám-kàu tà-dìk , jé yàn bin wai yau-fùk !

Zūnshǒu tā de fǎdù, yīxīn xúnqiú tā de, zhè rén biàn wèi yǒufú!

³ Yea, they do no unrighteousness; They walk in his ways.

³ 這　人　不做　非　義的事，但　遵行　他的　道　。

Jé yàn bàt-jou fèi yi dìk si , daan jèun-hang tà-dìk dou 。

Zhè rén bù zuò fēi yì de shì, dàn zūnxíng tā de dào.

PSALM 119:18　詩篇　Sì-pìn

¹⁸ Open my eyes, that I may behold Wondrous things out of your law.

¹⁸ 求　你　開　我的　　眼睛，使我　看出　你　律法　中的　奇妙．

Kàu néi hòi ngó-dìk ngáan-jìng, si ngó hon-chèut néi leut-faat jung dìk kèi-miu .

Qiú nǐ kāi wǒ de yǎnjīng, shǐ wǒ kàn chū nǐ lù fǎ zhōng de qímiào.

PSALM 119:104f　詩篇　Sì-pìn

¹⁰⁴ Through Your precepts I get understanding: Therefore I hate every false way.

¹⁰⁴我　藉著　你的　訓詞　得以　明白，所以我　恨　一切的　假道．

Ngó je-jeuk néi-dìk fan-chì dàk-yí mìng-baak, só-yí ngó han yat-chai dìk ga dou.

Wǒ jièzhe nǐ de xùncí déyǐ míngbái, suǒyǐ wǒ hèn yīqiè de jiǎ dào.

ͻNun [14th letter, N]

¹⁰⁵ Your word is a lamp to my feet, And light to my path.

¹⁰⁵ 你的　話是我　腳　前的　燈，是我　路上　的　光　。

Néi-dìk wa si ngó geuk chìn dìk dàng , si ngó lou-seung dìk gwòng 。

Nǐ de huà shì wǒ jiǎo qián de dēng, shì wǒ lùshàng de guāng.

[106] I have sworn, and have confirmed it, That I will observe Your righteous ordinances.

[106] 你 公 義 的 典 章 ， 我 曾 起誓 遵守 ， 我 必 按誓 而 行 ．

Néi gùng yi dìk dín-jèung ， ngó jàng héi-sai jyùn-sáu ， ngó bìt on sai yì hang ．

Nǐ gōng yì de diǎnzhāng, wǒ céng qǐshì zūnshǒu, wǒ bì àn shì ér xíng.

[107] I am afflicted very much: Revive me, O Yahweh, according to your word. ….

[107] 我 甚是 受苦 ； 耶和華 啊 ， 求 你 照 你的 話 將 我 救活 ！ ….

Ngó sam si sau-fú ； Yè-wò-wà a ， kàu néi jiu néi-dìk wa jeung ngó gau wut ！ ….

Wǒ shén shì shòukǔ; Yē hé huá a, qiú nǐ zhào nǐ de huà jiāng wǒ jiù huó! ….

[114] You are my hiding-place and my shield: I hope in your

[114] 你 是 我 藏身 之 處 ， 又 是 我的 盾牌 ； 我 甚 仰望 你

Néi si ngó jong-sàn jì chyu ， yau si ngó-dìk téun-pàai ； ngó sam yéung-mong néi-

Nǐ shì wǒ cángshēn zhī chù, yòu shì wǒ de dùnpái; wǒ shén yǎngwàng nǐ

word. [115] Depart from me, you evil-doers, That I may keep my God's

的 話語 。 [115] 作惡 的 人 哪 ， 你們 離開 我 罷 ！ 我 好 遵守 我

dìk wa-yú 。 Jok-ok dìk yàn nà ， néi-mùn lèi-hòi ngó ba ！ Ngó hou jèun-sáu ngó

de huàyǔ. Zuò'è de rén nǎ, nǐmen líkāi wǒ bà! Wǒ hǎo zūnshǒu wǒ

commandments. [116] Uphold me according to your word, that I may live; And let me

神 的 命令 。 [116] 求 你 照 你的 話 扶持 我 ， 使 我 存活 ， 也

Sàn dìk ming-ling 。 Kàu néi jiu néi-dìk wa fù-chì ngó ， si ngó chyùn-wut ， yá

Shén de mìnglìng. Qiú nǐ zhào nǐ de huà fúchí wǒ, shǐ wǒ cúnhuó, yě

not be ashamed of my hope. [117] Hold me up, and I shall be safe,

不叫 我 因 失望 而 害羞 。 [117] 求 你 扶持 我 ， 我 便 得救 ，

bàt-giu ngó yàn sàt-mong yì hoi-sàu 。 Kàu néi fù-chì ngó ， ngó bin dàk-gau ．

bù jiào wǒ yīn shīwàng ér hàixiū. Qiú nǐ fúchí wǒ, wǒ biàn déjiù,

And shall have respect for your statutes continually.

時常 看重 你的 律例 。

sì-sèung hon-chùng néi-dìk leut-lai 。

shícháng kànzhòng nǐ de lùlì.

ע Ayin [silent, 16th letter, = 70]

[123] My eyes fail with longing for your salvation, And for your righteous word.

[123] 我 因 盼望 你的 救恩 和 你 公義 的 話 眼睛 失明 ．

Ngó yàn paan-mong néi-dìk gau yàn wò néi gùng yi dìk wa ngáan-jìng sàt-mìng ．

Wǒ yīn pànwàng nǐ de jiù ēn hé nǐ gōng yì de huà yǎnjīng shīmíng.

ⅮPe [or Pei, Peh, or Fe; 17th letter, P/F]

130 The opening of your words gives light; It gives understanding to the simple.
130 你的　言語　一　解　開　就　發出　　亮光　，使　愚人　通達　。
Néi-dìk yìn-yú yat gáai hòi jau faat-chèut leung-gwòng，si yù-yàn tùng-daat。
Nǐ de yányǔ yī jiě kāi jiù fāchū liàngguāng, shǐ yúrén tōngdá.

133a Establish my footsteps in your word;....
133a 求　你　用　你的　話　使　我　腳步　穩當　，…。
Kàu néi yung néi-dìk wa si ngó geuk-bou wán-dòng，…。
Qiú nǐ yòng nǐ de huà shǐ wǒ jiǎobù wěndāng，….

ᴢTsadhe [or Tzadei or Tsadeh; 18th letter, Ts/Tz]

139 My zeal has consumed me, Because my adversaries have forgotten your words.
139 我　心　焦急，　如同　火燒，　因　我　敵　人　忘記　你的　言語．
Ngó sàm jìu-gàp，yù-tùng fó-sìu，yàn ngó dik yàn mòng-gei néi-dìk yìn-yú．
Wǒ xīn jiāojí, rútóng huǒshāo, yīn wǒ dí rén wàngjì nǐ de yányǔ.

140 Your word is very pure;　　　　　Therefore your servant loves it.
140 你的　話　極其　精煉，　　所以　你的　僕人　喜愛。
Néi-dìk wa gik-kèi jìng-lin，　só-yí néi-dìk buk-yàn héi-oi。
Nǐ de huà jíqí jīngliàn, suǒyǐ nǐ de púrén xǐ'ài.

141 I am small and despised;　　　　*Yet do I not forget your precepts.*　　　　…
141 我　微小，　被　人　藐視，　卻　不忘記　你的　訓詞　。…
Ngó mèi-síu，bei yàn míu-si，keuk bàt-mòng-gei néi-dìk fan-chí。…
Wǒ wéixiǎo, bèi rén miǎoshì, què bù wàngjì nǐ de xùncí. …

ᴦResh [or Reish; 20th letter, R]

154 Plead my cause, and redeem me: In accordance with your word revive me.
154 求　你　為　我　辨屈，　救贖　我，　照　你的　話　將　我　救　活．
Kàu néi wai ngó bin wàt，gau-suk ngó，jiu néi-dìk wa jèung ngó gau wut．
Qiú nǐ wèi wǒ biàn qū, jiùshú wǒ, zhào nǐ de huà jiāng wǒ jiù huó.

PSALM 119:164　詩篇　Sì-pìn

164 Seven times a day do I praise you, Because of your righteous ordinances.
164 我　因　你　公義　的　典章　一　天　七　次　讚美　你。
Ngó yàn Néi gùng-yi dìk dín-jèung yat-tìn chàt chi jaan-méi Néi。
Wǒ yīn Nǐ gōngyì de diǎnzhāng yītiān qī cì zànměi Nǐ.

PSALM 146:1-5　詩篇　Sì-pìn

¹ Praise Yahweh. Praise Yahweh, O my soul.

¹ 你們　要　讚美　耶和華！我的　心　哪，你　要　讚美　耶和華！

Néi-mùn yiu jaan-méi Yè-wò-wà ！ Ngó-dìk sàm nà ， néi yiu jaan-méi Yè-wò-wà ！

Nǐmen yào zànměi Yē hé huá ！ Wǒ de xīn nǎ， nǐ yào zànměi Yē hé huá ！

² While I live will I praise Yahweh: while I have any being I will sing praises to my

² 我　一生　要　讚美　耶和華！我　還　活的　時候　要　歌頌　我

Ngó yat-sàang yiu jaan-méi Yè-wò-wà ！ Ngó wàan wut dìk sì-hau yiu gò-jung ngó

Wǒ yīshēng yào zànměi Yē hé huá ！ Wǒ hái huó de shíhòu yào gēsòng wǒ

God.　　³ Put not your trust in princes, Nor in the son of man, in whom

的　神！　³ 你們　不要　倚靠　君王，　不要　倚靠　世人；他

dìk Sàn ！　Néi-mùn bàt-yiu yí-kaau gwàn-wòng, bàt-yiu yí-kaau sai-yàn ； tà

de Shén!　Nǐmen bùyào yǐkào jūnwáng， bùyào yǐkào shìrén； tā

there is no help.　　　⁴ His breath goes forth, he returns to his earth;

一點　不能　幫助。　⁴ 他的　氣一　斷，就　歸回　塵土；

yat-dím bàt-nàng bòng-jo。　Tà-dìk hei yat dyun， jau gwài-wùi chàn-tóu ；

yīdiǎn bù néng bāngzhù.　Tā de qì yī duàn， jiù guīhuí chéntǔ；

In that very day his thoughts perish.　　　⁵ He that has the God of Jacob for his help,

他所，打算　的　當日　就　消滅了。⁵ 以　雅各　的　神　為　幫助，

tà-só， dá-syun dìk dòng-yat jau sìu-mit-líu。 Yí Ngá-gok dìk Sàn wai bòng-jo，

tāsuǒ， dǎsuàn de， dāngrì jiù xiāomièle. Yǐ Yǎgè de Shén wèi bāngzhù，

Whose hope is in Yahweh his God: that man is happy!

仰望　耶和華 — 他　神的，這人　便　為　有福！

yéung-mong Yè-wò-wà — tà Sàn dìk ， jé yàn bin wai yau-fùk ！

yǎngwàng Yē hé huá — tā Shén de， zhè rén biàn wèi yǒufú!

Psalm 148:1-6　詩篇　*Sì-pìn*

¹ Praise ye Yahweh. Praise ye Yahweh from the heavens:

¹ 你們　要　讚美　耶和華！從　天上　讚美　耶和華，

Néi-mùn yiu jaan-méi Yè-wò-wà ！ Chùng tìn-seung jaan-méi Yè-wò-wà ，

Nǐmen yào zànměi Yē hé huá ！ Cóng tiānshàng zànměi Yē hé huá ，

Praise him in the heights.   [2] Praise ye him, all his angels:

在 高 處 讚美 他 !   [2] 他的 眾 使者 都要 讚美 他 !

joi gòu chyu jaan-méi Tà !   **Tà dìk jung si-jé dòu yiu jaan-méi Tà !**

zài gāo chù zànměi Tā!   Tā de zhòng shǐzhě dōu yào zànměi Tā!

Praise ye him, all his host.   [3] Praise ye him, sun and moon:

他的 諸 軍 都要 讚美 他 ! [3] 日頭 月亮 , 你們 要 讚美

Tà dìk jyù gwàn dòu yiu jaan-méi Tà ! Yat tàu yut-leung , néi-mùn yiu jaan-méi

Tā de zhū jūn dōu yào zànměi Tā! Rì tóu yuèliàng, nǐmen yào zànměi

Praise him, all ye stars of light.

他 ! 放 光 的 星宿 , 你們 都要 讚美 他 !

Tà ! Fong gwòng dìk sìng-sùk , néi-mùn dòu yiu jaan-méi Tà !

Tā! Fàng guāng de xīngsù, nǐmen dōu yào zànměi Tā!

[4] Praise him, ye heavens of heavens, And ye waters that are above the heavens.

[4] 天上 的天 和 天上 的水 , 你們 都要 讚美 他 !

Tìn-seung dìk tìn wò tìn-seung dìk séui , néi-mùn dòu yiu jaan-méi Tà !

Tiānshàng de tiān hé tiānshàng de shuǐ, nǐmen dōu yào zànměi Tā!

[5] Let them praise the name of Yahweh; For he commanded, and they were created.

[5] 願 這些 都 讚美 耶和華 的 名 ! 因 他 一 吩咐 便 都 造成 。

Yun jé-sè dòu jaan-méi <u>Yè-wò-wà</u> dìk mìng ! Yàn Tà yat fàn-fu bin dòu jou-sìng。

Yuàn zhèxiē dōu zànměi Yē hé huá de míng! Yīn Tā yī fēnfù biàn dōu zàochéng.

[6] He had also established them for ever and ever: He had made a decree

[6] 他 將 這些 立定 , 直到 永永 遠遠 ; 他 定了 命 ,

Tà jèung jé-sè laap-dìng , jik-dou wíng-wíng-yún-yún ; Tà dìng-líu ming ,

Tā jiāng zhèxiē lìdìng, zhídào yǒng yǒngyuǎn yuǎn; Tā dingle mìng,

which shall not pass away.

不能 廢去 （ 或 譯 : 越過 ） .

bàt-nàng fai heui (waak yik : Yut-gwo） .

bùnéng fèi qù (huò yì: Yuèguò).

PROVERBS 3:5 箴言 **Jàm Yìn** Zhēnyán

[5] Trust in Yahweh with all your heart, And lean not upon your own understanding:

[5] 你 要 專心 仰賴 耶和華 , 不可 倚靠 自己 的 聰明 ,

Néi yiu jyùn-sàm yéung-laai <u>Yè-wò-wà</u> , bàt-hó yí-kaau ji-géi dìk chùng-mìng ,

Nǐ yào zhuānxīn yǎnglài Yē hé huá, bùkě yǐkào zìjǐ de cōngmíng,

PROVERBS 10:12   箴言　Jàm Yìn

[12] Hatred stirs up strifes; But love covers all transgressions.   ....

[12] 恨　能　挑　啟　爭端　；　愛　能　遮掩　一切　過錯　。···.

Han nàng tìu kái jàng-dyùn ; oi nàng jè-yím yat-chai gwo-cho。....

Hèn néng tiāo qǐ zhēngduān; ài néng zhēyǎn yīqiè guòcuò.   ....

PROVERBS 15:13f   箴言　Jàm Yìn

[13] A glad heart makes a cheerful countenance; But by sorrow of heart the spirit is broken.

[13] 心中　喜樂，面　帶　笑容　；　心裡　憂愁，　靈　被　損傷　。

Sàm-jung héi-lok , min daai siu-yùng ; sàm-léui yàu-sàu , lìng bei syún-sèung。

Xīnzhōng xǐlè, miàn dài xiàoróng; xīnlǐ yōuchóu, ling bèi sǔnshāng.

[14] The smart person's heart seeks knowledge; But the mouth of fools feeds on folly. [15] All the

[14] 聰明　人心　求　知識　；　愚昧　人口　吃　愚昧　。　　　[15] 困苦

Chùng-mìng yàn-sàm kàu ji sìk ; yù-mui yàn-háu hek yù-mui。　　Kwan-fú

Cōngmíng rénxīn qiú zhī shí; yúmèi rénkǒu chī yúmèi.　　Kùnkǔ

days of the afflicted are evil; But he that is of a cheerful heart has a continual feast.

人　的　日子　都　是　愁苦　；　心中　歡暢　的，常　享　豐　筵　。

yàn dìk yat-jí dòu si sàu-fú ; sàm-jung fùn-cheung dìk, sèung héung fùng yìn。

rén de rìzi dōu shì chóukǔ; xīnzhōng huānchàng de, cháng xiǎng fēng yán.

[16] Better is little, with the fear of Yahweh, Than great treasure and trouble therewith.

[16] 少　有　財寶　，　敬畏　耶和華　，　強　如　多　有　財寶　，　煩亂　不

Siu yau chòi-bóu , ging-wai Yè-wò-wà , kèung yù dò yau chòi-bóu, fàan-lyun bàt-

Shǎo yǒu cáibǎo, jìngwèi Yē hé huá, qiáng rú duō yǒu cáibǎo, fánluàn bù'

[17] Better is a dinner of herbs, where love is, Than a stalled ox and hatred therewith.

安。[17] 吃　素菜，彼此　相愛，　強　如吃肥牛，彼此　相　恨．

òn。　Hek sou-choi, béi-chí sèung-oi, kèung yù hek fèi ngàu, béi-chí sèung han.

ān. Chī sùcài, bǐcǐ xiāng'ài, qiáng rú chī féi niú, bǐcǐ xiāng hèn.

PROVERBS 18:24   箴言　Jàm Yìn

[24] Unreliable friends will soon bring ruin; But there is a friend that

[24] 濫　交　朋友　的，自取　敗壞　；　但　有　一　朋友　比

Laam gàau pàng-yáu dìk , ji chéui baai-waai ; daan yau yat pàng-yáu béi

Làn jiāo péngyǒu de, zì qǔ bàihuài; dàn yǒu yī péngyǒu bǐ

sticks closer than a brother.

弟兄　　更　　親密　　。

dai-hìng gang chàn-mat。

dìxiōng gèng qīnmì.

ISAIAH 1:18　以賽亞 書　**Yí-choi-a Syù**　Yǐ sài yà shū

¹⁸ "Come now, and let us reason together," says Yahweh: "though your sins be as

¹⁸　耶和華　　說：　你們　　來，　我們　　彼此　　辯論　。　你們　的　罪　雖

Yè-wò-wà syut : Néi-mùn lòi , néi-mùn béi-chí bin-leun。 Néi-mùn dìk jeui sèui

Yē hé huá shuō: Nǐmen lái, wǒmen bǐcǐ biànlùn. Nǐmen de zuì suī

scarlet, they shall be as white as snow; though they be red like crimson, they shall be

　　像硃紅　　，　必　變成　　雪白　；　雖　紅　如　　丹顏　，　必　白

jeung-jyù-hùng , bìt bin-sìng syut-baak ; sèui hùng yù dàan-ngàan , bìt baak

xiàng zhūhóng, bì biànchéng xuěbái; suī hóng rú dān yán, bì bái

as wool.

如　　羊毛　。

yù yèung-mòu。

rú yángmáo.

ISAIAH 7:14　以賽亞 書　Yí-choi-a Syù

¹⁴ Therefore the Lord himself will give you a sign: a virgin shall conceive, and bear a

¹⁴　因此　，　主　自己　要　給　　你們　　一個　　兆頭，　必　有　　童女　　懷孕

Yàn-chí , Jyú ji-géi yiu kàp néi-mùn yat-go siu-tàu , bìt yau tùng-néui wàai-yan

Yīncǐ, Zhǔ zìjǐ yào gěi nǐmen yīgè zhàotou, bì yǒu tóngnǚ huáiyùn

son, and shall call his name Immanuel (the idea is "God is with us") .

生　子，給　他　　起名　　叫　　以馬內利　（就是　神　與　　我們　　同在　的

sàang jí , kàp tà héi-mìng giu Yí-má-noi-lei (jau-si Sàn yú ngó-mùn tùng-joi dìk

shēng zi, gěi tā qǐmíng jiào Yǐ mǎ nèi lì (jiùshì Shén yǔ wǒmen tóng zài de

意思）。

yi-sì)。

yìsi).

ISAIAH 9:6-7　以賽亞 書　Yí-choi-a Syù

6 For unto us a child is born, unto us a son is given; and the
6 因 有 一 嬰孩 為 我們 而 生 ; 有 一 子 賜 給 我們 。
Yàn yau yat Yìng-hàai wai ngó-mùn yì sàang ; yau yat Jí chi kàp ngó-mùn。
Yīn yǒu yī Yīnghái wèi wǒmen ér shēng; yǒu yī Zi cì gěi wǒmen.

government shall be upon His shoulder: and His name shall be called Wonderful Counselor,
政權 必 擔 在 他的 肩頭 上 ; 他 名稱 為 奇妙 策
Jing-kyùn bìt dàam joi Tà-dìk gìn-tàu seung ; Tà mìng-ching wai kèi-miu chaak-
Zhèngquán bì dān zài Tā de jiāntóu shàng; Tā míngchēng wéi qímiào cè-

Mighty God, Everlasting Father, Prince of Peace.　　　7 Of the increase of His
士, 全能 的 神, 永 在 的 父, 和平 的 君 。 7 他的 政權
tóu, chyùn-nàng dìk Sàn, wíng joi dìk Fu, wò-pìng dìk gwàn。 Tà-dìk jing-kyùn
shì, quánnéng de Shén, yǒng zài de Fù, hépíng de jūn. Tā de zhèngquán

government and peace there shall be no end.　He will on David's throne govern
與 平安 必 加增 無窮 。 他 必 在 大衛 的 寶座 上 治理
yú pìng-òn bìt gà-jàng mòu-kùng。 Tà bìt joi Daai-wai dìk bóu-jo seung ji-léi
yǔ píng'ān bì jiā zēng wúqióng. Tā bì zài Dàwèi de bǎozuò shàng zhìlǐ

His kingdom, and with justice and with righteousness uphold it, from henceforth even
他的 國 , 以 公平 公義 使 國 堅定 穩固 , 從今 直到
Tà-dìk gwok , yí gùng-pìng gùng-yi si gwok gìn-dìng wán-gu , chùng-gàm jik-dou
Tā de guó, yǐ gōngpíng gōng yì shǐ guó jiāndìng wěngù, cóng jīn zhídào

for ever.　　The zeal of Yahweh of hosts will perform this.
永遠 。 萬軍 之 耶和華 的 熱心 必 成就 這事。
wíng-yùn。 Maan-gwàn jì Yè-wò-wà dìk yit-sàm bìt sìng-jau jé si。
yǒngyuǎn. Wàn jūn zhī Yē hé huá de rèxīn bì chéngjiù zhè shì.

ISAIAH 53:4-6　以賽亞 書　Yí-choi-a Syù

4 Surely He have borne our griefs, and carried our sorrows; yet we did esteem
4 他 誠然 擔當 我們 的 憂患 , 背負 我們 的 痛苦 :
Tà sìng-yìn dàam-dòng ngó-mùn dìk yàu-waan , bui-fu ngó-mùn dìk tung-fú ;
Tā chéngrán dāndāng wǒmen de yōuhuàn, bèifù wǒmen de tòngkǔ:

Him stricken, afflicted, and smitten of God. ⁵ But He was

我們　　　卻　以　為　他　受　　責罰　，　被　神　擊　打　苦　待了。⁵ 哪知他

ngó-mùn keuk yí wai Tà sau jaak-fat, bei Sàn gìk dá fú doi-líu。 Nà ji Tà

wǒmen　què　yǐ　wèi　Tā　shòu　zéfá,　bèi　Shén　jī　dǎ　kǔ　dàile.　Nǎ zhī Tā

for our transgressions wounded, for our sins He was bruised;

為　我們　的　過犯　受害　，　為　我們　的　罪孽　壓　傷　。

wai ngó-mùn dìk gwo faan sau-hoi, wai ngó-mùn dìk jeui-yit aat sèung。

wèi　wǒmen　de　guò　fàn　shòuhài,　wèi　wǒmen　de　zuìniè　yā　shāng.

the chastisement of our peace was upon Him; and with His stripes

因　他　受　的　刑罰　，　我們　得　平安　；　因　他　受　的　鞭　傷　，

Yàn Tà sau dìk yìng-fat, ngó-mùn dàk pìng-òn; yàn Tà sau dìk bìn sèung,

Yīn　Tā　shòu　de　xíngfá,　wǒmen　dé　píng'ān;　yīn　Tā　shòu　de　biān shāng,

we are healed. ⁶ We like sheep have gone astray; everyone has turned to his own

我們　得　醫治。⁶ 我們　都　如　羊　走迷　；　各　人　偏　行　己

ngó-mùn dàk yì-ji。 Ngó-mùn dòu yù yèung jáu-mài; gok yàn pìn hang géi

wǒmen　dé　yīzhì.　Wǒmen　dōu　rú　yang　zǒu mí;　gè　rén　piān xíng jǐ

way; and Yahweh had laid all of our sins on Him.

路　；　耶和華　使　我們　眾人　的　罪孽　都　歸　在　他　身　上　。

lou; Yè-wò-wà si ngó-mùn jung-yàn dìk jeui-yit dòu gwài joi Tà sàn seung。

lù;　Yē hé huá shǐ wǒmen　zhòngrén de　zuìniè　dōu　guī zài Tā shēn shàng.

ISAIAH 55:1-11　　以賽亞書　Yí-choi-a Syù

¹ "Ho, every one that thirsts, come to the waters, and he that has no money

¹ 你們　　一切　乾　渴　的　都　當　就近　水　來；　沒有　　銀錢　的

Néi-mùn yat-chai gòn hot dìk dòu dòng jau-gan séui lòi; mut-yau ngàn-chín dìk

Nǐmen　yīqiè　gān　kě　de　dōu　dāng　jiùjìn　shuǐ lái;　méiyǒu　yínqián　de

can come. You come, buy, and eat; yes, come, without money and without

也　可以　來　。　你們　都　來　，　買了　吃　；　不用　　銀錢　，　不用

yá hó-yí lòi。 Néi-mùn dòu lòi, máai-líu hek; bàt-yung ngàn-chín, bàt-yung

yě　kěyǐ　lái.　Nǐmen　dōu　lái,　mǎile　chī;　bùyòng　yínqián,　bùyòng

price buy wine and milk. ² Wherefore do you spend money for that which is not

價直　，　也　來　買酒　和　奶　. ² 你們　為何　花　錢　買　那　不足　為

ga-jik, yá lòi máai jáu wò náai. Néi-mùn wai-hò fà chín máai ná bàt-jùk wai

jiàzhí,　yě　lái　mǎi jiǔ hé nǎi.　Nǐmen　wèihé huā qián mǎi nà bùzú wèi

bread? and your labor for that does not satisfy?

食物　的？　　用　　勞碌　得　來　的　買　那　不使　人　　飽　足　的　呢？

sik-mat dìk？　Yung lòu-lùk dàk lòi dìk máai ná bàt-si yàn báau jùk dìk nè？

shíwù de?　　Yòng láolù　dé　lái de　mǎi　nà　bù shǐ rén bǎo zú de ne?

Listen carefully to Me, and eat that which is good, and in fullness

你們　要　留意　聽　我的　話　就　能　吃　那　美　物，　得　享　肥

Néi-mùn yiu làu-yi tèng ngó-dìk wa jau nàng hek ná méi mat，dàk héung fèi

Nǐmen　yào　liúyì　tīng wǒ de　huà jiù néng chī nà měi wù，　dé xiǎng féi

let there be your heart's delight .　³ Incline your ear, and come to Me; hear,

甘，　心中　　喜樂。　　³ 你們　　當　　就近　我　來；　側耳　而　聽，

gàm，sàm-jung héi-lok。　　Néi-mùn dòng jau-gan ngó lòi；jàk-yí yì tèng，

gān，xīnzhōng xǐlè.　　　Nǐmen　dāng　jiùjìn　wǒ lái；cè'ěr ér tīng，

and you shall live: and I will with you make an everlasting covenant, even the sure mercies of

就　必　得　活。　我　必　與　你們　　立　永　約，　就是　應許　　大衛

jau bìt dàk wut。　Ngó bìt yú néi-mùn laap wíng yeuk，jau-si ying-héui Daai-wai

jiù bì dé huó.　Wǒ bì yǔ nǐmen　lì yǒng yuē，jiùshì yīngxǔ　Dàwèi

David.　　　　　⁴ I have made him a witness to the people, a

那　可靠　的　恩典。　⁴ 我　已　立　他　作　萬民　的　見證，　為

ná hó-kaau dìk yàn-dín。　Ngó yí laap tà jok maan-màn dìk gin-jing，wai

nà　kěkào de　ēndiǎn.　　Wǒ yǐ lì tā zuò　wànmín de jiànzhèng，wèi

leader and commander.　　　⁵ You do not know this nation that

萬民　的　君王　和　司令。　⁵ 你　素　不認識　的　　國民，　你　也

maan-màn dìk gwàn-wòng wò sì-ling。Néi sou bàt-ying-sìk dìk gwok-màn，néi yá

wànmín de　jūnwáng hé sīlìng.　Nǐ　sù　bù rènshì de　guómín，nǐ yě

shall be summoned that shall run to you,

必　召　來；素　不認識　你的　　國民　也　必　向　你　奔跑，

bìt siu lòi；sou bàt-ying-sìk néi-dìk gwok-màn yá bìt heung néi bàn-páau，

bì zhào lái；sù　bù rènshí　nǐ de　guómín yě bì xiàng nǐ bēnpǎo，

because of Yahweh your God, and for the Holy One of Israel; for He has

都　因　耶和華 — 你的　神　以色列　的　聖　者，　因為　他　已經

dòu yàn Yè-wò-wà — néi-dìk Sàn Yí-sìk-lit dìk Sing Jé，yàn-wai Tà yí-gìng

dōu yīn Yē hé huá — nǐ de Shén Yǐsèliè de Shèng Zhě，yīnwèi Tā yǐjīng

glorified you." ⁶ Seek Yahweh while He may be found;

榮耀　你。　⁶　當　趁　耶和華　可　尋找　的　時候　尋找　他，

wìng-yiu néi。　Dòng chan Yè-wò-wà hó chàm-jáau dìk sì-hau chàm-jáau Tà,

róngyào nǐ.　Dāng chèn Yē hé huá kě xúnzhǎo de shíhòu xúnzhǎo Tā,

while He is near call upon Him: ⁷ let the wicked forsake his way,

相近　的　時候　求告　他。　⁷　惡人　當　離棄　自己的　道路；

sèung-gan dìk sì-hau kàu-gou Tà。　Ok-yàn dòng lèi-hei ji-géi dìk dou-lou；

xiāngjìn de shíhòu qiúgào Tā.　Èrén dāng líqì zìjǐ de dàolù;

and the unrighteous man his thoughts; and let him return to Yahweh, and He

不義的　人　當　除掉　自己的　意念。　歸向　耶和華，　耶和華

bàt-yi dìk yàn dòng chèui diu ji-géi dìk yi-nim。 Gwài-heung Yè-wò-wà, Yè-wò-wà

bù yì de rén dāng chú diào zìjǐ de yìniàn.　Guīxiàng Yē hé huá, Yē hé huá

will have mercy upon him; and to our God, for He will

就　必　憐恤　他；　當歸　向　我們　的　神，　因為　神　必

jau bìt lìn-sèut tà；dòng-gwài heung ngó-mùn dìk Sàn, yàn-wai Sàn bìt

jiù bì liánxù tā; dānggūi xiàng wǒmen de Shén, Yīnwèi Shén bì

abundantly pardon. ⁸ For Yahweh says "My thoughts are not your thoughts,

廣　行　赦免。　⁸　耶和華　說：我的　意念　非同　你們　的　意念；

gwóng hang se-mín。 Yè-wò-wà syut: Ngó-dìk yi-nim fèi tùng néi-mùn dìk yi-nim;

guǎng xíng shèmiǎn.　Yē hé huá shuō: Wǒ de yìniàn fēi tong nǐmen de yìniàn;

My ways are not your ways. ⁹ For as the heavens are higher

我的　道路　非同　你們　的　道路。　⁹　天　怎樣　高過　地，

ngó-dìk dou-lou fèi tùng néi-mùn dìk dou-lou。 Tìn jám-yeung gòu-gwo dei,

wǒ de dàolù fēi tóng nǐmen de dàolù.　Tiān zěnyàng gāoguò de,

than the earth, so are My ways higher than your ways, and My thoughts than

照樣，　我的　道路　高過　你們　的　道路；　我的　意念　高過

jiu-yeung, Ngó-dìk dou-lou gòu-gwo néi-mùn dìk dou-lou；Ngó-dìk yi-nim gòu-gwo

zhàoyàng, Wǒ de dàolù gāoguò nǐmen de dàolù; Wǒ de yìniàn gāoguò

your thoughts. ¹⁰ Rain and snow comes from heaven, and return not, until it waters

你們　的　意念。　¹⁰　雨　雪　從天而降　，　並　不返回，　卻　滋潤

néi-mùn dìk yi-nim。 Yú syut chùng-tìn-yì-gong, bing bàt-fáan-wùi, keuk jì-yeun

nǐ men de yìniàn.　Yǔ xuě cóngtiān'érjiàng, bìng bù fǎnhuí, què zīrùn

the earth, and makes it bring forth bud, and gives seed to the sower and food to eat;

地土 ， 使 地 上 發芽 結實 ，使 撒 種 的 有 種 ，使 要 吃 的

dei-tóu ， si dei seung faat-ngà git sat ， si saat jung dìk yau jung ， si yiu hek dìk

de tǔ， shǐ dì shàng fāyá jié shí， shǐ sā zhǒng de yǒu zhǒng, shǐ yào chī de

[11] so from My mouth goes forth My word: it shall not return void, but it shall

有 糧 。 [11] 我 口 所 出 的 話 也 必 如此 ， 決 不徒然 返回 ，

yau lèung 。 Ngó háu só chèut dìk wa yá bìt yù-chí， kyut bàt-tòu-yìn fáan-wùi ，

yǒu liáng. Wǒ kǒu suǒ chū de huà yě bì rúcǐ， jué bù túrán fǎnhuí,

accomplish that which I please, and it shall prosper in the thing where I

卻 要 成就 我 所 喜悅 的 ， 在 我 發 他 去 成就 的 事 上

keuk yiu sìng-jau ngó só héi-yut dìk ， joi ngó faat tà heui sìng-jau dìk si seung

què yào chéngjiù wǒ suǒ xǐyuè de, zài wǒ fā tā qù chéngjiù de shì shàng

sent it. …"

必然 亨通 .

bìt-yìn hàng-tùng ，

bìrán hēngtōng.

ISAIAH 61:1-2   以賽亞 書   Yí-choi-a Syù

[1] The Spirit of the Lord Yahweh is upon me; because Yahweh has anointed me

[1] 主 耶和華 的 靈 在 我 身 上 ； 因為 耶和華 用 膏膏 我 ，

Jyú Yè-wò-wà dìk Lìng joi ngó sàn seung ； yàn-wai Yè-wò-wà yung gòu-gòu ngó ，

Zhǔ Yē hé huá de Líng zài wǒ shēn shàng; yīnwèi Yē hé huá yòng gāo gāo wǒ,

to preach good news to the meek (translation: *preach the good news to the poor)* ;

叫 我 傳 好 信息 給 謙卑 的 人 （ 或 譯 ： 傳 福音 給

giu ngó chyùn hou seun-sìk kàp hìm-bèi dìk yàn (waak yik : chyùn fùk-yàm kàp

jiào wǒ chuán hǎo xìnxī gěi qiānbēi de rén (huò yì: Chuán fúyīn gěi

he has sent me to bind up the broken-hearted, to proclaim to the captives liberty,

貧窮 的 人 ）， 差遣 我 醫 好 傷心 的 人 ， 報告 被 擄 的

pàn-kùng dìk yàn) . chàai-hín ngó yì hou sèung-sàm dìk yàn ， bou-gou bei lóu dìk

pínqióng de rén), chāiqiǎn wǒ yī hǎo shāngxīn de rén, bàogào bèi lǔ de

and the opening *of the prison* for the prisoners; [2] to proclaim the year of Yahweh's favor,

得 釋放 ， 被 囚 的 出 監牢 ； [2] 報告 耶和華 的 恩 年 ，

dàk sìk-fong ， bei chàu dìk chèut gaam-lòu ； bou-gou Yè-wò-wà dìk yàn nìn ，

dé shìfàng, bèi qiú de chū jiānláo; bàogào Yē hé huá de ēn nián,

and the day of vengeance of our God; to comfort all that mourn;
和　　我們　神　　報仇　的　日子；　安慰　一切　　悲哀的　人，
wò ngó-mùn Sàn bou-chàu dìk yat-jí ; òn-wai yat-chai bèi-òi dìk yàn ,
hé wǒmen Shén bàochóu de rìzi; ānwèi yīqiè bēi'āi de rén,

ISAIAH 64:8-9　以賽亞 書　Yí-choi-a Syù

8 But now, O Yahweh, you are our Father; we are the clay, and you our potter;
8　耶和華　啊，現在　你　仍是　我們　的 父！　我們　是泥，你是窯　匠；
Yè-wò-wà a, yin-joi Néi yìng si ngó-mùn dìk Fu ! Ngó-mùn si nài , néi si yiù jeung;
Yē hé huá a, xiànzài Nǐ réng shì wǒmen de Fù! Wǒmen shì ní, nǐ shì yáo jiàng;

and we all are the work of your hand.   9 Be not angry beyond measure, O Yahweh,
我們　都是你手的　工作　。　9 耶和華　啊，求　你　不要　　大發
ngó-mùn dòu si néi sáu dìk gùng-jok。   Yè-wò-wà a , kàu néi bàt-yiu daai-faat
wǒmen dōu shì nǐ shǒu de gōngzuò.   Yē hé huá a, qiú nǐ bùyào   dàfā

neither remember iniquity for ever: behold, look, we beseech you,
震　怒，也　不要　永遠　記念　罪孽　。求你垂顧我們　　，
jan nou , yá bàt-yiu wíng-yún gei-nim jeui-yit。 Kàu néi séui gu ngó-mùn ,
zhèn nù, yě bùyào yǒngyuǎn jìniàn zuìniè. Qiú nǐ chuí gù wǒmen,

we are all your people.
我們　都是你的　百姓　。
ngó-mùn dòu si néi dìk baak-sing。
wǒmen dōu shì nǐ de bǎixìng.

Isaiah 66:12　以賽亞 書　*Yí-choi-a Syù*

12 For thus says Yahweh, Behold, I will extend peace to her like a river, and
12　耶和華　如此　說：我要使平安延及他，好像　江河，使
Yè-wò-wà yù-chí syut : Ngó yiu si pìng-òn yìn kap tà, hou-jeung gòng-hò, si
Yē hé huá rúcǐ shuō: Wǒ yào shǐ píng'ān yán jí tā, hǎoxiàng jiānghé, shǐ

the glory of the nations like an overflowing stream: and you shall suck *thereof*;
列國　的　榮耀　延及他，如同　漲　溢的河。　你們　要
lit-gwok dìk wìng-yiu yìn kap tà, yù-tùng jeung yat dìk hò。 Néi-mùn yiu
lièguó de róngyào yán jí tā, rútóng zhǎng yì de hé. Nǐmen yào

you shall be borne upon the side, and

從中　　享受　（原文是 咡）；你們 必 蒙 抱 在 肋 旁 ，

chùng-jung héung-sau (yùn-màn si jaap); néi-mùn bìt mùng póu joi lak pòng，

cóngzhōng xiǎngshòu (yuánwén shì zā)；　nǐmen 　bì 　méng bào zài lē páng,

shall be bounced upon my knees.

搖　弄 在 膝　上 。

yìu lung joi sàt seung 。

yáo nòng zài xī shàng.

Jeremiah 6:1-3　　耶利米 書　***Yè-lei-mái Syù***　Yé lì mǐ shū

1 Flee for safety, children of Benjamin, out of the midst of Jerusalem, and in Tekoa

1 便雅憫　　人 哪 ， 你們 　要 逃 出 　耶路撒冷 ， 在 提哥亞

Bin-ngá-mán yàn nà， néi-mùn yiu tòu chèut Yè-lou-saat-láang， joi Tài-gò-a

Biàn yǎ mǐn　rén nǎ，　nǐmen 　yào táo chū 　Yēlùsālěng,　　zài 　Tígēyà

blow the trumpet, and raise up a signal on Beth-haccherem; for evil looks forth from the

吹角 ， 在 伯哈基琳 　立 號 旗 ； 因為 有 災禍 與 大 　毀滅

chèui-gok， joi Ba-há-gèi-làm laap hou kèi； yàn-wai yau jòi-wo yú daai wái-mit

chuījiǎo,　zài 　Bó hā jī lín　lì 　hào qí；　yīnwèi 　yǒu zāihuò yǔ 　dà 　huǐmiè

north, and a great destruction.　　2 The comely and delicate one, the daughter of Zion,

從 北方 張望 。 2 那 秀美 　嬌嫩 的 　錫安 女 子 （就是 指

chùng bàk-fòng jèung-mong。 Ná sau-méi gìu-nyun dìk Sek-òn néui jí （jau-si jí

cóng 　běifāng zhāngwàng.　Nà xiùměi jiāonèn de 　Xiān 　nǚ zi （jiùshì zhǐ

will I cut off.　　　3 Shepherds with their flocks shall come to

民 的 意思），我 必 剪除 。 3 牧人 必 引 他們的 羊 群 到

màn dìk yi sì）， ngó bìt jín-chèui。 Muk-yàn bìt yán tà-mùn dìk yèung kwàn dou

mín de 　yì sī），wǒ 　bì 　jiǎnchú.　Mùrén 　bì 　yǐn tāmen de yang qún dào

her;　　　they shall pitch their tents against her round about; every one in his place

他 那著 ， 在他 周圍 支搭 帳 棚 ， 各 在 自己 所 佔 之 地 使

tà ná-jeuk， joi tà jàu-wài jì daap jeung pàang， gok joi ji-géi só jìm jì dei si

tā 　nàzhe,　zài tā zhōuwéi zhī dā 　zhàng péng,　gè zài zìjǐ suǒ zhàn zhī dì shǐ

shall feed.

羊 吃 草 。

yèung hek chóu 。

yáng chī cǎo.

[21] And their prince shall be of themselves, and their ruler shall proceed from the

[21] 他們 的 君王 必是 屬乎 他們 的 ; 掌權 的 必 從 他

Tà-mùn dìk gwàn-wòng bìt si suk fù tà-mùn dìk ; jéung-kyùn dìk bìt chùng tà-

Tāmen de jūnwáng bì shì shǔ hū tāmen de; zhǎngquán de bì cóng tā

midst of them; and I will cause him to draw near, and he shall approach me:

們 中間 而 出 。 我 要 使他 就近 我 , 他也要 親近 我 ;

mùn jung-gàan yì chèut。 Ngó yiu si tà jau-gan ngó , tà yá yiu chàn-gan ngó ;

men zhōngjiān ér chū。 Wǒ yào shǐ tā jiùjìn wǒ, tā yě yào qīnjìn wǒ;

for who is he that has had boldness to approach me? says Yahweh.

不然 , 誰 有 膽量 親近 我 呢 ? 這是 耶和華 說 的 。

bàt-yìn , sèui yau dáam-leung chàn-gan ngó nè ? Jé si Yè-wò-wà syut dìk 。

bùrán, shéi yǒu dǎnliàng qīnjìn wǒ ne? Zhè shì Yē hé huá shuō de.

LAMENTATIONS 3:22-30 耶利米 哀歌 **Yè-lei-mái òi-gò** Yé lì mǐ āigē

[22] We are not consumed, and it is due to Yahweh's lovingkindnesses; because His

[22] 我們 不致 消滅 , 是 出 於 耶和華 諸 般 的 慈愛 ; 是 因 他的

Ngó-mùn bàt-ji sìu-mit , si cheut yù Yè-wò-wà jyù bùn dìk chì-oi ; si yàn Tà-dìk

Wǒmen bùzhì xiāomiè, shì chū yú Yē hé huá zhū bān de cí'ài; shì yīn Tā de

compassions fail not. [23] They are new every morning; great is Your

憐憫 不致 斷絕 。 [23] 每 早晨 , 這 都 是 新 的 ; 你的 誠實 極

lìn-mán bàt-ji dyun-jyut。 Múi jóu-sàn , jé dòu si sàn dìk ; Néi-dìk sìng sat gik-

liánmǐn bùzhì duànjué. Měi zǎochén, zhè dōu shì xīn de; Nǐ de chéngshí jí-

faithfulness. [24] Yahweh is my portion, says my soul; therefore I

其 廣大 ! [24] 我 心裡 說 : 耶和華 是 我 的 分 , 因此 , 我

kèi gwóng-daai ! Ngó sàm-léui syut : Yè-wò-wà si ngó dìk fan , yàn-chí , ngó

qí guǎngdà! Wǒ xīnlǐ shuō: Yē hé huá shì wǒ de fēn, yīncǐ, wǒ

will hope in Him. [25] To those that wait for Him, to the soul that seeks Him,

要 仰望 他 。 [25] 凡 等候 耶和華 , 心裡 尋求 他的 ,

yiu yéung-mong Tà 。 Fàan dáng-hau Yè-wò-wà , sàm-léui chàm-kàu Tà-dìk ,

yào yǎngwàng Tā. Fán děnghòu Yē hé huá, xīnlǐ xúnqiú Tā de,

Yahweh is good to them. ^{26} that a man should hope and quietly wait for the salvation

耶和華 必 施恩 給他。 ^{26} 人　　 仰望　　 耶和華 ，　靜默　　 等候

Yè-wò-wà bìt sì yàn kàp tà 。 Yàn yéung-mong Yè-wò-wà , jing-mak dáng-hau

Yē hé huá bì shī ēn gěi tā . Rén yǎngwàng Yē hé huá , jìngmò děnghòu

of Yahweh, it is good. ^{27} For a man that he bears the yoke in his youth, it

他的 救恩 ，這原是 好的 。 ^{27} 人 在　 幼年　 負 軛 ，這原是

Tà-dìk gau yàn , jé yùn si hou dìk 。 Yàn joi yau-nìn fu aàk , jé yùn si

Tā de jiù ēn , zhè yuán shì hǎo de . Rén zài yòunián fù è , zhè yuán shì

is good. ^{28} Let him sit alone and keep silence, because He has laid it

好的 。 ^{28} 他 當 獨 坐 無 言 ， 因為 這 是 耶和華 加 在

hou dìk 。 Tà dòng duk chó mòu yìn , yàn-wai jé si Yè-wò-wà gà joi

hǎo de. Tā dāng dú zuò wú yán, yīnwèi zhè shì Yē hé huá jiā zài

upon him. ^{29} Let him put his mouth in the dust, if so be there may be hope.

他 身 上 的 。 ^{29} 他 當 口 貼 塵埃 ， 或者 有 指望 。

tà sàn seung dìk 。 Tà dòng háu tip chàn-òi , waak-jé yau jí-mong 。

tā shēn shàng de. Tā dāng kǒu tiē chén'āi, huòzhě yǒu zhǐwàng.

^{30} Let him give his cheek to him that strikes him; let him be filled with reproach.

^{30} 他 當 由 人 打他的 腮頰 ， 要 滿 受 凌辱 。

Tà dòng yàu yàn dá tà-dìk sòi gaap , yiu mún sau lìng-yuk 。

Tā dāng yóu rén dǎ tā de sāi jiá, yào mǎn shòu língrù.

EZEKIEL 37:1-9f 以西結 書 **Yí-sài-git Syù** Yǐxī jié shū

^{1} The hand of Yahweh was upon me, and in the Spirit of Yahweh He

^{1} 耶和華 的 靈 （ 原文 是 手 ） 降 在 我 身 上 。 耶和華 藉 他的

Yè-wò-wà dìk Lìng （yùn-màn si sáu）gong joi ngó sàn seung 。 Yè-wò-wà je Tà-dìk

Yē hé huá de Líng (yuánwén shì shǒu) jiàng zài wǒ shēn shàng. Yē hé huá jí Tā de

brought me out, and set me down in the midst of the valley; and it was

靈 帶 我 出去 ， 將 我 放在 平原 中 ； 這 平原 遍

Lìng daai ngó chèut-heui , jeung ngó fong joi pìng-yùn jung ； jé pìng-yùn pin

Líng dài wǒ chūqù, jiāng wǒ fàng zài píngyuán zhōng; zhè píngyuán biàn

full of bones. [2] He caused me to pass by them round about: behold, there were many in

滿　　骸骨。[2] 他 使 我 從　　骸骨 的 四圍　　經過 ， 誰知 在 平

mún hàai-gwàt。　Tà si ngó chùng　hàai-gwàt dìk sei-wài gìng-gwo, sèui ji joi pìng-

mǎn　hái gǔ.　　Tā shǐ wǒ cóng　　háigǔ　de　sìwéi　jīngguò, shuí zhī zài ping-

the open valley; and, lo, they were very dry. [3] And He said to me, "Son of man,

原 的　　骸骨 甚多, 而且 極其 枯乾 。[3] 他 對 我 說 ： 人子 啊，

yùn dìk　hàai-gwàt sam dò, yì-ché gik-kèi fù gòn。　Tà deui ngó syut : Yàn-jí a ,

yuán de　hái-gǔ　shén duō, erqiě jíqí kū gàn.　Tā duì wǒ shuō: Rén zǐ a,

can these bones live?" And I answered, "O Lord Yahweh, you know."

這些　骸骨 能　復活 麼？ 我　說 ： 主 耶和華 啊， 你 是 知道 的。

jé-sè hàai-gwàt nàng fuk-wut mò？ Ngó syut : Jyú Yè-wò-wà a , Néi si ji-dou dìk。

zhèxiē háigǔ　néng fùhuó me? Wǒ shuō: Zhǔ Yē hé huá a, Nǐ shì zhīdào de.

[4] Again He said to me, "Prophesy over these bones, and say to them, 'O you dry

[4] 他 又 對 我 說 : 你 向 這些　骸骨 發 預言 說 : 枯乾 的

Tà yau deui ngó syut : Néi heung jé-sè hàai-gwàt faat yu-yìn syut : Fù gòn dìk

Tā yòu duì wǒ shuō: Nǐ xiàng zhèxiē háigǔ　fā yùyán shuō: Kū gàn de

bones, hear the word of Yahweh.' [5] The Lord Yahweh to these bones

骸骨 啊， 要 聽 耶和華 的 話。[5] 主 耶和華 對 這些 骸骨 如此

hàai-gwàt a , yiu tèng Yè-wò-wà dìk wa。 Jyú Yè-wò-wà deui jé-sè hàai-gwàt yù-chí

háigǔ　a, yào tīng Yē hé huá de huà. Zhǔ Yē hé huá duì zhèxiē háigǔ　rúcǐ

said: 'Behold, I will cause breath to enter into you, and you shall live. [6] I

說 : 我 必 使 氣息　進入　你們　裡 面 ， 你們　就要　活了 。[6] 我

syut: Ngó bìt si hei-sìk jeun-yap néi-mùn léui min , néi-mùn jau yiu wut-líu。 Ngó

shuō: Wǒ bì shǐ qìxí jìn-rù　nǐmen lǐ miàn, nǐmen jiù yào huóle.　Wǒ

will lay tendons upon you, and upon you put flesh, and cover you with skin,

必 給 你們　加 上 筋, 使 你們　長 肉, 又 將 皮 遮蔽

bìt kàp néi-mùn gà seung gàn , si néi-mùn chèung yuk , yau jeung pèi jè-bai

bì gěi nǐmen jiā shàng jīn, shǐ nǐmen zhǎng ròu, yòu jiāng pí zhēbì

and put breath in you, and you shall live; and you

你們 ， 使 氣息　進入　你們　裡面 ， 你們　就要　活了 ； 你們

néi-mùn, si hei-sìk jeun-yap néi-mùn léui-min , néi-mùn jau yiu wut-líu; néi-mùn

nǐmen, shǐ qìxí jìnrù nǐmen lǐmiàn, nǐmen jiù yào huóle; nǐmen

shall know that I am Yahweh.'" ⁷ So I prophesied as I was commanded: and as I prophesied,
便　知道　我　是　耶和華　。⁷ 於是，我　遵　命　說　預言。正　說
bin ji-dou ngó si Ye̲-wo̲-wa̲。 Yù-si，ngó jèun meng syut yu-yìn。 Jing syut
biàn zhīdào wǒ shì Yē hé huá。 Yúshì，wǒ zūn mìng shuō yùyán。 Zhèng shuō

there was a noise, and an earthquake; and bone to bone
預言的　時候，不料，有　響聲　，有　地震；骨　與　骨
yu-yìn dìk sì-hau，bàt-liu，yau héung-sèng，yau dei-jan ; gwàt yú gwàt
yùyán de shíhòu，bùliào，yǒu xiǎngshēng，yǒu dìzhèn; gǔ yǔ gǔ

came together.　　　　⁸ I beheld, and, lo, there were tendons upon them, and
互相　聯絡　。　⁸ 我　觀看　，見　骸骨　上　有　筋，也
wu-sèung lyùn-lok。　Ngó gùn-hon，gin hàai-gwàt seung yau gàn，yá
hùxiāng liánluò。　Wǒ guānkàn，jiàn háigǔ shàng yǒu jīn，yě

flesh came up, and skin covered them; but there was no breath in them.
長了　肉，又　有　皮　遮蔽　其　上，只是　還　沒有　氣息。
chèung-líu yuk，yau yau pèi jè-bai kèi seung，jí-si wàan mut-yau hei-sìk。
zhǎngle ròu，yòu yǒu pí zhēbì qí shàng，zhǐshì hái méiyǒu qìxí。

⁹ Then he said to me,　　"Son of man, prophesy and to the wind say,
⁹ 主　對　我　說：人子　啊，你　要　發　預言，向　風　發　預言，
Jyú deui ngó syut：Yàn-jí a，néi yiu faat yu-yìn，heung fùng faat yu-yìn，
Zhǔ duì wǒ shuō：Rén zǐ a，nǐ yào fā yùyán，xiàng fēng fā yùyán，

'Thus the Lord Yahweh says: "O breath, from the four winds [original is *wind*]
說　主　耶和華　如此　說：氣息　啊，要　從　四方　（原文　是　風）
syut Jyú Ye̲-wo̲-wa̲ yù-chí syut：Hei-sìk a，yiu chùng sei-fòng（yùn-màn si *fùng*）
shuō Zhǔ Yē hé huá rúcǐ shuō：Qìxí a，yào cóng sìfāng（yuánwén shì fēng）

come, and breathe upon these slain, that they may live."'" ....
而　來，吹　在　這些　被　殺　的　人　身　上，使　他們　活了　。....
yì lòi，chèui joi jé-sè bei saat dìk yàn sàn seung，si tà-mùn wut-líu。....
ér lái，chuī zài zhèxiē bèi shā de rén shēn shàng，shǐ tāmen huóle。....

¹³ O My people, when I have opened your graves, and caused you from your graves to come
¹³ 我　的　民　哪，我　開　你們　的　墳墓，使　你們　從　墳墓　中
Ngó dìk màn nà，ngó hòi néi-mùn dìk fàn-mou，si néi-mùn chùng fàn-mou jung
Wǒ de mín nǎ，wǒ kāi nǐmen de fénmù，shǐ nǐmen cóng fénmù zhòng

out, you shall know that I am Yahweh.　　　　　　　¹⁴ And I will put my Spirit

出來　，　你們　就　知道　我　是　耶和華　。 ¹⁴ 我　必　將　我的　靈　放在

chèut-lòi, néi-mùn jau ji-dou ngó si Yè-wò-wà。 Ngó bìt jeung ngó dìk Lìng fong joi

chū lái,　nǐmen　jiù zhīdào wǒ shì Yē hé huá . Wǒ bì jiāng wǒ de Líng fang zài

in you, and you shall live, and I will place you in your own land:

你們　　裡面　，　你們　就　要　活了　。　我　將　你們　安置在　本　地，

néi-mùn léui-min,　néi-mùn jau yiu wut-líu。 Ngó jeung néi-mùn òn-ji joi bún dei ,

nǐmen　lǐmiàn,　nǐmen　jiù yào huóle. Wǒ jiāng nǐmen ānzhì zài běn de,

and you shall know Me, Yahweh, have spoken it and performed it,"

你們　就　知道　我 一 耶和華　如此　說 ， 也 如此　成就了 。 這是

néi-mùn jau ji-dou ngó — <u>Yè-wò-wà</u> yù-chí syut, yá yù-chí sìng-jau-líu。 Jé si

nǐmen　jiù zhīdào wǒ — Yē hé huá rúcǐ shuō, yě rúcǐ chéngjiùle. Zhè shì

says Yahweh.'"

耶和華　說　的　。

<u>Yè-wò-wà</u> syut dìk。

Yē hé huá shuō de.

DANIEL 2:31-35　但以理 書　**<u>Daan-yí-léi</u> Syù**　Dàn yǐ lǐ shū

³¹ "You, O king, beheld a great statue. This image, which was mighty,　and

³¹ 王　啊，你　夢見　一個　大　像，這　像　甚　高，極其　光

Wòng a , néi mung-gin yat-go daai jeung , jé jeung sam gòu, gik-kèi gwòng-

Wáng a, nǐ mèngjiàn yīgè dà xiàng, zhè xiàng shèn gāo, jíqí guāng-

exceedingly bright, stood before you; and its shape was frightening. ³² Its head was of

耀 ， 站　在　你　面前　，　形**狀**　甚　是　可怕。　　　³² 這　像　的　頭　是

yiu , jaam joi néi min-chìn , yìng-jong sam si hó-pa。　　Jé jeung dìk tàu si

yào, zhàn zài nǐ miànqián, xíngzhuàng shén shì kěpà.　　Zhè xiàng de tóu shì

fine gold, its breast and arms of silver, its belly and thighs of brass,

精　金　的，　胸膛　和　膀臂　是　銀的　，　肚腹　和　腰　是　銅的 ，

jìng gàm dìk , húng-tòng wò pòng-bei si ngàn dìk , tóu fùk wò yìu si tùng dìk ,

jīng jīn de, xiōngtáng hé bǎngbì shì yín de, dù fù hé yāo shì tóng de,

³³ its legs of iron, its feet part iron and clay.　　　³⁴ You watched while a stone was cut

³³ 腿　是　鐵的，　腳　是　半　鐵　半　泥的。 ³⁴ 你　觀看，　見　有　一塊　非人

tèui si tit dìk, geuk si bun tit bun nài dìk。 Néi gùn-hon , gin yau yat-faai fèi-yàn

tuǐ shì tiě de, jiǎo shì bàn tiě bàn ní de. Nǐ guānkàn, jiàn yǒu yīkuài fēi rén

out without hands, and it struck the image upon its iron and clay feet, and broke them

手鑿　　出來　的　石頭　打在這　像　半鐵　半泥　的　腳　上，把腳

sáu jok chèut-lòi dìk sek tàu dá joi jé jeung bun-tit bun-nài dìk geuk seung, bá geuk

shǒu záo chūlái de shítou dǎ zài zhè xiàng bàntiě bànní de jiǎo shàng, bǎ jiǎo

in pieces. [35] Then the gold, silver, brass, iron, and clay were together broken in pieces,

砸碎　；[35] 於是　金，　銀，　銅，　鐵，泥都　一同　砸　得　粉碎，

jaap-seui ； yu-si gàm ， ngàn ， tùng ， tit ， nài dòu yat-tùng jaap dàk fán-seui ，

zá suì; yúshì jīn, yín, tóng, tiě, ní dōu yītóng zá dé fěnsuì,

became like the summer threshing floor chaff; scattered by the wind, nowhere to be found;

成　如　夏天　禾　場　　上　的　　糠秕，　被　風吹　　散　，　無　處　可

sìng yù ha-tìn wò chèung seung dìk hòng-béi ， bei fùng-chèui saan ， mòu chyu hó

chéng rú xiàtiān hé chǎng shàng de kāngbǐ, bèi fēngchuī sàn, wú chù kě

and the rock that smashed the image became a great mountain and filled the earth.

尋　。打　碎這　像　的　石頭　變　成　一座　　大山　，　充滿　　天下．

chàm。 Dá seui jé jeung dìk sek tàu bin sìng yat-jo daai-sàan ， chùng-mún tìn-ha.

xún. Dǎ suì zhè xiàng de shí tóu biàn chéng yīzuò dàshān, chōngmǎn tiānxià.

DANIEL 8:16-17　但以理 書　Daan-yí-léi Syù

[16] And I heard a man's voice between *the banks of* the Ulai, which called, and said,

[16] 我　又　聽見　烏萊　河　兩岸　中　有人　聲　呼叫　說：

Ngó yau tèng-gin Wù-lòi hò léung-ngon jung yau-yàn sèng fù-giu syut：

Wǒ yòu tīngjiàn Wūlái hé liǎng'àn zhōng yǒurén shēng hūjiào shuō:

Gabriel, make this man to understand the vision. [17] So he came near where I

加百列啊　，　要　使　此　人　明白　這異　象　。[17] 他便　來到　我　所

Gà-baak-lit-a ， yiu si chí yàn mìng-baak jé yi jeung。 Tà bin lòi-dou ngó só

Jiābǎilièa, yào shǐ cǐ rén míngbái zhè yì xiàng. Tā biàn lái dào wǒ suǒ

stood; and when he came, I was frightened, and fell upon my face: but he said

站　的　　地方　。他 一　來，我　就　　驚慌　俯伏　在　地；他　對　我

jaam dìk dei-fòng。 Tà yat lòi ， ngó jau gìng-fòng fú-fuk joi dei ； tà deui ngó

zhàn de dìfāng. Tā yī lái, wǒ jiù jīnghuāng fǔfú zài de; tā duì wǒ

to me, Understand, O son of man; for the vision belongs to the time of the end.

說：人子 啊，你 要　　明白　，　因為　這是　關乎　　末後　的　異　象．

syut：Yàn-jí a ， néi yiu mìng-baak ， yàn-wai jé si gwàan-fù mut-hau dìk yi jeung.

shuō: Rén zǐ a, nǐ yào míngbái, yīnwèi zhè shì guānhū mòhòu de yì xiàng.

DANIEL 9:4 但以理 書 Daan-yí-léi Syù

⁴ I prayed to Yahweh my God, and confessed, and said, Oh, Lord, the great and awesome

⁴ 我　　向　　耶和華 ─ 我 的 神 祈禱，　認罪　，說：主啊，　大 而 可畏

Ngó heung Yè-wò-wà ─ ngó dìk Sàn kèi-tóu, ying-jeui, syut : Jyú a, daai yì hó-wai

Wǒ xiàng Yē hé huá ─ wǒ de Shén qídǎo, rènzuì, shuō: Zhǔ a, dà ér kě wèi

God, who keeps his covenant and mercy with them who love him and keep his commands,

的 神，　向 愛主，守 主 誡 命 的 人 守 約 施 慈愛 。

dìk Sàn , heung oi Jyú, sáu Jyú gaai ming dìk yàn sáu yeuk sì chì-oi 。

de Shén, xiàng ài Zhǔ, shǒu Zhǔ jiè mìng de rén shǒu yuē shī cí'ài.

DANIEL 9:21 但以理 書 Daan-yí-léi Syù

²¹ while I was praying, the man I had seen in the vision at the start, which was

²¹ 我　正　禱告 的 時候，　先前 在 異 象 中 所見 的 那 位

Ngó jing tóu-gou dìk sì-hau , sìn-chìn joi yi jeung jung só-gin dìk ná wai

Wǒ zhèng dǎogào de shíhòu, xiānqián zài yì xiàng zhōng suǒjiàn de nà wèi

Gabriel, being caused to fly swiftly, at about the time of the evening offering.

加百列　，　奉命　迅速 飛來，　約 在 獻 晚 祭 的

Gà-baak-lit , fung-meng seun-chùk fèi lòi , yeuk joi hin máan heung dìk

Jiābǎiliè, fèngmìng xùnsù fēi lái, yuē zài xiàn wǎn jì de

touched me.

時候，按 手 在 我 身 上 。

sì-hau , on sáu joi ngó sàn seung 。

shíhòu, àn shǒu zài wǒ shēn shàng.

HOSEA 6:1 何西阿 書 **Hò-sài-a Syù** Hé xī ā shū

¹ Come, and let us return to Yahweh; for he has torn, and he will heal us; he has

¹ 來 罷，　我們　　歸向　耶和華！他 撕裂 我們　，也 必 醫治；他

Lòi ba , ngó-mùn gwài-heung Yè-wò-wà ! Tà sì lit ngó-mùn , yá bìt yì-ji ; Tà

Lái bà, wǒmen guīxiàng Yē hé huá ! Tā sī liè wǒmen, yě bì yīzhì; Tā

smitten, and he will bind us up.

打 傷　我們，也 必 纏裹 。

dá sèung ngó-mùn , yá bìt chìn gwó 。

dǎ shāng wǒmen, yě bì chán guǒ.

JONAH 2:1-3　約拿書　**Yeuk-nà** Syù　Yuē ná shū

[1] Jonah out of the fish's belly prayed to Yahweh his God, [2] said, "I by reason of my
[1] 約拿　在　魚　腹　中　禱告　耶和華　一　他的　神，[2] 說：我　遭遇　患
Yeuk-nà joi yù fùk jung tóu-gou **Yè-wò-wà** 一 tà-dìk Sàn，syut：Ngó jòu-yu waan
Yuēná zài yú fù zhōng dǎogào Yē hé huá 一 tā de Shén, shuō：Wǒ zāoyù huàn

distress prayed to Yahweh, And He answered me; Out of the belly of Sheol I cried,
難　求告　耶和華，你　就　應允　我；從　陰間　的　深處　呼
naan kàu-gou **Yè-wò-wà**, Néi jau ying-wán ngó；chùng yàm-gàan dìk sàm chyu fù
nán qiúgào Yē hé huá, Nǐ jiù yìngyǔn wǒ；cóng yīnjiān de shēn chù hū

And You heard my voice. [3] For you had cast me into the depth, into
求，你　就　俯聽　我　的　聲音　。[3] 你　將　我　投下　深淵，
kàu，Néi jau fú tèng ngó dìk sèng-yàm。 **Néi jeung ngó tàu-ha sàm-yùn**，
qiú, Nǐ jiù fǔ tīng wǒ de shēngyīn.　Nǐ jiāng wǒ tóuxià shēnyuān,

the heart of the seas, And the flood was round about me; All your waves and your billows
就是　海　的　深　處；大　水　環繞　我，你的　波浪　洪濤　都
jau-si hói dìk sàm chyu; daai séui wàan-yíu ngó, néi-dìk bò-long hùng tòu dòu
jiùshì hǎi de shēn chù; dà shuǐ huánrào wǒ, nǐ de bōlàng hóng tāo dōu

passed over me.
漫過　我　身。
yìm-gwo ngó sàn。
mànguò wǒ shēn.

MICAH 4:2　彌迦書　**Mèi-gà** Syù　Mí jiā shū

[2] And many nations shall go and say, Come, and let us go up to the
[2] 必　有　許多　國的　民　前往，說：來吧，我們　登
Bìt yau héui-dò gwok dìk màn chìn-wóng，syut：Lòi ba，ngó-mùn dàng
Bì yǒu xǔduō guó de mín qiánwǎng, shuō：Lái ba, wǒmen dēng

mountain of Yahweh, and to the house of the God of Jacob; and He will
耶和華　的　山，奔　雅各　神的　殿。主　必　將　他的　道
Yè-wò-wà dìk sàan，bàn Ngá-gok Sàn dìk dìn。Jyú bìt jeung tà-dìk dou
Yē hé huá de shān, bēn Yǎgè Shén de diàn. Zhǔ bì jiāng tā de dào

teach us of His ways, and we will walk in His paths. For the law shall

教訓　　　我們　；　我們　也　要　行　他的　路　。　因為　　訓誨　必

gaau-fan ngó-mùn ; ngó-mùn yá yiu hang Tà-dìk lou 。 Yàn-wai fan-fui bìt

jiàoxùn　wǒmen;　　wǒmen　yě yào xíng Tā de lù.　Yīnwèi xùnhuì bì

go forth out of Zion, and the word of Yahweh from Jerusalem;

出　於　錫安　；　耶和華　的　言語　必　出　於　　耶路撒冷　　　。

chèut yù <u>Sek-òn</u> ; <u>Yè-wò-wà</u> dìk yìn-yú bìt chèut yù <u>Yè-lou-saat-láang</u> 。

chū yú Xī ān;　Yē hé huá de yányǔ bì chū yú　　Yēlùsālěng.

<u>MICAH 5:2</u>　彌迦書　<u>Mèi-gà</u> Syù

[2] But you, Beth-lehem Ephrathah, which are little to be among the thousands of Judah, out of

[2]　伯利恆　　，　以法他啊　，　你　在　　猶大　　諸城　　中　為　小　，　將來

<u>Baak-lei-hàng</u> , <u>Yí-faat-tà-a</u> , néi joi <u>Yàu-daai</u> jyù-sìng jung wai síu , jèung-lòi

Bólìhéng,　　Yǐfǎtāa,　　nǐ zài　Yóudà zhūchéng zhōng wèi xiǎo,　jiānglái

you shall One come forth to Me that is to be Ruler in Israel;

必　有　一　位　從　你　那裡　　出來　，　在　以色列　　中　為　我　作　掌

bìt yau yat wai chùng néi ná-léui chèut-lòi , joi <u>Yí-sìk-lit</u> jung wai ngó jok jéung

bì yǒu yī wèi cóng nǐ　nàlǐ　　chūlái,　zài Yǐsèliè zhōng wèi wǒ zuò zhǎng

whose origins have been from of old, from everlasting.

權　的　；　他的　根源　從　亙古　，　從　太初　就　有　。

kyùn dìk ; Tà-dìk gàn-yùn chùng gáng-gú , chùng taai-chò jau yau 。

quán de;　Tā de gēnyuán cóng　gèngǔ,　cóng tàichū jiù yǒu.

Habakkuk 2:14　哈巴谷 書　***Há-bà-gùk** Syù*　*Hǎbā gǔ shū*

[14] For the earth shall be filled with the knowledge of the glory of Yahweh, as the waters

[14]　認識　　耶和華　　榮耀　的　知識　要　　充滿　　遍地，　　好像　　水

Ying-sìk <u>Yè-wò-wà</u> wìng-yiu dìk ji sìk yiu chùng-mún pin dei , hou-jeung séui

Rènshí　Yē hé huá róngyào de zhī shí yào chōngmǎn biàn de,　hǎoxiàng shuǐ

cover the sea.

充滿　　洋海　　一般　。

chùng-mún yèung-hói yat-bùn 。

chōngmǎn　yánghǎi　yībān.

[11] In that day shall you not be put to shame for all your transgressions against me;

[11] 當 那 日 , 你 必 不因 你 一切 得罪 我的 事自覺 羞愧 ;

Dòng ná yat , néi bìt bàt-yàn néi yat-chai dàk-jeui ngó-dìk si ji-gaau sàu-kwai ;

Dāng nà rì, nǐ bì bù yīn nǐ yīqiè dézuì wǒ de shì zìjué xiūkuì;

for then I will take away from your midst your arrogant boasters,

因為 那 時 我 必 從 你 中間 除掉 矜誇 高傲 之 輩 ,

yàn-wai ná sì Ngó bìt chùng néi jung-gàan chèui diu gìng-kwà gòu-ngou jì bui ,

yīnwèi nà shí Wǒ bì cóng nǐ zhōngjiān chú diào jīnkuā gāo'ào zhī bèi,

and you shall no more be haughty in my holy mountain. [12] But I will leave in the midst of you

你 也 不再 於 我的 聖山 狂 傲 。 [12] 我 卻 要 在 你 中間

néi yá bàt-joi yù Ngó-dìk sing-sàan kwòng ngou。 Ngó keuk yiu joi néi jung-gàan

nǐ yě bù zài yú Wǒ de shèngshān kuáng ào. Wǒ què yào zài nǐ zhōngjiān

an afflicted and poor people, and they shall take refuge in the name of Yahweh.

留下 困苦 貧寒 的 民 ; 他們 必 投靠 我 — 耶和華 的 名 .

làu ha kwan-fú pàn-hòn dìk màn; tà-mùn bìt tàu-kaau ngó — Yè-wò-wà dìk mìng .

liú xià kùnkǔ pínhán de mín; tāmen bì tóukào wǒ — Yē hé huá de míng.

[13] The remnant of Israel shall not do iniquity, nor speak lies; neither shall their mouth

[13] 以色列 所 剩 下 的 人 必 不作 罪孽 , 不說 謊言 , 口中

Yí-sìk-lit só sing ha dìk yàn bìt bàt-jok jeui-yit , bàt-syut fóng-yìn , háu-jung

Yǐsèliè suǒ shèng xià de rén bì bùzuò zuìniè, bù shuō huǎngyán, kǒuzhōng

have a deceitful tongue; for they shall feed and lie down, and none shall make them afraid.

也 沒有 詭詐 的 舌頭 ; 而且 吃喝 躺 臥 , 無 人 驚嚇 。

yá mut-yau gwái-ja dìk sit tàu ; yì-ché hek-hot tóng ngo , mòu yàn gìng-haak。

yě méiyǒu guǐzhà de shé tóu; érqiě chīhē tǎng wò, wú rén jīngxià.

[14] Sing, O daughter of Zion; shout, O Israel;

[14] 錫安 的 民 哪 , 應當 歌唱 ! 以色列 啊 , 應當 歡呼 !

Sek-òn dìk màn nà , ying-dòng gò-cheung ! Yí-sìk-lit a , ying-dòng fùn-fù !

Xī ān de mín nǎ, yīngdāng gēchàng! Yǐsèliè a, yīngdāng huānhū!

be glad and rejoice with all your heart, O daughter of Jerusalem.

耶路撒冷 的 民 哪 , 應當 滿心 歡喜 快樂 !

Yè-lou-saat-láang dìk màn nà , ying-dòng mún-sàm fùn-héi faai-lok !

Yēlùsālěng de mín nǎ, yīngdāng mǎnxīn huānxǐ kuàilè!

ZEPHANIAH. 3:17   西番雅書   **Sài-fàan-ngá** Syù

¹⁷ Yahweh your God is in your midst, a mighty one who will save; he will

¹⁷ 耶和華 一 你的 神是 施行 拯救 , 大 有 能力 的 主。 他 在

Yè-wò-wà 一 néi-dìk Sàn si sì-hang chíng-gau , daai yau nàng-lik dìk Jyú。 Tà joi

Yē hé huá 一 nǐ de Shén shì shīxíng zhěngjiù, dà yǒu nénglì de Zhǔ. Tā zài

rejoice over you with joy; he will rest in his love; he will joy over you with singing.

你 中間 必 因 你 歡欣 喜樂 , 默然 愛你 , 且 因 你 喜樂

néi jung-gàan bìt yàn néi fùn-yàn héi-lok , mak-yìn oi néi , ché yàn néi héi-lok

nǐ zhōngjiān bì yīn nǐ huānxīn xǐlè, mòrán ài nǐ, qiě yīn nǐ xǐlè

而 歡呼 。

yì fùn-fù 。

ér huānhū.

ZECHARIAH 12:10   撒迦利亞   **Saat-gà-lei-a** Sā jiā lì yǎ

¹⁰ And I will pour the spirit of grace and of prayer upon the house of David, and upon the

¹⁰ 我 必 將 那 施 恩 叫 人 懇求 的 靈 , 澆灌 大衛 家 和

Ngó bìt jeung ná sì yàn giu yàn hán-kàu dìk lìng , hìu-gun Daai-wai gà wò

Wǒ bì jiāng nà shī ēn jiào rén kěnqiú de líng, jiāoguàn Dàwèi jiā hé

inhabitants of Jerusalem; and they shall look to me whom they have pierced;

耶路撒冷 的 居民 。 他們 必 仰望 我 (或 譯 : 他 ; 本

Yè-lou-saat-láang dìk gèui-màn 。 Tà-mùn bìt yéung-mong ngó (waak yik : Tà ; bún

Yēlùsālěng de jūmín. Tāmen bì yǎngwàng wǒ (huò yì: Tā; běn

and they shall mourn for him, as one mourns for his only son,

節 同) , 就是 他們 所 扎 的 ; 必 為 我 悲哀 , 如 喪 獨 生 子 ,

jit tùng) , jau-si tà-mùn só jaat dìk ; bìt wai ngó bèi-òi , yù song duk sàang jí ,

jié tóng), jiùshì tāmen suǒ zhā de; bì wèi wǒ bēi'āi, rú sàng dú shēng zi,

and shall be in bitterness for him, as one that is in bitterness for his first-born.

又 為 我 愁苦 , 如 喪 長 子 。

yau wai ngó sàu-fú , yù song chèung jí 。

yòu wèi wǒ chóukǔ, rú sàng zhǎng zi.

ZECHARIAH 14:8　撒迦利亞　Saat-gà-lei-a

[8] In that day, living waters shall go out from Jerusalem; half toward the eastern

[8] 那　日，必　有　活水　從　耶路撒冷　出來，一半　往　東

Ná yat，bìt yau wut-séui chùng Yè-lou-saat-láang chèut-lòi，yat-bun wóng dùng

Nà rì，bì yǒu huóshuǐ cóng Yēlùsālěng chūlái，yībàn wǎng dōng

sea, and half to the western sea: in summer and winter shall it be.

海流，一半　往　西　海流；冬夏　都是　如此。

hói-làu，yat-bun wóng sài hói-làu；dùng-ha dòu si yù-chí。

hǎiliú，yībàn wǎng xī hǎiliú；dōngxià dōu shì rúcǐ。

MALACHI 3:1-6　瑪拉基　書　**Má-làai-gèi Syù**　Mǎ lā jī shū

[1] Yahweh of hosts says, "Behold, I send My messenger, and he shall before Me

[1] 萬　軍　之　耶和華　說：我　要　差遣　我的　使者在我　前面

Maan gwàn jì Yè-wò-wà syut：Ngó yiu chàai-hín ngó dìk si-jé joi ngó chìn-min

Wàn jūn zhī Yē hé huá shuō：Wǒ yào chāiqiǎn wǒ de shǐzhě zài wǒ qiánmiàn

prepare the way: and the Lord, whom you seek, will suddenly come to His temple; and the

預備　道路。你們　所　尋求　的　主　必　忽然　進入　他的　殿；

yu-bei dou-lou。Néi-mùn só chàm-kàu dìk Jyú bìt fàt-yìn jeun-yap Tà-dìk din；

yùbèi dàolù。Nǐmen suǒ xúnqiú de Zhǔ bì hūrán jìnrù Tā de diàn；

covenant messenger, whom you desire, behold, He is coming.　[2] On the day of His

使者，就是　你們　所　仰慕　的，快要　來到。[2] 他　來的　日子，

si-jé，jau-si néi-mùn só yéung-mou dìk，faai-yiu lòi-dou。Tà lòi dìk yat-jí，

shǐzhě，jiùshì nǐmen suǒ yǎngmù de，kuàiyào lái dào。Tā lái de rìzi，

coming, who can abide? and who shall stand when He appears? for

誰　立約　的　能　當　得　起　呢？他　顯現　的　時候，誰　能　立

sèui laap-yeuk dìk nàng dòng dàk héi nè？Tà hín-yin dìk sì-hau，sèui nàng laap

shéi lìyuē de néng dāng dé qǐ ne？Tā xiǎnxiàn de shíhòu，shéi néng lì

He is like a refiner's fire, and like fuller's soap: ⋯"

得　住　呢？因為　他　如　煉金　之　人的　火，如漂　布　之　人的　鹼．

dàk jyu nè？Yàn-wai Tà yù lin-gàm jì yàn dìk fó，yù piu bou jì yàn dìk gáan．

dé zhù ne？Yīnwèi Tā rú liànjīn zhī rén de huǒ，rú piào bù zhī rén de jiǎn．

3 and he will sit as a refiner and purifier of silver, and he will purify the sons of Levi, and refine

3 他 必 坐 下 如 煉 淨 銀子 的 ， 必 潔淨 利未 人 ， 熬 煉 他們

Tà bìt chó ha yù lin jing ngàn-jí dìk , bìt git-jing Lei-mei yàn , ngòu lin tà-mùn

Tā bì zuò xià rú liàn jìng yínzi de, bì jiéjìng Lìwèi rén, áo liàn tāmen

them as gold and silver; and they shall offer to Yahweh offerings in righteousness.

像 金銀 一樣 ； 他們 就 憑 公義 獻 供物 給 耶和華 .

jeung gàm-ngàn yat-yeung; tà-mùn jau pàng gùng-yi hin gùng-mat kàp Yè-wò-wà.

xiàng jīn-yín yīyàng; tāmen jiù píng gōngyì xiàn gōngwù gěi Yē hé huá .

4 Then shall the offering of Judah and Jerusalem be pleasant to Yahweh,

4 那 時 ， 猶大 和 耶路撒冷 所獻的 供物 必 蒙 耶和華

Ná sì , Yàu-daai wò Yè-lou-saat-láang só hin dìk gùng-mat bìt mùng Yè-wò-wà

Nà shí, Yóudà hé Yēlùsālěng suǒ xiàn de gōngwù bì méng Yē hé huá

as in the days of old, and as in ancient years. 5 And says Yahweh of hosts,

悅 納 ， 彷彿 古時之日 ， 上古之年 。 5 萬 軍 之 耶和華 說 ：

yut naap , fóng-fàt gú sì jì yat , seung-gú jì nìn 。 Maan gwàn jì Yè-wò-wà syut :

yuè nà, fǎngfú gǔ shí zhī rì, shànggǔ zhī nián. Wàn jūn zhī Yē hé huá shuō:

I will come near to you to judgment; and I will be a swift witness

我 必 臨近 你們 ， 施行 審判 。 我 必 速速 作 見證 ，

Ngó bìt làm-gan néi-mùn , sì hang sám-pun 。 Ngó bìt chùk-chùk jok gin-jing ,

Wǒ bì lín-jìn nǐmen, shī xíng shěnpàn. Wǒ bì sùsù zuò jiànzhèng,

against the sorcerers, the adulterers, the false swearers, and against those that oppress the

警 戒 行 邪 術 的 ， 犯 姦淫 的 ， 起 假 誓 的 ， 虧負 人 之

gíng gaai hang chè seut dìk , faan gàan-yàm dìk , héi ga sai dìk , kwài-fu yàn jì

jǐng jiè xíng xié shù de, fàn jiānyín de, qǐ jiǎ shì de, kuīfù rén zhī

hireling in his wages, the widow, the fatherless, and deny the sojourner *of his rights*, and do

工價 的 ， 欺 壓 寡婦 孤兒 的 ， 屈 枉 寄居 的 ， 和 不敬畏

gùng-ga dìk , hèi ngaat gwá-fú gù-yì dìk , wàt wóng gei-gèui dìk , wò bàt-ging-wai

gōng jià de, qī yā guǎfù gū'ér de, qū wǎng jìjū de, hé bù jìngwèi

not fear me. 6 For I, Yahweh, change not; therefore you, O sons of Jacob, are

我的 。 6 因 我 — 耶和華 是 不改變 的 ， 所以 你們 雅各 之子

ngó-dìk 。 Yàn ngó —Yè-wò-wà si bàt-gói-bin dìk , só-yí néi-mùn Ngá-gok jì-jí

wǒ de. Yīn wǒ — Yē hé huá shì bù gǎibiàn de, suǒyǐ nǐmen Yǎgè zhīzǐ not consumed.

没有　　滅亡 。

mut-yau　mit-mòng 。

méiyǒu　　mièwáng.

MATTHEW 2:1-2　　馬太 福音　　**Má-taai Fùk-yàm**　　Mǎ tài fúyīn

[1] Now when Jesus was born in Bethlehem of Judaea in the days of Herod the king,

[1] 當　希律　　王的　時候 ，　耶穌　生　在　猶太　的　　伯利恆　 。 有

Dòng Hèi-leut wòng dìk sì-hau , Yè-sòu sàang joi Yàu-taai dìk Baak-lei-hàng 。 **Yau**

Dāng Xī lǜ　wáng de shíhòu, Yēsū shēng zài Yóutài de　　Bólìhéng.　　Yǒu

behold, Wise-men from the east came to Jerusalem, saying,　　　　　　[2] "Where is He that

幾個 博士 從　　東方　來到　　耶路撒冷　，　說 ： [2] 那　生　下來

géi go bok-si chùng dùng-fòng lòi-dou Yè-lou-saat-láang, syut :　Ná sàang ha-lòi

jǐ gè bóshì　cóng　dōngfāng lái dào　Yēlùsālěng,　　shuō:　Nà shēng xiàlái

is born King of the Jews?　　　　　　　　for we saw His star in the east,

作　猶太　人 之 王 的 在　那裡 ？　我們　在　東方　看見　他的

jok Yàu-taai yàn jì wòng dìk joi ná-léui ? Ngó-mùn joi dùng-fòng hon-gìn Tà-dìk

zuò Yóutài　rén zhī wáng de zài　nàlǐ ?　Wǒmen zài dōngfāng kànjiàn Tā de

and have come to worship Him."

星 ，　特　來　拜　他 。

sìng , dak lòi baai Tà 。

xīng,　tè　lái bài Tā.

Matthew 28:1-7　　馬太 福音　　*Má-taai Fùk-yàm*

[1] Now late on the sabbath day, as it began to dawn toward the first *day* of the week,

[1] 安息 日 將　盡 ，七 日的 頭 一 日 ，天 快 亮 的 時候 ，

òn sìk yat jèung jeun , chàt yat dìk tàu yat yat , tìn faai leung dìk sì-hau ,

Ān xī rì　jiāng jǐn,　qī rì de tóu yī rì,　tiān kuài liàng de shíhòu,

came Mary Magdalene and the other Mary to see the sepulchre.　　　[2] And behold,

抹大拉　的　馬利亞 和 那個 馬利亞 來　看　墳墓 。 [2] 忽然 ，

Maat-daai-làai dìk Má-lei-a wò ná-go Má-lei-a lòi hon fàn-mou 。　Fàt-yìn ,

Mǒdàlā　de　Mǎlìyà hé nàgè Mǎlìyà lái kàn　fénmù.　　Hūrán,

there was a great earthquake; for an angel of the Lord descended from heaven, and came and
地 大 震動 ； 因為 有 主 的 使者 從 天上 下來 ， 把 石頭
dei daai jan-dung ; yàn-wai yau Jyú dìk si-jé chùng tìn-seung ha-lòi， bá sek tàu
dì dà zhèndòng; yīnwèi yǒu Zhǔ de shǐzhě cóng tiānshàng xiàlái， bǎ shí tóu

rolled away the stone, and sat upon it. ³His appearance was as lightning, and his clothes
滾 開， 坐 在 上面 。 ³他 的 像 貌 如同 閃電， 衣服
gwán hòi， chó joi seung-min。 Tà dìk jeung maau yù-tùng sím-din， yì-fuk
gǔn kāi， zuò zài shàngmiàn. Tā de xiàng mào rútóng shǎndiàn， yīfú

white as snow: ⁴and for fear of him the guards did quake,
潔白 如 雪 。 ⁴ 看守 的 人 就 因 他 嚇 得 渾身 亂 戰，
git-baak yù syut。 Hon-sáu dìk yàn jau yàn tà haak dàk wàn-sàn lyun jin，
jiébái rú xuě. Kānshǒu de rén jiù yīn tā xià dé húnshēn luàn zhàn，

and became as dead men. ⁵And the angel answered and said to the women, Fear not;
甚至 和 死人 一樣 。 ⁵ 天使 對 婦女 說： 不要 害怕 ！ 我
sam-ji wò séi-yàn yat-yeung。 Tìn-si deui fú-néui syut : Bàt-yiu hoi-pa ! Ngó
shènzhì hé sǐrén yīyàng. Tiānshǐ duì fùnǚ shuō: Bùyào hàipà! Wǒ

for I know that you seek Jesus, who had been crucified. ⁶ He is not here;
知道 你們 是 尋找 那 釘 十字架 的 耶穌 。 ⁶他 不在 這裡，
ji-dou néi-mùn si chàm-jáau ná dèng sap-ji-ga dìk <u>Yè-sòu</u>。 Tà bàt-joi jé-léui，
zhīdào nǐmen shì xúnzhǎo nà dīng shízìjià de Yēsū. Tā bùzài zhèlǐ，

for he is risen, even as he said.Come, see the place where the Lord lay.
照 他所 說 的， 已經 復活了 。 你們 來 看 安放 主 的 地方 .
jiu tà-só syut dìk， yí-gìng fuk-wut-líu。 Néi-mùn lòi hon òn-fong Jyú dìk dei-fòng.
zhào tāsuǒ shuō de， yǐjīng fùhuóle. Nǐmen lái kàn ānfàng Zhǔ de dìfāng.

⁷ And go quickly, and and tell his disciples, He is risen from the dead;
⁷ 快 去 告訴 他 的 門徒 ， 說 他 從 死裡 復活了 ，
Faai heui gou-sou Tà dìk mùn-tòu， syut Tà chùng séi léui fuk-wut-líu，
Kuài qù gàosù Tā de méntú， shuō Tā cóng sǐ lǐ fùhuóle，

and lo, he goes before you into Galilee; there shall you see him:
並且 在 你們 以 先 往 加利利 去 , 在 那裡 你們 要 見 他 .
bing-ché joi néi-mùn yí sìn wóng <u>Gà-lei-lei</u> heui， joi ná-léui néi-mùn yiu gin Tà.
bìngqiě zài nǐmen yǐ xiān wǎng Jiālìlì qù， zài nàlǐ nǐmen yào jiàn Tā.

lo, I have told you.

看 哪, 我 已經 告訴 你們了 。

Hon nà, ngó yí-gìng gou-sou néi-mùn-líu 。

Kàn nǎ, wǒ yǐjīng gàosù nǐmenle.

MATTHEW 28:19   馬太 福音   Má-taai Fùk-yàm

[19] Go therefore, and make disciples of all the nations, and in the Father, Son,

[19] 所以, 你們 要 去, 使 萬民 作 我的 門徒, 奉 父, 子,

Só-yí, néi-mùn yiu heui, si maan-màn jok ngó-dìk mùn-tòu, fung Fu, Jí,

Suǒyǐ, nǐmen yào qù, shǐ wànmín zuò wǒ de méntú, fèng Fù, Zi,

and Holy Spirit's name baptize them:

聖靈 的 名 給 他們 施洗 (或 作: 給 他們 施洗, 歸於

Sing-Lìng dìk mèng kàp tà-mùn sì-sái (waak jok : Kàp tà-mùn sì-sái , gwài-yù

ShèngLíng de míng gěi tāmen shī xǐ (huò zuò: Gěi tāmen shī xǐ, guīyú

父, 子, 聖靈 的 名)。

Fu , Jí , Sing-Lìng dìk mìng)。

Fù, Zi, ShèngLíng de míng).

Mark 4:37-41   馬可 福音   Má-hó Fùk-yàm   Mǎ kě fúyīn

[37] And there arises a great storm of wind, and the waves beat into the boat, insomuch that the

[37] 忽然 起了 暴風 , 波浪 打入 船 內 , 甚至 船

Fàt-yìn héi-líu bou-fùng , bò-long dá yap syùn noi , sam-ji syùn

Hūrán qǐle bàofēng, bōlàng dǎ rù chuán nèi, shènzhì chuán

boat was now filling.   [38] And he himself was in the stern, asleep on the cushion: and

要 滿了 水 。   [38] 耶穌 在 船尾 上 , 枕著 枕 頭 睡 覺 。

yiu mún-líu séui 。   Yè-sòu joi syùn-méi seung , jam-jeuk jam tàu seui gaau 。

yào mǎnle shuǐ.   Yēsū zài chuánwěi shàng, zhěnzhe zhěn tóu shuì jué.

they awake him, and said to him, Teacher, do you not care that we perish?

門徒 叫 醒了 他 , 說 : 夫子 ! 我們 喪命 , 你 不顧 麼 ?

Mùn-tòu giu síng-líu tà , syut : Fù jí ! Ngó-mùn song-ming , Néi bàt-gu mò ?

Méntú jiào xǐngle tā, shuō: Fū zi! Wǒmen sàngmìng, Nǐ bùgù me?

39 And he awoke, and rebuked the wind, and said to the sea, Peace, be still. And the wind

39 耶穌　　醒了，　　斥責　　風，　　向　海　說：住了罷！　靜了罷！　風

Yè-sòu　síng-líu,　chìk-jaak fùng,　heung hói syut : Jyu-líu ba !　Jing-líu ba !　Fùng

Yēsū　xǐngle,　chìzé　fēng,　xiàng hǎi shuō: Zhùle bà!　Jìngle bà!　Fēng

ceased, and there was a great calm.　　**40** And he said to them, Why are you

就　止　住，　大大　的　　平靜了　。　**40** 耶穌　對　他們　說：為　甚　麼

jau jí jyu,　daai-daai dìk pìng-jing-líu。　Yè-sòu deui tà-mùn syut : Wai sam mò

jiù zhǐ zhù,　dàdà　de　píngjìngle.　Yēsū duì tāmen shuō: Wèi shén me

fearful? Have you not yet faith?　　　　**41** And they feared exceedingly,

膽怯　?　你們　還　沒有　　信心　麼 ?　**41** 他們　就　大大　的

dáam-hip?　Néi-mùn wàan mut-yau seun-sàm mò ?　Tà-mùn jau daai-daai dìk

dǎnqiè?　Nǐmen　hái　méiyǒu　xìnxīn me?　Tāmen jiù　dàdà　de

and said one to another, Who then is this, that even the wind and the sea obey him?

懼怕，　彼此　說：這　到底　是　誰，　連　風　和　海　也　　聽從　他了．

geui-pa,　béi-chí syut : Jé dou-dái si sèui,　lìn fùng wò hói yá tèng-chùng tà-líu．

jùpà,　bǐcǐ　shuō: Zhè dàodǐ shì shuí, lián fēng hé hǎi yě　tīngcóng　tāle.

LUKE 2:4-7　路加 福音　**Lou-gà Fuk-yàm**　Lù jiā fúyīn

4 Joseph also from Galilee, went out of the city of Nazareth, up to Judaea,

4 約瑟　也　從　加利利 的　拿撒勒　城　上　猶太　去，　到了

Yeuk-sàt yá chùng Gà-lei-lei dìk Nà-saat-lak sing seung Yàu-taai heui,　dòu-liu

Yuē sè　yě cóng Jiā lì lì de　Ná sā lēi chéng shàng Yóutài　qù,　dàole

to the city of David, called Bethlehem, because he was of the family

大衛　的　城，　名　叫　伯利恆，　因 他 本 是 大衛　一族　一家

Daai-wai dìk sing,　mèng giu Ba-lei-hàng,　yàn tà bun si Daai-wai yat-juk yat-ga

Dà wèi de chéng,　míng jiào Bólìhéng,　yīn tā běn shì Dà wèi　yīzú　yījiā

of David;　**5** to enroll himself with Mary,

的 人，　**5** 要 和 他 所 聘 之 妻 馬利亞　一同　報名　上冊　．

dìk yàn,　yiu wò tà só ping ji chài Ma-lei-a yat-tùng bou-mìng séung-chaak．

de rén,　yào hé tā suǒ pìn zhī qī Mǎlìyǎ　yītóng　bàomíng　shàngcè.

who was betrothed to him, being great with child.　**6** While they were there,

那 時 馬利亞 的　身孕　已經　重了 。　**6** 他們　在　那裡　的　時候，

Ná si Ma-lei-a dìk sàn-yàn yí-gìng chùng-liu。　Tà-mùn joi ná-léui dìk sì-hau,

Nà shí Mǎlìyǎ de shēnyùn yǐjīng　zhòngle.　Tāmen zài nàlǐ de shíhòu,

Mary's time to deliver arrived.   [7] She gave birth to her firstborn Son;

馬利亞 的 **產**期 到了 ,   [7] 就 生了 頭胎 的 兒子 , 用 布

Ma-lei-a dìk cháan-kèi dòu-liu ,   jau sàang-líu tau-tòi dìk yi-ji , yung bou

Mǎlìyǎ de chǎn qí dàole,   jiù shēngle tóu tāi de érzi, yòng bù

wrapped Him in clothes, and laid Him in a manger, for there was no room in the inn.

包 起來 , 放 在 馬槽 裡 , 因為 客店 裡 沒有 地方 .

bàau hei-lòi , fong joi ma-chòu léui , yàn-wai haak-dim léui mut-yau dei-fong .

bāo qǐlái, fàng zài mǎ cáo lǐ, yīnwèi kè diàn lǐ méiyǒu dìfāng.

LUKE 2:8-9, 16   路加 福音   **Lou-gà** Fuk-yàm

[8] There were in Bethlehem in the field shepherds, keeping watch by night

[8] 在 伯利恆 之 野地 裡 有 牧羊 的 人 , 夜間 按著 更次

Joi Ba-lei-hàng ji yé-dei léui yau muk-yèung dìk yàn , ye-gàan on-jeuk gang-chi

Zài Bólìhéng zhī yědì lǐ yǒu mùyáng de rén, yèjiān ànzhe gēng cì

over their flock.   [9] An angel of the Lord stood by them, and the Lord's

看守 羊群 。   [9] 有 主 的 使者 站 在 他們 旁邊 , 主 的

hòn-sáu yèung-kwàn。   Yau Jyu dìk si-jé jaam joi tà-mùn pòng-bìn , Jyu dìk

kàn shǒu yáng qún.   Yǒu Zhǔ de shǐzhě zhàn zài tāmen pángbiān, Zhǔ de

glory shone round about them: and they were afraid.

榮光 四面 照著 他們 ; 牧羊 的 人 就 甚 懼怕 。

wìng-gwòng sei-min jiu-jeuk tà-mùn ; muk-yèung dìk yàn jau sam geui-pa。

róngguāng sìmiàn zhàozhe tāmen; mùyáng de rén jiù shén jùpà.

[16] They came with haste, and found both Mary and Joseph, and

[16] 他們 急忙 去了 , 就 尋見 馬利亞 和 約瑟 , 又 有 那

Tà-mùn gàp-mòng heui-líu , jau chàm-gin Ma-lei-a wò Yeuk-sàt , yau yau ná

Tāmen jímáng qù-le, jiù xún jiàn Mǎlìyǎ hé Yuē sè, yòu yǒu nà

the Babe lying in the manger.

嬰孩 臥 在 馬槽 裡 ;

Yìng-hàai ngó joi má-chòu léui ;

Yīnghái wò zài mǎ cáo lǐ;

62 Jesus said, "No man, having put his hand to the plow, and looks back, is fit for God's kingdom."
62 耶穌 **說**： 手 扶著 犁 向後 看的 ， 不配 進 神的 國 。
Yè-sòu syut ： **Sau fù-jeuk lài heung-hau hon dìk ， bàt-pui jeun Sàn dìk gwok** 。
Yēsū shuō: Shǒu fúzhe lí xiànghòu kàn de, bùpèi jìn Shén de guó.

29 And they constrained Him, saying,   "It is evening; abide with us,
29 他們 卻 強留 他 ， 說： 時候 **晚**了 ， 日頭 已經 平西了 ，
Tà-mùn keuk kèung-làu Tà ， syut ： Sì-hau máan-liu ， yat-tàu yí-gìng ping-sai-liu ，
Tāmen què qiáng liú Tā, shuō: Shíhòu wǎnle, rì tou yǐjīng píngxīle,

the day is now far spent." And He went in to abide with them.
請 你 同 我們 住 下 罷！ 耶穌 就 進去 ， 要 同 他們 住 下.
ching Néi tung ngó-mùn jyu ha ba ！ Yè-sòu jau jeun-heui, yiu tung tà-mùn jyu ha.
qǐng Nǐ tong wǒmen zhù xià bà! Yēsū jiù jìnqù, yào tong tāmen zhù xià.

63 It is the spirit that gives life; the flesh profits nothing:
63 叫 人 活著 的 乃是 靈 ， 肉體 是 無益 的 。
Giu yàn wut-jeuk dìk náai-si Lìng ， yuk-tái si mòu-yìk dìk 。
Jiào rén huózhe de nǎi shì Líng, ròutǐ shì wúyì de.

the words that I have spoken to you are spirit, and are life."
我 對 你們 所 **說** 的 話 就是 靈 ， 就是 生命 。
Ngó deui néi-mùn só syut dìk wa jau-si lìng ， jau-si sàang-meng 。
Wǒ duì nǐmen suǒ shuō de huà jiùshì líng, jiùshì shēngmìng.

14 When she had thus said, she turned herself back, and beholdeth Jesus standing,
14 說了 這話 ， 就 轉過 身 來 ， 看見 耶穌 站 在 那裡 ，
Syut-líu jé wa ， jau jyun-gwo sàn lòi ， hon-gin Yè-sòu jaam joi ná-léui ，
Shuōle zhè huà, jiù zhuǎnguò shēn lái, kànjiàn yēsū zhàn zài nàlǐ,

and knew not that it was Jesus.
卻　不　知道　是　耶穌　。
keuk　bàt　ji-dou　si　Yè-sòu　。
què　bù　zhīdào　shì　Yēsū.

ACTS 10:36-38　　使徒 行傳　**Si-tòu Hang Chyùn**　　Shǐtú xíng chuán

[36] God, by Jesus Christ (He is Lord of all), has sent word to the children of Israel, preaching
[36] 神　藉著　耶穌　基督　(他是　萬有　的　主）傳　和平的　福音　，
Sàn　jik-jeuk　Yè-sòu　Gèi-dùk　(Tà si　maan-yau　dìk　Jyú)　chyun　wo-ping　dìk　Fuk-yam,
Shén　jièzhe　Yēsū　Jīdū　(Tā shì　wàn yǒu　de Zhǔ)　chuán　hépíng　de　Fúyīn,

good tidings of peace—　　　　[37] that word after John's baptism, starting from
將　這　道　賜給　以色列　人　。　[37] 這　話　在　約翰　宣傳　洗禮
jeung　je　dou　chi-kàp　Yi-sik-lit　yàn　。　Je　wa　joi　Yeuk-hon　syun-chyùn　sai-lai
jiāng　zhè　dào　cì gěi　Yǐsèliè　rén.　Zhè　huà　zài　Yu ēhàn　xuānchuán　xǐlǐ

Galilee, was preached throughout Judaea.　　　　[38] God anointed with the
以後　，　從　加利利　起　，　傳　遍了　猶太　。　[38] 神　怎樣　以
yi-hau,　chung　Ga-lei-lei　hei，　chyun　pin-liu　Yau-taai　。　Sàn　jam-yeung　yi
yǐhòu,　cóng　Jiā lì lì　qǐ,　chuán　biànle　Yóutài.　Shén　zěnyàng　yǐ

Holy Spirit and with power this Nazarene Jesus: who went about doing good,
聖靈　和　能力　膏　拿撒勒　人　耶穌　，這　都　是　你們　知道
Sing-Ling　wò　nang-lik　gou　Na-saat-lak　yàn　Yè-sòu　，　je　dou　si　néi-mùn　ji-dou
ShèngLíng　hé　nénglì　gāo　Ná sā lēi　rén　Yēsū,　zhè　dōu shì　nǐmen　zhīdào

and healing all that were oppressed of the devil;
的。他　周流　四方　，　行　善事，醫　好　凡　被　魔鬼　壓制　的　人　，
dìk。Tà　jau　lau　sei-fong，　hang　sin-si，yi　hou　faan　bei　mo-gwai　ngaat-jai　dìk　yàn,
de.　Tā zhōu　liú　sìfāng,　xíng shànshì,　yī hǎo　fán bèi　móguǐ　yāzhì　de rén,

for God was with Him.
因為　神　與他　同在　。
yàn-wai　Sàn　yu　Tà　tung joi　。
yīnwèi　Shén　yǔ Tā　tóng zài.

ACTS 22:16　　使徒 行傳　Si-tòu Hang Chyùn

[16] Now why do you wait? arise, be baptized, calling on His name

[16] 現在　你　為　甚麼　耽　延　呢？　起來，　求告　他的　名　受洗，

Yin-joi nei wai sam-mo dàam yin ne？ Hei-loi, kàu-gou Tà-dìk mèng sau-sai,

Xiànzài nǐ wèi shén me dān yán ne? Qǐlái, qiúgào Tā de míng shòuxǐ,

to wash away your sins.'

洗 去　你的　罪。

sai heui nei-dìk jeui。

xǐ qù nǐ de zuì.

ROMANS 3:22-24　　羅馬 書　**Lò-má Syu**　Luómǎ shū

[22] even the righteousness of God through faith in Jesus Christ to all them that believe;

[22] 就是　神的　義，因　信　耶穌　基督　加給　一切　相信　的　人，

Jau-si Sàn dìk yi, yàn seun Yè-sòu Gèi-dùk ga kap yàt-chai sèung-seun dìk yàn,

Jiùshì Shén de yì, yīn xìn Yēsū Jīdū jiā gěi yīqiè xiāngxìn de rén,

without distinction;　　　[23] for all have sinned, and fall

並　沒有　分別。　　[23] 因為　世人　都　犯了　罪，　虧缺了

bing mut-yau fan-bit。　　Yàn-wai sai-yàn dou faan-liu jeui, kwài-kyut-liu

bìng méiyǒu fēnbié.　　Yīnwèi shìrén dōu fànle zuì, kuī quēle

short of the glory of God;　[24] now the grace of God justified freely by His grace through

神的　榮耀；　　[24] 如今　卻　蒙　神的　恩典，　因　基督　耶穌

Sàn dìk wing-yiu；　　yu-gàm keuk mùng Sàn dìk yàn-dín, yàn Gèi-dùk Yè-sòu

Shén de róngyào;　　rújīn què méng Shén de ēndiǎn, yīn Jīdū Yēsū

the redemption that is in Christ Jesus:

的　救贖，　就　白白　的　稱義。

dìk gau-suk, jau baak-baak dìk ching-yi。

de jiùshú, jiù báibái de chēng yì.

ROMANS 7:24-25　　羅馬 書　Lò-má Syu

[24] Wretched man that I am! who shall deliver me out of this body of death?　　[25] I thank

[24] 我　真是苦阿！　誰　能　救我　說離　這　取　死的　身體　呢？　[25] 感謝

Ngó jàn si fu a！ Seui nàng gau ngó tyut-lèi je chéui séi dìk sàn-tái nè？ Gám-je

Wǒ zhēn shì kǔ ā! Shuí néng jiù wǒ shuō lí zhè qǔ sǐ de shēntǐ ne? Gǎnxiè

God through Jesus Christ our Lord. So then I of myself with

神 ， 靠著 我們 的 主 耶穌 基督 就 能 脫離了． 這樣 看

Sàn, kaau-jeuk ngó-mùn-dìk Jyú <u>Yè-sòu</u> Gèi-dùk jau nàng tyut-lèi-liu. Je-yeung hon

Shén, kàozhe wǒmen de Zhǔ Yēsū Jīdū jiù néng tuōlíle. Zhèyàng kàn

the mind, indeed, serve the law of God; but with the flesh the law of sin.

來， 我 以內 心 順服 神 的 律，我 肉體 卻 順服 罪 的 律了．

lòi, ngó yi-noi sam seun-fuk Sàn dìk leut, ngó yuk-tái keuk seun-fuk jeui dìk leutliu.

lái, wǒ yǐ nèi xīn shùnfú Shén de lǜ, wǒ ròutǐ què shùnfú zuì de lǜle.

ROMANS 12:1   羅馬 書   Lò-má Syu

[1] I beseech you therefore, brethren, by the mercies of God, to present your bodies

¹ 所以 弟兄們 ， 我 以 神 的 慈悲 勸 你們， 將 身體 獻上 ，

Só-yí dai-hìng-mùn , ngó yi Sàn dìk chì-bèi yun néi-mùn, jeung sàn-tái hin-seung ,

Suǒyǐ dìxiōngmen, wǒ yǐ Shén de cíbēi quàn nǐmen, jiāng shēntǐ xiànshàng,

a living sacrifice, holy, acceptable to God, which is your spiritual

當作 活祭 ， 是 聖潔 的 ，是 神 所 喜悅 的 ； 你們 如此 事奉

dong-jok wut-jai ， si sing-git dìk， si Sàn só héi-yut dìk ; néi-mùn yu-chi si-fung

dàng zuò huó jì, shì shèngjié de, shì Shén suǒ xǐyuè de; nǐmen rúcǐ shì fèng

service.

乃是 理所當然 的 。

naai-si lei-só-dong-yin dìk。

nǎi shì lǐsuǒdāngrán de.

2 CORINTHIANS 1:2   歌林多 後 書   **Gò-làm-dò Hau Syù**   Gē lín duō hòu shū

[2] Grace to you and peace from God our Father and the Lord Jesus Christ.

² 願 恩惠 ， 平安 從 神 我們 的 父 和 主 耶穌 基督 歸與

Yun yàn-wai , pìng-òn chùng Sàn ngó-mùn dìk Fu wò Jyú <u>Yè-sòu</u> Gèi-dùk gwài-yú

Yuàn ēnhuì, píng'ān cóng Shén wǒmen de Fù hé Zhǔ Yēsū Jīdū guī yǔ

你們 ！

néi-mùn ！

nǐmen!

2 Corinthians 1:20 歌林多後書 *Gò-làm-dò Hau Syù*

20 For how many soever be the promises of God, in him is the yea: wherefore

20 神 的 應許 ， 不論 有 多少 ， 在 基督 都 是 是 的 。 所以 藉著

Sàn dìk ying-héui ， bàt-leun yau dò-siu ， joi Gèi-dùk dòu si-si dìk 。 Só-yí je-jeuk

Shén de yīngxǔ, bùlùn yǒu duōshǎo, zài Jīdū dōu shì shì de. Suǒyǐ jízhe

also through him is the Amen, unto the glory of God through us.

他 也 都 是 實在 （實在 ： 原文 是 阿們 ）的 ， 叫 神 因 我們 得

Tà yá dòu si sat-joi (sat joi : Yùn-màn si A-mùn) dìk ， giu Sàn yàn ngó-mùn dàk

Tā yě dōu shì shízài (shízài: Yuánwén shì āmen) de, jiào Shén yīn wǒmen dé

榮耀 。

wìng-yiu 。

róngyào.

EPHESIANS 5:20 以弗所書 **Yí-fàt-só Syù** Yǐ fú suǒ shū

20 for all things in the name of our Lord Jesus Christ to God, giving thanks always to Father

20 凡事 要 奉 我們 主 耶穌 基督 的 名 常常 感謝 父

Fàan-si yiu fung ngó-mùn Jyú Yè-sòu Gèi-dùk dìk mèng sèung-sèung gám-je Fu

Fánshì yào fèng wǒmen Zhǔ Yēsū Jīdū de míng chángcháng gǎnxiè Fù

God;

神 。

Sàn 。

Shén.

PHILIPPIANS 1:9 腓立比書 **Fèi-laap-béi Syù** Féi lì bǐ shū

9 And I pray, that your love may abound more

9 我 所 禱告 的 ， 就是 要 你們 的 愛心

Ngó só tóu-gou dìk ， jau-si yiu néi-mùn-dìk oi-sàm

Wǒ suǒ dǎogào de, jiùshì yào nǐmen de àixīn

and more in knowledge and all discernment;

在 知識 和 各 樣 見識 上 多而 又 多 ，

joi jì-sìk wò gok yeung gin-sìk seung dò yì yau dò ，

zài zhīshì hé gè yàng jiànshì shàng duō ér yòu duō,

PHILIPPIANS 2:5-8　腓立比 書　Fèi-laap-béi Syù

⁵ Have this mind in you, which was in Christ Jesus:　⁶ who, existing in the form of God,
⁵ 你們　當 以 基督　耶穌 的 心 為 心：⁶ 他 本 有 神 的 形
Néi-mùn dòng yí Gèi-dùk Yè-sòu dìk sàm wai sàm :　Tà bún yau Sàn dìk yìng-
Nǐmen dāng yǐ Jīdū　Yēsū de xīn wéi xīn:　Tā běn yǒu Shén de xíng

did not count being on an equality with God a thing to be grasped,　⁷ but emptied Himself,
　像 ， 不 以 自己 與 神　同等　為　強奪 的 ； ⁷ 反倒　虛 己，
yeung ， bàt-yí ji-géi yú Sàn tùng-dáng wai kèung-dyut dìk ；　fáan-dóu hèui géi ，
xiàng, bù yǐ zìjǐ yǔ Shén tóngděng wéi qiángduó de;　fǎndào xū jǐ,

taking the form of a servant, made in the likeness of men;　⁸ being found in
　取 了　奴僕 的　形像 ， 成 為 人 的　樣式 ；⁸ 既 有人 的
chéui-líu nòu-buk dìk yìng-yeung ， sìng-wai yàn dìk yeung-sìk ；　gei yau-yàn dìk
qǔle　núpú de xíng xiàng, chéngwéi rén de yàngshì;　jì yǒurén de

fashion as a man, He humbled Himself, and became obedient even unto death,
　樣子 ， 就 自己　卑微 ，　存心　順服 ， 以 至於 死，
yeung-jí ， jau ji-géi bèi-mèi ， chyùn-sàm seun-fuk ， yí ji-yù séi ，
yàngzi, Jiù zìjǐ bēiwéi,　cúnxīn　shùnfú, yǐ zhìyú sǐ,

yes, death on the cross.
且 死 在 十字架　上 。
ché séi joi sap-ji-ga seung 。
qiě sǐ zài shízìjià　shàng.

PHILIPPIANS 3:8　腓立比 書　Fèi-laap-béi Syù

⁸ Not only that, I consider everything to be loss for the excellency
⁸ 不但　如此 ， 我 也 將　萬事　當作 有 損 的 ， 因 我 以
Bàt-daan yù-chí, ngó yá jeung maan-si dòng-jok yau syún dìk ， yàn ngó yí
Bùdàn　rúcǐ, wǒ yě jiāng wànshì dàng zuò yǒu sǔn de, yīn wǒ yǐ

of the knowledge of Christ Jesus my Lord: for whom I suffered the loss of all things,
　認識 我 主 基督　耶穌 為 至寶 。 我 為 他 已經　丟棄　萬事 ，
ying-sìk ngó Jyú Gèi-dùk Yè-sòu wai ji-bóu 。 Ngó wai Tà yí-gìng diu-hei maan-si ，
rènshí wǒ Zhǔ Jīdū　Yēsū wéi zhìbǎo. Wǒ wèi Tā yǐjīng diūqì wànshì,

seen as rubbish, that I may gain Christ,

看 作 糞土 , 為 要 得著 基督 ;

hon jok fan-tóu , wai yiu dàk-jeuk Gèi-dùk ;

kàn zuò fèntǔ, wèi yào dézháo Jīdū;

Colossians 1:15-17 歌羅西書 *Gò-lò-sài Syù* *Gē luóxī shū*

[15] who is the image of the invisible God, the firstborn of all creation;

[15] 愛子是那 不能 看見之神的 像 , 是首 生 的 , 在 一切 被

Oi jí si ná bàt-nàng hon-gin jì Sàn dìk jeung , si sáu sàang dìk , joi yat-chai bei

Ài zi shì nà bùnéng kànjiàn zhī Shén de xiàng, shì shǒu shēng de, zài yīqiè bèi

[16] for in him were all things created, in the heavens and upon the

造 的 以 先 。 [16] 因為 萬 有 都 是 靠 他 造 的 , 無論 是 天

jou dìk yí sìn 。 Yàn-wai maan yau dòu si kaau Tà jou dìk , mòu-leun si tìn-

zào de yǐ xiān. Yīnwèi wàn yǒu dōu shì kào Tā zào de, wúlùn shì tiān

earth, things visible and things invisible, whether

上 的 , 地上 的 ; 能 看見 的 , 不能 看見 的 ; 或 是 有

seung dìk , dei-seung dìk ; nàng hon-gin dìk , bàt-nàng hon-gin dìk ; waak si yau

shàng de, dìshàng de; néng kànjiàn de, bùnéng kànjiàn de; huò shì yǒu

thrones or dominions or principalities or powers; all things have been created through him,

位 的 , 主治 的 , 執政 的 , 掌權 的 ; 一概 都 是 藉著 他 造 的 ,

wai dìk, jyú-ji dìk , jàp-jing dìk, jéung-kyùn dìk ; yat-koi dòu si je-jeuk Tà jou dìk,

wèi de, zhǔzhì de, zhízhèng de, zhǎngquán de; yīgài dōu shì jièzhe Tā zào de,

and unto him; [17] and he is before all things, and in him all things consist.

又 是 為 他 造 的 。 [17] 他 在 萬 有 之 先 ; 萬 有 也 靠 他 而立 .

yau si wai Tà jou dìk。 Tà joi maan yau jì sìn; maan yau yá kaau Tà yì-laap.

yòu shì wèi Tā zào de. Tā zài wàn yǒu zhī xiān; wàn yǒu yě kào Tā érlì.

COLOSSIANS 3:14 歌羅西書 Gò-lò-sài Syù

[14] and above all these things put on love, which is the bond of perfectness.

[14] 在 這 一切 之 外 , 要 存著 愛心 , 愛心 就是 聯絡 全德 的 .

Joi jé yat-chai jì ngoi, yiu chyùn-jeuk oi-sàm, oi-sàm jau-si lyùn-lok chyùn-dàk dìk.

Zài zhè yīqiè zhī wài, yào cúnzhe àixīn, àixīn jiùshì liánluò quán dé de.

1 Thess. 4:16-18 帖撒羅尼迦 前書 **_Tip-saat-lò-nèi-gà Chìn Syù_**   _Tiē sā luó ní jiā qián shū_

[16] For the Lord himself shall descend from heaven, with a shout, with the voice of the archangel,

[16] 因　為　主　必　　親自　　從　天　降臨　，　有　呼叫的　　聲音　　和　天使

Yàn wai Jyú bìt chàn-ji chùng tìn gong-làm ，　yau fù-giu dìk sèng-yàm wò tìn-si

Yīn wéi Zhǔ bì qīnzì cóng tiān jiànglín, yǒu hūjiào de shēngyīn hé tiānshǐ

and with the trump of God: and the dead in Christ

長　的　　聲音　，　又　有　神的　號　吹　　響　；那　在　基督　　裡

chèung dìk　sèng-yàm ，　yau yau Sàn dìk hou chèui héung ； ná joi Gèi-dùk léui

zhǎng de shēngyīn, yòu yǒu Shén de hào chuī xiǎng; nà zài Jīdū　lǐ

shall rise first;   [17] then we that are alive, that are left, shall

死了　的　人　必　先　　復活　。　　[17] 以後　　我們　　這　活著　　還

séi-líu dìk　yàn bìt sìn fuk-wut 。　　Yí-hau ngó-mùn jé wut-jeuk wàan

sǐle　de　rén bì xiān　fùhuó.　　Yīhòu　wǒmen zhè huózhe　hái

together with them be caught up in the clouds, to meet the Lord in the air:

存留　的　人　必　和　他們　　一同　被　提　到　雲裡　，　在　　空中

chyùn-làu dìk yàn bìt wò tà-mùn yat-tùng bei tài dou wàn léui ，　joi hùng-jung

cúnliú　de rén bì hé tāmen　yītóng bèi tí dào yún lǐ,　zài kōngzhōng

and so shall we ever be with the Lord.

與　主　相遇　。　這樣　，　我們　　就　要　和　主　永遠　　同　在　。

yú Jyú sèung-yu 。　Jé-yeung ，　ngó-mùn jau yiu wò Jyú wíng-yún tùng joi 。

yǔ Zhǔ　xiāngyù.　Zhèyàng,　wǒmen jiù yào hé Zhǔ yǒngyuǎn tóng zài.

[18] Wherefore comfort one another with these words.

[18] 所以，　你們　當　用　這些　話　彼此　　勸慰　。

Só-yí ，　néi-mùn dòng yung jé-sè wa béi-chí hyun-wai 。

Suǒyǐ,　nǐmen　dāng yòng zhèxiē huà　bǐcǐ　quànwèi.

1 TIMOTHY 2:5-6 提摩太 前書 **Tài-mò-taai Chìn-Syù**   Tí mó tài qián shū

[5] For there is one God, and between God and men, one mediator,

[5] 因為　只有　一位　神，在　神　和　人　中間　，只有　一位　　中保　，

Yan-wai ji-yau yat wai Sàn, joi Sàn wò yàn jung-gaan, ji-yau yat wai jung-bou,

Yīnwèi zhǐyǒu yī wèi Shén, zài Shén hé rén zhōngjiān, zhǐyǒu yī wèi zhōng bǎo,

that man, Christ Jesus,   [6] He gave himself as a ransom for all;

乃是   降世 為 人 的   基督   耶穌 ;   [6] 他 捨 自己 作   ⁿ萬人 的

naai-si gong-sai wai yàn dìk Gèi-dùk Yè-sòu ;   Tà sé ji-gei jok maan-yàn dìk

nǎi shì jiàng shì wéi rén de Jīdū   Yēsū;   Tā shě zìjǐ zuò wàn rén de

in its own times the testimony to be borne;

贖價 , 到了 時候 , 這 事 必   證明   出來 。

suk-ga , dou-liu si-hau , je si bit jing-ming cheut-loi。

shú jià,   dàole shíhòu, zhè shì bì zhèngmíng chūlái.

---

2 TIMOTHY 1:12   提摩太 後書   **Tài-mò-taai Hau-Syù**   *Tí mó tài hòu shū*

[12] For which cause I also suffer these things: yet I am not ashamed;

[12] 為 這 **緣**故 , 我 也 受 這些 苦難 。 然而 我   不以為   恥 ;

Wai jé yun-gu, ngó yá sau je-sè fú-naan。 Yìn-yì ngó bàt-yi-wai chi ;

Wèi zhè yuángù, wǒ yě shòu zhèxiē kǔnàn.   Rán'ér wǒ   bù yǐwéi chǐ;

for I know whom I have believed, and am persuaded that He can guard what I committed

因為   知道 我 所信 的 是 誰 , 也 深信 他 能   保全 我

yàn-wai ji-dou ngó só-seun dìk si seui , ya sam-seun Tà nàng bou-chyun ngó

yīn wéi zhīdào wǒ suǒxìn de shì shéi, yě shēnxìn Tā néng bǎoquán wǒ

to Him against that day.

所 交付   他的 ,   直到 那 日 。

só gaau-fu Tà-dìk , jik-dou ná yat。

suǒ jiāofù Tā de,   zhídào nà rì.

Hebrews 5:9   希伯來 書   ***Hèi-ba-lòi Syù***   *Xī bó lái shū*

[9] and having been made perfect, he became unto all them that obey him the author of eternal

[9] 他 既得 以   完全 , 就 為 凡 順從   他的 人 成了   永遠

Tà gei-dàk yí yùn-chyùn , jau wai fàan seun-chùng Tà dìk yàn sìng-líu wíng-yún

Tā jìdé yǐ wánquán, jiù wèi fán shùncóng Tā de rén chéngle yǒngyuǎn

salvation;

得救 的   根源 、

dàk-gau dìk gàn-yùn 、

déjiù   de gēnyuán,

HEBREWS 11:1   希伯來 書   Hèi-baak-lòi Syù

¹ Now faith is assurance of things hoped for, a conviction of things not seen.

¹ 信　就是　所望　之事的實底，是未見之事的確　據。

Seun jau-si só-mong jì si dìk sat dái，si mei gin jì si dìk kok geui。

Xìn　jiùshì　suǒwàng zhī shì de shí dǐ，shì wèi jiàn zhī shì dí què jù.

1 Peter 1:15-16   彼得 前書   ***Béi-dàk Chìn Syù***   *Bǐdé qián shū*

¹⁵ but like as he who called you is holy,   be you yourselves also holy in all manner

¹⁵ 那 召　你們　的　既是　聖潔，　你們　在　一切　所行　的 事 上

ná jiu néi-mùn dìk gei-si sing-git，néi-mùn joi yat-chai só hang dìk si seung

Nà zhào nǐmen de jìshì shèngjié，nǐmen zài yīqiè suǒ xíng de shì shàng

of living;   ¹⁶ because it is written,   You shall be holy;

也 要　聖潔 。 ¹⁶ 因為　經 上　記著　說：「你們　要　聖潔，

yá yiu sing-git。　Yàn-wai gìng seung gei-jeuk syut：「Néi-mùn yiu sing-git，

yě yào shèngjié.　Yīnwèi jīng shàng jìzhe shuō：` Nǐmen yào shèngjié，

for I am holy.

因為　我 是 聖潔　的。」

yàn-wai ngó si sing-git dìk。」

yīnwèi wǒ shì shèngjié de.'

REVELATIONS 3:20   启示录   Kái-si Luk   Qǐshì lù

²⁰ Behold, I stand at the door and knock: if any man hear My

²⁰ 看哪，　我 站 在　門外　叩 門，　若 有　聽見 我

Hon nà，Ngó jaam joi mùn-ngoi kau mùn，yeuk yau tèng-gin Ngó

Kàn nǎ，Wǒ zhàn zài ménwài kòu mén，ruò yǒu tīngjiàn Wǒ

voice and open the door,   I will come in to him, and will sup with him,

聲音　就開門　的，我 要　進到　他 那裡　去，

sìng-yàm jau hòi mùn dìk，Ngó yiu jeun-dou tà ná-léui heui，

shēngyīn jiù kāi mén de，Wǒ yào jìn dào tā nàlǐ qù，

and he with Me together will sit.

我 與他, 他 與我　一同　坐席 。

Ngó yú tà，tà yú Ngó yat-tùng chó-jik。

Wǒ yǔ tā, tā yǔ Wǒ yītóng zuòxí.

TOPICAL INDEX OF HYMNS

ADORATION – GOD
All Creatures of our God and King
All Hail the Power of Jesus' Name
Angels We Have Heard on High
Come Thou Fount of Every Blessing
Fairest Lord Jesus
For the Beauty of the Earth
Gloria Patri (after the list)
Holy, Holy, Holy
How Great Thou Art (Are)
Joyful, Joyful, We Adore You
Love Divine
O For a Thousand Tongues to Sing
Praise Him! Praise Him!
Revive Us Again (We Praise Thee, O God)
This is my Father's World
To God be the Glory

ASCENSION
Christ, the Lord, is Risen Today
One Day!

ASPIRATION
Dear Lord and Father of Mankind
Have Thine O Way, Lord
I am Thine, O Lord
My Faith Looks Up to Thee
O Love that Will Not Let Me Go
There's So Many Miracles (after the list)
To God be the Glory

ASSURANCE
Blessed Assurance
Christ the Lord is Risen Today
God Be With You 'til We Meet Again
He Leadeth Me
He Lifted Me
I Know Whom I Have Believed
O For a Thousand Tongues to Sing
One Day!
The Lord's My Shepherd (after the list)
What a Friend We Have in Jesus

ATONEMENT (also see Blood of Christ)
Christ the Lord is Risen Today
Hark! The Herald Angel Sing
Just As I Am
O Happy Day
To God be the Glory

BIBLE

Break Thou the Bread of Life
Jesus Loves Me
I Love to Tell the Story

Standing on the Promises
There's So Many Miracles (after the list)

CHRIST THE KING/REDEEMER

Christ the Lord is Risen Today
I Have Found a Friend in Jesus (AKA *The Lily of the Valley*)
There is a Fountain

CHRISTIAN LIFE

Blessed Assurance
God Be with You Till We Meet Again
I Know Whom I Have Believed
I Love to Tell the Story
More Love to Thee

O Love That Will Not Let Me Go
Rock of Ages
Since Jesus Came Into My Heart
Standing on the Promises
Take Time to be Holy

CHRISTMAS

Angels We Have Heard on High
Away in a Manger
Hark, The Herald Angels Sing
Joy to the World
O Come, All Ye Faithful

O Little Town of Bethlehem
Silent Night
The First Noel
We Three Kings of Orient Are
What Child is This?

CLOSING

Abide with Me
An Evening Prayer
Bless Be the Tie

Come, Thou Fount
I Need Thee Every Hour
The Lord Bless You and Keep You

COMFORT

Abide With Me
Amazing Grace!
God Will Take Care of You
He Leadeth Me
I Have Found A Friend in Jesus

I Know the Lord will Make a Way for Me
The Lord's My Shepherd (after the list)
There's So Many Miracles (after the list)
What a Friend

COMMITMENT

I Am Thine, O Lord
Take My Life and Let It Be
Trust and Obey

COMMUNION/LORD'S SUPPER

Break Thou the Bread of Life
By Christ Redeemed, In Christ Restored
My Faith Looks Up to Thee

CONSECRATION/DEDICATION/HOLINESS

Close to Thee
Come Thou Fount of Every Blessing
Have Thine Own Way, Lord
I Gave my Life for Thee
I'd Rather Have Jesus
In the Garden

Just As I Am
My Jesus, I Love Thee
Savior, Like a Shepherd Leads Us
Take My Life and Let It Be
Take Time to Be Holy

CONVERSION

Amazing Grace
I Am Thine, O Lord
Love Divine

My Jesus, I Love Thee
O Happy Day
O Love that Will Not Let Me Go

COURAGE/ENCOURAGEMENT

Abide With Me
Christ the Lord is Risen Today
He is Able to Deliver Thee

Holy, Holy, Holy
It Came Upon a Midnight Clear
The Lord's My Shepherd (after the list)

CROSS/PESACH/RESURRECTION DAY

By Christ Redeemed, In Christ Restored
Christ the Lord is Risen Today
The Old Rugged Cross

There is a Fountain

ETERNAL LIFE

Amazing Grace
Hark! The Herald Angels Sing
I Will Sing the Wondrous Story

One Day!
To God be the Glory
When We All Get to Heaven

EVANGELISM
Blessed Assurance
Have Thine Own Way
I Love to Tell the Story

EVENING
Abide with Me
Evening Prayer
I Need Thee Every Hour

EXALTATION
Gloria Patri (before the list)
Holy, Holy, Holy
Joyful, Joyful, We Adore Thee

FAITH
Close to Thee
Faith is the Victory
He Lifted Me
I Know Whom I Have Believed
My Faith Looks Up To Thee

One Day!
Only Believe
There's So Many Miracles (after the list)
Trust and Obey

FRIENDSHIP
Bless'd Be the Tie
For the Beauty of the Earth
I Have Found a Friend in Jesus

What a Friend We Have in Jesus

GOD IN NATURE
All Creatures of our God and King
Fairest Lord Jesus
Hark! The Herald Angels Sing

I Sing the Mighty Power of God
Joyful, Joyful, We Adore Thee
This is My Father's World

GRACE
Amazing Grace!
Come Thou Fount of Every Blessing
Just As I AM

My Jesus, I Love Thee

GUIDANCE

All the Way My Savior Leads Me
God Will Take Care of You
He Leadeth Me
I Know the Lord Will Find a Way
I Need Thee Every Hour

Leaning on the Everlasting Arms
One Day!
Savior, Lead Me Lest I Stray
Take My Life and Let it Be
The Lord's My Shepherd (after the list)

INVITATION

He is Able to Deliver Thee
Just As I Am

JOY

I Will Sing the Wondrous Story
Joy to the World
Joyful, Joyful, We Adore Thee

Savior, Like A Shepherd Leads Us

LOVE

Bless Be the Tie That Binds
God Will Take Care of You
He Hideth My Soul
More Love to Thee

My Jesus, I Love Thee
Savior, Like a Shepherd Leads Us
This is My Father's World

PRAISE

Come, Thou Fountain
Gloria Patri (before the list)
O For a Thousand Tongues to Sing
Praise God From Whom All Blessings Flow

Praise Him! Praise Him!
Revive Us Again
Since Jesus Came Into My Heart
To God be the Glory

PRAYER

Close to Thee
Dear Lord and Father of Mankind
I Need Thee Every Hour

My Faith Looks Up to Thee
Sweet Hour of Prayer
What a Friend We Have in Jesus

REPENTANCE

Have Thine Own Way, Lord
Just As I Am
To God be the Glory

SECURITY

Abide With Me
Blessed Assurance
Blest Be the Tie
Faith is the Victory
He Hideth My Soul
I Have Found a Friend in Jesus

It is Well With My Soul
Let Us With a Gladsome Mind
Standing on the Promises
The Lord's My Shepherd (after the list)
Trust and Obey

THANKSGIVING

Count Your Blessings
We Gather Together

TRUST

In the Garden
O Love That Will Not Let Me Go
One Day!

The Lord's My Shepherd (after the list)
Trust and Obey
There's So Many Miracles (after the list)

WORSHIP

All Creatures of Our God and King
Come, Thou Almighty King
Gloria Patri (before the list)
Holy, Holy, Holy

How Great Thou Art (Are)
Love Divine
Praise God From Whom All Blessings Flow

www.ingramcontent.com/pod-product-compliance
Lightning Source LLC
Chambersburg PA
CBHW052032280526
45791CB00010B/2943